Gabriele Jäger
Wilmersdorfer Portraits
Spurensuche in einem
Berliner Bezirk

Wilmersdorfer Portraits

Spurensuche in einem Berliner Bezirk

von
Gabriele Jäger

Aspekte der Wilmersdorfer Lokalgeschichte. Die blaue Reihe. Bd. 5

Herausgeber: © Bezirksamt Wilmersdorf von Berlin – Pressestelle

ISBN 3 87776 903 9
Stapp Verlag Wolfgang Stapp, Berlin 1991

Satz und Gestaltung: Buchwerbung in Berlin GmbH
Druck: Color Druck Dorfi GmbH, Berlin
Bindung: Stein Industriebuchbinderei, Berlin

Geleitwort des Bürgermeisters

Sehr geehrte Leserin, sehr geehrter Leser!

Dieses Buch ist entstanden im Zusammenhang mit der Arbeit am Programm „Berliner Gedenktafel": Seit der 750-Jahr-Feier im Jahre 1987 verwirklichen die Berliner Bezirke das von der Berliner Sparkasse gestiftete Programm „Berliner Gedenktafel".
In Wilmersdorf wurden inzwischen 30 Berliner Gedenktafeln angebracht, die von der KPM nach den Vorgaben des Bezirks hergestellt wurden. Zusammen mit den verschiedenen Tafeln aus früheren Jahren erinnern damit nun insgesamt 70 Gedenktafeln in Wilmersdorf – meist am früheren Wohnort – an bedeutende Persönlichkeiten aus Politik, Wirtschaft, Wissenschaft und Kultur, die hier gelebt haben. Damit sind noch längst nicht alle erfaßt, die in unserem Bezirk gelebt und Großes geleistet haben. Ein Blick in das Namenverzeichnis im Anhang dieses Buches belegt dies eindrucksvoll.
Seit sich dieses frühere kleine Dorf um die Jahrhundertwende rapide zur Großstadt entwickelte und 1920 schließlich als 9. Bezirk in Groß-Berlin eingemeindet wurde, zogen viele Prominente hierher, in den „Neuen Berliner Westen", wie man diesen Teil Berlins damals nannte.
Gabriele Jäger hat zwei Jahre lang für das Bezirksamt Wilmersdorf an dem Programm „Berliner Gedenktafel" gearbeitet. In diesem Buch stellt sie das Ergebnis ihrer umfangreichen biographischen und lokalhistorischen Recherchen vor, die weit über das Gedenktafelprogramm hinausgingen. Das Buch beschränkt sich also nicht nur auf Persönlichkeiten, die bereits durch Gedenktafeln geehrt wurden. Die Spurensuche hat weiter geführt und gibt Anstöße, das Gedenktafelprogramm fortzusetzen.
Aber umgekehrt ist die Zahl der Namen in Berlin-Wilmersdorf so groß, daß nicht alle ausführlich im Text dargestellt werden konnten. So wird etwa der Widerstand in der Zeit des Nationalsozialismus nur gestreift, da zu diesem Thema ein eigenes Buch bei der Gedenkstätte Deutscher Widerstand in Arbeit ist. Hans Oster, Erich Hoepner und Henning von Tresckow sind daher nur im Gedenktafel- und Namenverzeichnis zu finden. Gleiches gilt für die Vertreter der leichten Muse, Otto Reutter, Leon Jessel, Will Meisel, Theo Mackeben, Robert Stolz oder Gerhard Winkler. Auch dieser Bereich bleibt einer eigenen Darstellung vorbehalten.
Gabriele Jäger hat in erster Linie Persönlichkeiten portraitiert, für deren Leben und Werk Berlin-Wilmersdorf Bedeutung erlangte, die hier nicht vereinzelt und zufällig lebten, sondern die mit ihren Nachbarn befreundet, manchmal auch verfeindet waren. So entstanden nicht nur Einzelportraits,

sondern mit jedem Kapital werden neue Zusammenhänge entdeckt, neue Beziehungen geknüpft. Die Entdeckung dieser Zusammenhänge macht die Lektüre des Buches besonders spannend: Schritt für Schritt entsteht eine Wilmersdorfer Kulturgeschichte in Biographien.
Zwangsläufig wurden aber auch Trennungen, Vertreibung und Flucht zu einem Leitthema dieses Buches. Viele mußten seit 1933 Deutschland verlassen. Politische Gegner des Nazi-Regimes und jüdische Journalisten, Schriftsteller, Künstler, Verleger, Intellektuelle mußten vor der Verfolgung fliehen. Freundschaften wurden auseinandergerissen. Manche, die sich aus Berlin-Wilmersdorf kannten, trafen sich wieder in Paris, Moskau oder New York.
Nur wenige kamen nach 1945 zurück. In diesem Buch wird auch ein Kapitel des deutschen Exils geschrieben, werden wir erinnert an einen Teil unserer Geschichte, der uns zur Wachsamkeit mahnt. Das Buch will damit auch einen Beitrag leisten zur Erinnerungsarbeit, die allzulange versäumt wurde.
Wie schon in den vier vorausgegangenen Bänden dieser Buchreihe über den Bezirk Wilmersdorf, so wurde auch hier wieder versucht, wissenschaftliche Gründlichkeit bei der Erarbeitung ernster Themen mit unterhaltsamer Lesbarkeit zu verbinden. Ich danke der Autorin, Frau Jäger, die mit großem Engagement dafür gesorgt hat, daß dieser Anspruch eingelöst wurde.
Karl-Heinz Metzger, der die bisherigen 4 Bände größtenteils geschrieben hat, hat auch dieses Buch von der Entstehung bis zur Drucklegung mit betreut, und Wolfgang Stapp hat sich um dieses erste in seinem Verlag erscheinende Buch von uns besonders intensiv bemüht.
Ich wünsche Ihnen eine informative und unterhaltsame Lektüre und hoffe, daß Sie zu Spaziergängen in Berlin-Wilmersdorf animiert werden. Der umfangreiche Anhang mit Gedenktafel-, Adressen- und Namenverzeichnis bietet dafür einen guten Wegweiser.

Horst Dohm
Bezirksbürgermeister von Berlin-Wilmersdorf

Inhalt

Einleitung 9
   Wilmersdorf – Stadt und Bezirk im Berliner Neuen Westen.
   Transitstation auf dem Weg in die Emigration
Dramatiker des Naturalismus 17
   Gerhart Hauptmann, Hermann Sudermann, Arno Holz
Verleger des Expressionismus 25
   Franz Pfemfert, Herwarth Walden, Franz Blei
Wissenschaftler und Musiker 33
   Das „Professorenviertel": Die Familien von Harnack, Delbrück,
   Bonhoeffer und Planck, Karl Abraham, Engelbert Humperdinck und
   Isadora Duncan, Lilli Lehmann, Fritz Mauthner
Frauenrechtlerinnen 55
   Helene Lange und Gertrud Bäumer, Lily Braun
Mäzene und ihre Künstler 59
   Felix Koenigs, Die Brüder von Mendelssohn, Carl und Aniela
   Fürstenberg, Hermann Rosenberg, Walter Leistikow, Hedwig Dohm,
   Max Klein
Berliner Bohémiens 69
   Heinrich und Julius Hart, Else Lasker-Schüler, Mynona (d.i. Salomo
   Friedlaender)
Rainer Maria Rilke und Lou Andreas-Salomé 75
Berliner Verleger 79
   Samuel Fischer, August Scherl, Rudolf und Emilie Mosse,
   Die Brüder Ullstein und der „Staranwalt" Max Alsberg
Bestseller-Autoren 87
   Vicki Baum, Erich Maria Remarque
Pioniere der Filmkunst 91
   Friedrich Wilhelm Murnau, Emil Jannings
Theaterleute und Kritiker 97
   Julius Bab, Alfred Kerr, Albert Bassermann, Max Reinhardt,
   Bertolt Brecht und Helene Weigel
Maximilian Harden und Walther Rathenau 115
Mahner und Moralisten 125
   Kurt Tucholsky, Walter Hasenclever, Ernst Toller
Chronisten der Großstadt 135
   Georg Hermann, Erich Kästner
Repräsentanten Europas 145
   Lion Feuchtwanger, Heinrich Mann

Nachbarn in der Künstlerkolonie 153
    Ernst Bloch, Alfred Kantorowicz, Ernst Busch
Proletarisch revolutionäre Schriftsteller 165
    Anna Seghers, Egon Erwin Kisch
Theoretiker der Moderne 169
    Walter Benjamin, Siegfried Kracauer
Maler der Neuen Sachlichkeit 177
    George Grosz, Felix Nussbaum
Anhang
    Namenverzeichnis 183
    Straßenverzeichnis 192
    Gedenktafeln in Wilmersdorf 197
    Literatur 215

Einleitung

Wilmersdorf:
Stadt und Bezirk im Berliner Neuen Westen

Als sich 1871, nach dem Sieg über die französischen Truppen, der preußische König mitten in Frankreich im Städtchen Versailles zum deutschen Kaiser proklamieren ließ, war der Aufstieg der preußischen Residenz Berlin zum Zentrum des neuen deutschen Nationalstaats besiegelt. In den nun folgenden „Gründerjahren", die mit einer wirtschaftlichen Hochkonjunktur einhergingen, wuchs sich die einstige preußische Provinzhauptstadt zur Weltstadt aus: Um 1910 zählte Berlin bereits mehr als 2 Millionen Einwohner. Die meisten der Neubürger waren mittellose Landflüchtlinge, die durch die großen Umwälzungen des wirtschaftlichen und gesellschaftlichen Gefüges aus der preußischen oder pommerschen Provinz ins neue industrielle Zentrum gespült wurden. Hier hofften sie auf eine neue Existenzgrundlage, die sie dort nicht mehr finden konnten. Gleichzeitig stieg der Raumbedarf für neue Wohn-, Industrie- und Verwaltungszentren, und Berlin begann mit den umliegenden Städten und Landgemeinden zusammenzuwachsen. Im Zuge dieser Entwicklung setzte eine rege Bautätigkeit auch in den westlichen Berliner Vororten ein. Charlottenburg, Schöneberg und das ehemalige Deutsch-Wilmersdorf wurden 1920 zu Verwaltungsbezirken von Groß-Berlin. In Berlin waren bürgerliche und proletarische Wohnviertel zunächst nicht wie in anderen europäischen Industriemetropolen nach Stadtbezirken voneinander getrennt, hier schuf der Mietskasernenbau infolge des Hobrechtplans mit Vorder- und Hintergebäuden die Räumlichkeiten für die soziale Trennung *innerhalb* der Stadtquartiere. Die westlichen Stadtbezirke entwickelten sich seit der Jahrhundertwende dennoch zu eher bürgerlichen Quartieren, nachdem proletarische Familien die Neubauten „trockengewohnt" hatten.

Die Geschichte von Berlin-Wilmersdorf ist also erst seit dem Ende des vorigen Jahrhunderts auch Berliner Stadtgeschichte, zuvor gab es nur den bedeutungslosen kleinen Landflecken, der zur Reichsgründung etwa 1700 Einwohner zählte. „Wilmersdorfer" Biographien lassen sich deshalb frühestens seit dem fin de siècle nachweisen – vorher fand sich unter dem heute städtischen Pflaster zumeist nur märkischer Sandboden. Und wenn auch erst im Jahre 1987 Berlin sein 750. Stadtjubiläum feiern konnte, so findet sich doch im westlichen Teil der Stadt kaum ein behauener Stein, der so viele Jahre zählte. Das vom Bezirksamt Wilmersdorf 1989 gefeierte hundertjährige Jubiläum der ehemaligen Villenkolonie Grunewald zeigt deshalb besser die Bedeutung Wilmersdorfs als bürgerlicher Wohnbezirk der Industrie- und Gründerzeitmetropole Berlin, die unter den alten europäischen Großstädten ein junger Emporkömmling war. Berlin ist eine Großstadt des späten 19. und des 20. Jahrhunderts, die Stadt der großen gesellschaftlichen Veränderungen, die Industrialisierung und Automatisierung mit sich brachten, eine Stadt der modernen Völkerwanderung von den ländlichen Regionen ins neue Ballungszentrum, die Stadt des rapiden Bevölkerungswachstums und der Mietskaserne.

Auch die kleine Landgemeinde Deutsch-Wilmersdorf im Landkreis Teltow hatte sich um 1910 zur Großstadt Berlin-Wilmersdorf mit mehr als 100 000 Einwohnern entwickelt. Die neuen westlichen Vorstädte der Millionenstadt wirkten anziehend auf viele Künstler, Intellektuelle und Schriftsteller; konnte man hier doch teilhaben am Tempo der neuen Metropole und gleichzeitig die Vorzüge des Vorortes mit seinen Vergnügungsstätten, den Cafés, der Nähe zum Grunewald und der weniger dichten Bebauung genießen. Und da die meisten dieser Neuberliner Kinder des Bürgertums waren, konnten sie sich die teureren Mieten des Berliner Westens leisten. Um die Jahrhundertwende begann so ein reger Zug von Kunst und Literatur nach dem Berliner Westen, der sich häufig von der alten Kunststadt München aus in Bewegung setzte. Trotz raschen Wachstums und Verdoppelung seiner Bevölkerungszahl zwischen 1871 und 1914 blieb nämlich München weiterhin eine Hof- und Residenzstadt aus vorindustrieller Zeit, die ihr äußeres Gesicht kaum änderte und den Atem einer neuen Zeit der Modernisierung und Industrialisierung nicht spüren ließ. Diese Stadt paßte nicht mehr zum neuen wirtschaftlichen Gefüge, sie war „ungleichzeitig" (Ernst Bloch) geworden.

Viele Mitglieder der jungen Literaturavantgarde, die sich um die Jahrhundertwende in den Caféhäusern des Ortsteils Schwabing, dem Zentrum der Münchener Bohème, wohlgefühlt hatten, trafen sich bald darauf wieder im Berliner Neuen Westen: Hugo Ball, Leonhard Frank, Johannes R. Becher, Max Hermann-Neiße, Franz Jung; dieser erinnerte sich:

„*Wir sind ohne Bedauern von München geschieden. Aber auch die allgemeine Abwanderung von Kunst und Literatur aus München hatte 1913 bereits eingesetzt. Margot konnte den größten Teil der Leute, mit denen sie im Stefanie zusammengesessen hatte, bereits wenige Monate später im Café des Westens am Kurfürstendamm wiedertreffen.*"[1]

In den zwanziger Jahren folgten Bert Brecht, Lion Feuchtwanger, Heinrich Mann und viele andere und suchten Unterkunft in Wilmersdorf oder den anderen westlichen Vororten Berlins. Wilmersdorf, eines dieser neuen westlichen Stadtviertel, spiegelt deshalb mehr den kulturellen Glanz als das so-

---

1 Franz Jung: Über Franz Pfemfert und die Aktion, in: Paul Raabe, (Hrsg.), Expressionismus. Aufzeichnungen und Erinnerungen der Zeitgenossen, Olten/Freiburg (Brsg.) 1965, S. 125

ziale Elend von Kaiserreich und Weimarer Republik. Im literarischen Schaffen der neuen Berliner Schriftsteller wird die erzählte Stadt und das moderne Großstadtleben zum Handlungsmilieu ihrer Romane, neben anderen bei Georg Hermann, Erich Kästner, Alfred Döblin und Heinrich Mann. Da der eher behäbige, bürgerliche Wohnbezirk Wilmersdorf jedoch weniger Stoff für die den Naturalismus und Expressionismus beherrschenden Themen der sozialen Spannungen und des Zerfalls bürgerlicher Ordnung hergab, wurde Wilmersdorf eher ein Ort zum Schreiben als literarisches Sujet. Über die Rolle, die Berlin-Wilmersdorf in der Literatur gespielt hat, hat Karl Heinz Metzger bereits einen Überblick gegeben.[2]

Neben den Schriftstellern wohnten in Wilmersdorf auch ihre Verleger, zum Beispiel der große Samuel Fischer, daneben Wissenschaftler, Musiker, Künstler und ihre Mäzene, wie die Bankiersfamilien Koenigs, Mendelssohn und Fürstenberg, einige der bedeutendsten literarischen und politischen Publizisten ihrer Zeit, Maximilian Harden, Franz Pfemfert, Alfred Kerr, der junge Herwarth Walden, der bedeutende Theaterreformer Max Reinhardt oder der Klassiker der deutschen Stummfilmregisseure F.W. Murnau. Für einige blieb Wilmersdorf eher Transitstation auf dem Weg ins nächste Pensionszimmer, wie für Else Lasker-Schüler oder Siegfried Kracauer. Die um den Erhalt der Weimarer Republik politisch besonders Engagierten zogen seit dem Ende der zwanziger Jahre gern in die Künstlerkolonie am ehemaligen Laubenheimer Platz (heute Ludwig-Barnay-Platz): Unter anderen Ernst und Karola Bloch, Alfred Kantorowicz, Ernst Busch oder Johannes R. Becher. Andere, die bereits etabliert und reich waren, ließen sich, vornehmlich im Vorort Grunewald, repräsentative Villen bauen, deren Wohnräume als lebenslange Heimstatt eingerichtet waren. Ab 1933 boten auch diese Häuser keinen Schutz mehr vor den Nationalsozialisten, die auf dem Weg zur Errichtung des deutschen Unrechtsstaates zuerst den kritischen Geist aus Deutschland in die Emigration trieben.

Transitstation auf dem Weg in die Emigration

Hinter dem verharmlosenden Begriff Emigration, mit dem ein Lebensabschnitt der aus Deutschland geflüchteten Künstler und Intellektuellen oft verkürzt wiedergegeben wird, verbirgt sich in Wirklichkeit jahrelange Existenznot und Bedrohung, die viele nicht überlebt haben, weil sie den Strapazen nicht mehr gewachsen waren und sich das Leben nahmen, wie Walter Benjamin und Walter Hasenclever. Manche konnten nicht weit genug fliehen, um sich vor den Häschern der Gestapo zu schützen: Der alte Berliner

---

2 Vgl.: Karl-Heinz Metzger : Wilmersdorf im Spiegel literarischer Texte vom 19. Jahrhundert bis 1933, Berlin 1985

Roman-Schriftsteller Georg Hermann und der Maler Felix Nussbaum wurden in ihren Exilorten verhaftet und in Auschwitz-Birkenau ermordet. Alle vier waren zuvor aus Berlin-Wilmersdorf geflüchtet bzw. nicht mehr dorthin zurückgekehrt. Ihre letzte Wohnung in Wilmersdorf hatten auch Alfred Kerr, Heinrich Mann, Franz Pfemfert, Lion Feuchtwanger, Anna Seghers, Alfred Kantorowicz, Ernst Busch, Ernst und Karola Bloch u.v.a., bevor sie um 1933 dem Exodus von insgesamt ca. 2500 deutschsprachigen Schriftstellern folgten und aus Deutschland flohen, um sich vor der drohenden Verhaftung in Sicherheit zu bringen. Zahlreiche Wohnungen in Wilmersdorf standen leer, wurden beschlagnahmt; vieles von dem, was die Emigranten zurückgelassen hatten, vernichtete die SA: die Bilder aus dem Frühwerk Felix Nussbaums, die Bibliothek der Feuchtwangers oder das Archiv des Aktions-Herausgebers Franz Pfemfert.

Frankreich war für viele der Vertriebenen die erste längerfristige Exilstation. Kontakte, die in Wilmersdorf geknüpft worden waren, vertieften sich hier, wie die Freundschaft zwischen Heinrich Mann und Alfred Kantorowicz, oder setzten sich in Briefwechseln fort, so zwischen Anna Seghers und Wieland Herzfelde, dem sie ins amerikanische Exil schrieb. In Paris wurde ein Jahr nach der Bücherverbrennung am 10. Mai 1934 die deutsche Freiheitsbibliothek begründet. Zahlreiche ehemalige Nachbarn aus der Künstlerkolonie gingen 1936 von hier aus nach Spanien, um im Bürgerkrieg für den Erhalt der spanischen Republik zu kämpfen, so Ernst Busch, Gustav Regler, Arthur Koestler, Alfred Kantorowicz. In Spanien dabei war auch der Meister der literarischen Reportage Egon Erwin Kisch. Zum 2. Internationalen Schriftstellerkongreß, der 1937 in Madrid und Valencia tagte, traf u.a. Anna Seghers ein, Lion Feuchtwanger schickte eine Grußbotschaft. Seit dem Frühjahr 1939 war die Bedrohung Frankreichs durch einen deutschen Überfall offensichtlich, trotzdem hingen viele Exilierte auch in der gefährdeten Lage an diesem Land, weil sie sich der französischen Kultur schon immer nahe gefühlt hatten und Frankreich etwa für Heinrich Mann oder Walter Benjamin einer zweiten Heimat gleichkam oder man den deutschen Grenzen möglichst nahe bleiben wollte, weil man auf einen baldigen Sieg über Hitler hoffte. Entscheidender für das Ausharren im bedrohten Frankreich war aber die Politik der Überseestaaten, die europäische Flüchtlinge immer rigoroser abwies.[3]

Auch deutsche Antifaschisten und Juden wurden nach Kriegsbeginn in Frankreich als sogenannte feindliche Ausländer in ca. 100 Lagern interniert; angeblich geschah dies, um deutsche Spione zu entlarven. Nach dem deutschen Einmarsch in Frankreich saßen Kantorowicz, Feuchtwanger und Wal-

---

[3] Vgl.: Hans-Albert Walter: Deutsche Exilliteratur 1933-1950, Bd.2. Europäisches Appeasement und überseeische Asylpraxis, Stuttgart 1984, S. 240-496

ter Hasenclever gemeinsam im südfranzösischen Internierungslager Les Milles, ihre Frauen, Friedel Kantorowicz und Marta Feuchtwanger, waren Häftlinge im Pyrenäenlager Gurs. Durch das rasche Vordringen der deutschen Truppen gerieten viele Camps in Frontnähe und die Flüchtlinge damit in höchste Gefahr, den Deutschen in die Hände zu fallen. Die Angst vor der Auslieferung an die Gestapo hat Walter Hasenclever nicht überlebt. Zum Zeitpunkt des Waffenstillstandes mit der kollaborierenden Vichy-Regierung am 25.6.1940 hielten sich insgesamt etwa 2 Millionen europäische Flüchtlinge in Südfrankreich auf. Der Waffenstillstandsvertrag bestimmte, daß Frankreich von der Gestapo gesuchte Flüchtlinge auslieferte. Dank der Hilfe der französischen Bevölkerung und vieler Gendarmen und Bürgermeister, die darauf verzichteten, ihre „Pflicht" zu tun, gelang trotzdem vielen Verfolgten die Flucht aus Europa über die Pyrenäen durch Franco-Spanien und Lissabon, von wo aus man eine Schiffspassage nach Übersee erhoffte. Verschlossen blieb dieser Weg ehemaligen Spanienkämpfern, denen unter der neuen spanischen Diktatur die Verhaftung drohte. Lion Feuchtwanger, der wegen seiner Grußbotschaft an den 2. Internationalen Schriftstellerkongreß höchst gefährdet war, wagte diesen Weg trotzdem mit Hilfe gefälschter Papiere, die auf das Pseudonym J. L. Wetcheek lauteten. Die Einreise in die USA erreichten aber nur wenige prominente und besonders gefährdete deutsche Exilanten wie Bert Brecht, Thomas Mann, Heinrich Mann oder Lion Feuchtwanger, die außerdem nicht im Verdacht stehen durften, Kommunisten zu sein. Anna Seghers, Mitglied der KPD, und ihrer Familie wurde ein US-Visum verweigert. Nach einer fast dreimonatigen Schiffsreise und vielen Umwegen erreichte sie im Sommer 1941 Mexiko, wo sie mit ihrem Mann und den beiden Kindern endlich Zuflucht fand. Mexiko, das die spanische Republik aktiv unterstützt hatte, blieb für Kommunisten das einzige Zufluchtsland; hierher emigrierten z.B. auch Egon Erwin Kisch und Franz Pfemfert.
Im Exil schrieb Anna Seghers den Roman „Transit", der teils autobiographisch die Existenzsorgen, Geldnöte, behördliche Willkür und bürokratische Hürden beim Wettlauf um erforderliche Transit- und Ausreisepapiere aus Frankreich eindringlich schildert. Alfred Kantorowicz erkannte sich in diesem Roman wieder, seine eigenen Erinnerungen hat er in „Exil in Frankreich" festgehalten. Außerdem ist in den Memoiren Lion Feuchtwangers, Arthur Koestlers und Gustav Reglers[4] Näheres nachzulesen. Der einst auch in Frankreich hochgeachtete Heinrich Mann, der im September 1940 als fast 70-jähriger illegal über die Pyrenäen klettern mußte, um über Lissabon in

---

4 Vgl.: Lion Feuchtwanger: Unholdes Frankreich, Mexico-City 1942, spätere Ausgaben unter dem Titel: Der Teufel in Frankreich; Alfred Kantorowicz: Exil in Frankreich, Bremen 1971; Arthur Koestler: Abschaum der Erde, Wien 1971, Gustav Regler: Das Ohr des Malchus, Frankfurt/M. 1960

die USA zu gelangen, hat die beklemmende Atmosphäre seines vorherigen Aufenthaltes in Marseille und die Bedrohung durch fast tägliche Razzien beschrieben:
„Eines schwülen Abends blieben wir zu lange auf der Straße sitzen. Wir sahen eine Truppe gegen uns anrücken, es blieb nur übrig, ihr die Stirn zu bieten. Als wir aufbrachen, hielt sie den Rand des Gehsteiges besetzt, der Offizier spähte jedem Passanten unter den Hut, der bei einigen tief im Gesicht saß. Ich fand es geraten, den Kopf höher als sonst zu tragen. Die Gelegenheit empfahl mir dringend, etwas vorzustellen, womöglich den Präfekten der Bouches du Rhone. Der Kommandant des Ordnungsdienstes glaubte es mir, er ließ von mir ab, wir waren vorüber."[5]

Ob in Europa oder in Übersee blieben die Existenz- und Überlebensbedingungen der deutschen Flüchtlinge schwierig. Viele der Schriftsteller und Intellektuellen, die für ihre Arbeit auf die deutsche Sprache angewiesen waren, fanden im Ausland kaum Beschäftigungsmöglichkeiten, mit denen sie hätten Geld verdienen können. Die Sorge um den Lebensunterhalt der Familie im Exil bestritten häufig die Frauen der Emigranten, deren Geschichte noch nicht geschrieben worden ist. Julia Kerr arbeitete als Sekretärin und Übersetzerin in Paris und London, ebenso konnte Nelly Mann durch Übernahme von Näharbeiten und als Krankenpflegerin die bittersten Geldnöte Heinrich Manns in den USA lindern. Die Architektin Karola Bloch baute Häuser an der amerikanischen Ostküste und ermöglichte damit Ernst Bloch das Schreiben in der Emigration.

Berlin-Wilmersdorf war somit seit der Machtübergabe an die Nationalsozialisten 1933 kein Ort mehr, an dem sich die hier geschilderten Lebensläufe, von wenigen Ausnahmen abgesehen, hätten vollenden können. Dem stand die deutsche Geschichte entgegen, die diesen Bezirk als bedeutendes Kulturzentrum zerstörte. Nur wenige kehrten zurück, kaum einer wurde zurückgerufen. Viele ehemalige Emigranten mußten in der Bundesrepublik und West-Berlin um ihre Anerkennung als politische Flüchtlinge kämpfen, sichere Arbeitsplätze in Forschung und Lehre blieben den meisten versagt. Für einige der Zurückgekehrten, die sich in der jungen DDR eine Zukunft erhofft hatten, wiederholte sich dort das Schicksal politischer Ächtung, Vertreibung und Emigration. Werke gerieten dort wie hier in Vergessenheit, die einstige kulturelle Vielfalt und geistige Lebendigkeit ließ sich nach der nationalsozialistischen Zäsur kaum wieder herstellen. Als attraktiver Wohnbezirk konnte Wilmersdorf wiederaufgebaut werden, das einstige kulturelle Zentrum war nur Transitstation.

Da Wilmersdorfer Geschichte im Grunde erst seit der Gründung von Groß-Berlin im Jahre 1920 Berliner Stadtgeschichte ist, erhielt so das zur 750-Jahr-

---

5 Heinrich Mann: Ein Zeitalter wird besichtigt, Reinbek 1976, S. 305

Feier der Stadt initiierte Programm „Berliner Gedenktafel" in Wilmersdorf ganz zwangsläufig den Schwerpunkt Emigration, Vertreibung und Exil, ohne sich ausschließlich auf dieses Thema zu beschränken. Die Recherchen zur Umsetzung des Gedenktafelprogramms lieferten das Material und die Idee zum vorliegenden Band. Die inzwischen angebrachten Erinnerungstafeln bleiben nur sinnvoll, wenn sie auch „benutzt" werden, d.h. nicht isoliert im Stadtraum hängen, sondern zu Spaziergängen im Bezirk und zum Aufspüren von geschichtlichen Zusammenhängen anregen. Da der Platz begrenzt ist, können Gedenktafeltexte nur sehr wenige Angaben über Leben und Werk derjenigen geben, die sie würdigen sollen. Hier möchte das vorliegende Buch eine Hilfe sein und außerdem zum Weiterlesen anregen. Nicht für alle hier aufgenommenen Personen wurden inzwischen Gedenktafeln angebracht. Die Arbeit am Programm ist einerseits noch nicht beendet, manch geplante Tafel läßt sich aber auch deshalb nicht realisieren, weil Adressen durch städtebauliche Veränderungen „untergegangen" sind oder Hauseigentümer die Anbringung einer Gedenktafel verweigern. Auf eine Gedenktafel in Wilmersdorf wurde außerdem dann verzichtet, wenn es sinnvoller schien, die entsprechende Persönlichkeit in einem anderen Berliner Bezirk zu ehren. Ohne Anspruch auf Vollständigkeit möchte dieses Buch dazu anregen, über die Lebensgeschichte bedeutender Persönlichkeiten die Spuren zu entdecken, die die „allgemeine" Geschichte in Wilmersdorf hinterlassen hat.

*Gerhart Hauptmann (Mitte) mit Frau Margarete und Theodor Däubler, um 1926
(Foto Landesbildstelle Berlin)*

Dramatiker des Naturalismus

Gerhart Hauptmann, Hermann Sudermann, Arno Holz

Die erste Berliner Theaterrevolution fand am 20. Oktober 1889 an der Freien Bühne mit Gerhart Hauptmanns Theaterdebut „Vor Sonnenaufgang" statt. Auf Anregung von Arno Holz hatte Hauptmann den ursprünglich vorgesehenen Titel „Der Sämann" verworfen. Außerdem schrieb Arno Holz an Gerhart Hauptmann:
„*Ihr Drama wird morgen an Reißner abgehn. Der Eindruck, den es auf uns gemacht hat, ist noch größer gewesen, als wir erwartet hatten. Wir halten es für das beste Drama, das jemals in deutscher Sprache geschrieben worden ist,...*" [1]
Dieses Drama erregte die Gemüter so sehr, daß der Berliner Arzt und Kritiker Dr. Kastan aus Empörung seine Geburtszange schwang, als die Schreie einer Gebärenden von der Bühne tönten. Der Theaterstreit um den noch völlig unbekannten schlesischen Schriftsteller endete mit dem Sieg des Naturalismus sowie Hauptmanns Aufstieg zum „Dichterfürsten" und repräsentativsten deutschen Schriftsteller seiner Zeit. Zu den Stilmitteln der neuen Kunstrichtung zählten genaue Milieuschilderung und krasse Gegenständlichkeit, die dem gesellschaftlichen Zerfall einen Spiegel vorhielten. Hauptmanns Debut folgten sozialkritische Erfolgsdramen wie „Die Weber" (1892), „Rose Bernd" (1903), „Die Ratten" (1911), die sich alle mit gesellschaftlichen Mißständen, Armut und Ausbeutung und dem Zerfall der wilhelminischen Gesellschaft befaßten. Hauptmanns Einstellung zum Kaiser und zur wilhelminischen Gesellschaft änderte sich schlagartig im ersten Weltkrieg, als er den berüchtigten Aufruf der 93 unterzeichnete und kriegsverherrlichende Hetzlieder dichtete.[2] Später bekannte er sich zur Weimarer Republik und wurde weiter als Repräsentant des geistigen Deutschland und soziales Gewissen des Landes gefeiert.
Hauptmanns erster Berliner Wohnort lag ab 1884 in der Nähe des Rosenthaler Platzes. 1885 siedelte er in den Vorort Erkner, nahe dem Müggelsee, über, weil er nach einem Blutsturz den Ruin seiner Gesundheit befürchtete

---

[1] Gerhart Hauptmann. Leben und Werk. Eine Gedächtnisausstellung des Deutschen Literaturarchivs zum 100. Geburtstag des Dichters im Schiller-Nationalmuseum Marbach, Katalog Nr. 10, Stuttgart 1962, S. 52, zit. nach: Von der Freien Bühne zum Politischen Theater, Bd. 1: 1889-1918, Leipzig 1987, S. 41
[2] Vgl.: Wilhelm Herzog: Gerhart Hauptmann, in: Menschen, denen ich begegnete, Bern/München 1959, S. 193

und alternative Lebensbedingungen in frischer Landluft und Kiefernwald suchte. In seinem Erfolgsjahr 1889 kehrte er nach Berlin zurück und bezog eine Berliner Wohnung in der Schlüterstraße. Nachdem er sich zum erstenmal von seiner ersten Frau getrennt hatte, mietete er im Dezember 1894 für einige Wochen ein möbliertes Zimmer in der *Boothstraße 9* (seit 1900 *Humboldtstraße 9*). Später kehrte er zu seiner Familie nach Grünthal in Schlesien zurück. Stets wachsende Honorare erlaubten es Hauptmann, Ende 1897 eine „Junggesellenwohnung" in der *Trabener Straße 54* (1899 umgewidmet in *Nr. 2*) einzurichten – ein recht anspruchsvolles Heim, „*fünf Parterrezimmer mit Holzdecken, Paneelen, Kaminanlagen und so weiter*"[3] –, die er bis zur Vollendung seines neuen Hauses in Schlesien bewohnte. Im Jahre 1902 bezog er zusammen mit seiner späteren zweiten Ehefrau Margarete Marschalk das Haus „Wiesenstein" bei Agnetendorf.

In der Tragikomödie „Die Ratten" (1911), die ein Berliner Mietshaus zum Schauplatz der Handlung macht, reflektierte Hauptmann seine Berliner Großstadterfahrungen. Er erarbeitete dieses Drama noch einmal mit naturalistischen Stilmitteln, was um 1911 bereits ungewöhnlich war. Modell des Handlungsschauplatzes war ein düsteres Gebäude, eine ehemalige Militärkaserne, die später als Mietskaserne benutzt wurde. Hauptmann kannte dieses Haus in der Alexanderstraße 10 aus der Zeit um 1885, als er hier Schauspielunterricht bei Alexander Heßler genommen hatte.[4]

Während des ersten Weltkrieges 1914-1918 mietete Hauptmann noch einmal eine Berliner Wohnung in der *Hubertusallee 25*, von wo aus sein jüngster Sohn Benvenuto das Grunewaldgymnasium (heute Walther-Rathenau-Gymnasium) besuchte. Die Berliner Kritiker verehrten Hauptmann, allen voran ihr gefürchteter „Papst" Alfred Kerr, mit dem Hauptmann befreundet war, bis er Kerr durch sein opportunistisches Verhalten im Nationalsozialismus bitter enttäuschte. Zu der Zeit, als beide noch Nachbarn in Grunewald waren, versammelte sich häufig eine namhafte Schriftstellergemeinde im Hause des Verlegers Samuel Fischer in der *Erdener Straße 8*. Tilla Durieux berichtete in ihren Memoiren von einem Abend bei Fischers: *„Das Paradepferd des Hauses war Gerhart Hauptmann, für den S. Fischer jedes geforderte Opfer brachte. Die Zeit der fürstlichen Einnahmen war noch nicht gekommen,... man war im großen und ganzen noch recht bescheiden. Gerhart Hauptmann aber liebte den Luxus, und da hatte der kleine S. Fischer tüchtig zu schaffen, um alle Wünsche seines Gottes zu erfüllen. Diese Vergötterung ging so weit, daß ich einmal später bei Fischers folgende drollige Szene erlebte: Der Hausherr führte die Gäste behutsam und leise,*

---

3 Gerhart Hauptmann: Buch der Leidenschaft, Gütersloh 1953, S. 259
4 Vgl.: Brigitte Stuhlmacher: Berliner Häuser in modernen Dramen. Exempel: Hermann Sudermann und Gerhart Hauptmann, in: Literarisches Leben in Berlin, Bd. 1, 1871-1933, Berlin (Ost) 1987, S. 232f.

Finger an den Lippen, in ein Zimmer, von wo aus man den angebeteten Hauptmann mit Lovis Corinth und P.C. (d.i. Paul Cassirer) *sehen konnte, wie sie eine Flasche Cognac gemeinsam austranken. Alle Gäste standen nun selig lächelnd da und besahen dieses Schauspiel in tiefem Schweigen: der große Dichter trinkt Cognac".*[5]

Nach dem ersten Weltkrieg zog sich Gerhart Hauptmann wieder nach Agnetendorf in Schlesien zurück. Zur Enttäuschung vieler seiner engsten Freunde blieb Hauptmann auch während der NS-Zeit in Deutschland. Anläßlich seines achtzigsten Geburtstages ließ er sich von den Nationalsozialisten aufwendig feiern, wenngleich er inzwischen viel zu alt geworden war, *„um auch dieses Dritten Reiches repräsentativer Dichter zu sein, wie er es unter der gepanzerten Faust des Kaiserreichs,...(und)...unter der Republik war,...".*[6]

Einen Tag nach der deutschen Kapitulation wurde der Wiesenstein von sowjetischen Truppen besetzt. Der polnische Kulturminister stellte einen Schutzbrief für das Hauptmannsche Anwesen aus, und der sowjetische Oberst Sokolow sowie der aus Moskau zurückgekehrte Schriftsteller Johannes R. Becher übernahmen persönlich den Schutz des Dichters. Der inzwischen schwerkranke Hauptmann wurde vorläufig nicht aus Schlesien vertrieben. Im Sommer 1946 sollte ihm ein Sonderzug zur Ausreise zur Verfügung gestellt werden. Hauptmann starb jedoch am 6. Juni 1946 vor der geplanten Evakuierung in seiner schlesischen Heimat.

Als Hauptmann im Jahre 1911 „Die Ratten" schrieb, war das literarische Sujet der Berliner Mietskaserne nicht mehr neu im naturalistischen Drama: Bereits 1889 und 1890 hatten zwei andere naturalistische Autoren dieses Stilmittel aufgegriffen, um ein Sittenbild der modernen Großstadt Berlin zu entwerfen. Beide, Arno Holz und Hermann Sudermann, litten zeitlebens unter der Zurücksetzung hinter Gerhart Hauptmann. Dennoch entwickelte sich Sudermann zu einem außerordentlich erfolgreichen Theaterautor, der durch zugkräftige Themen dem Publikumsgeschmack entsprach und in den 90er Jahren des letzten Jahrhunderts zum meistgespielten deutschen Bühnenautor avancierte. Der völlig mittellos aus Ostpreußen gekommene Schriftsteller konnte, nur kurz nach Hauptmanns „Vor Sonnenaufgang", im November 1889 mit seinem Bühnenerstling „Die Ehre" in Berlin eine furiose Premiere feiern. Neben dem Schloß Blankensee bei Trebbin als Sommersitz leistete er sich ab 1915 eine von Otto March erbaute Villa in der *Bettinastraße 3* in Grunewald. Weil er beim Publikum weitaus erfolgreicher als bei der Kritik war, versuchte sich Sudermann in verschiedenen Artikeln im Berliner Tage-

---
5 Tilla Durieux: Eine Tür steht offen, Berlin 1954, S. 64
6 Franz Blei: Zeitgenössische Bildnisse, Amsterdam 1940, S. 291

blatt gegen die Theaterkritiker zu wehren. Im November 1902 erschienen seine Aufsätze unter dem Titel „Verrohung in der Theaterkritik". Dies setzte ihn den höhnenden Attacken seiner Widersacher Alfred Kerr und Maximilian Harden aus. Maximilian Harden verfaßte 1903 das Gegenpamphlet „Kampfgenosse Sudermann", und der gefürchtete Alfred Kerr schrieb einen Spottvers:

> *Du hast die Zeit (o Mann der Mache)*
> *zwar nie verstanden, doch genutzt;*
> *Das ewig-Gestrige, das Flache*
> *Rasch mit „Modernem" aufgeputzt.*
> *Das Drama ward bei dir zum Reißer,*
> *das Kunstwerk ward bei dir zum Coup*
> *Du tust empört?... Knallerbsenschmeißer*
> *...Kotzebue!!...Kotzebue!!* [7]

Ebenso hielt Alfred Kerr einen Vergleich des publikumswirksamen Autors Sudermann mit Gerhart Hauptmann, der das naturalistische Drama zur Reife gebracht hatte, für illegitim:

„Von allem, was grosse und echte Überlieferung unserer Litteratur heißt, ist er geschieden; mit allem, was Anempfindung und oberflächliche Mode heißt, ist er eng verknüpft. Von der noblen Kolportage ist er ausgegangen, bei ihr ist er im wesentlichen geblieben. Wildgewordener Frauenroman ist seine Note. Mit der neuen Zeit und Kunst hat er nichts gemein als die Zeitgenossenschaft... Mit Gerhart Hauptmann (Scherzbolde vergleichen die Beiden) hat er nichts gemein als die letzte Silbe seines Namens. Und zu sagen, dass Hauptmann größer sei als er, wäre so lächerlich wie der Satz: Brahms ist grösser als Viktor Nessler. Es sind nicht kommensurable Grössen." [8]

Sudermanns ehemaliges Wohnhaus in der *Bettinastraße* ist heute Sitz der Hermann-Sudermann-Stiftung, das Grab des Dramatikers befindet sich auf dem Friedhof Grunewald an der Bornstedter Straße.

Dem Literaturtheoretiker und naturalistischen Autor Arno Holz, der aus einer ostpreußischen Großgrundbesitzersfamilie stammte, war als Autor wenig materieller Erfolg beschieden. 1890 inszenierte er zusammen mit seinem damaligen Freund Johannes Schlaf das „konsequent naturalistische" Drama „Die Familie Selicke", das eine ärmliche und überbelegte Mietskasernenwohnung zum Schauplatz einer kleinbürgerlichen Familientragödie mach-

---

7 Quelle: Intermezzo (21.11.1902), in: Alfred Kerr: Die Welt im Drama, Bd.1: Das neue Drama, Berlin 1917, S. 276
8 Alfred Kerr: Herr Sudermann, Der D...Di...Dichter, Berlin 1903, zit. nach: Alfred Kerr. Lesebuch zu Leben und Werk, Hermann Haarmann/Klaus Siebenhaar/Thomas Wölk(Hrsg.); Berlin 1987,S. 67

*Hermann Sudermann, um 1895
(Foto Landesbildstelle Berlin)*

te. Arno Holz stritt vor allem auch für eine „Revolution der Lyrik", gegen die Konventionen des Reims und für eine rhythmische Natürlichkeit der Sprache. Fast drei Jahrzehnte widmete er sich seinem lyrischen Hauptwerk „Phantasus", das er nie vollendete. Eine größere Anerkennung blieb Arno Holz versagt, er brachte es nie zu Wohlstand und nach vielen Umzügen durch armselige Weddinger und Pankower Behausungen – luftige „Vogelbauerchen", wo uns durch „die schlecht verkitteten Fenster" die „Winde anbliesen" (Holz) – nicht zu einer Villa, sondern lediglich zu möblierten Zimmern im Berliner Westen. In seiner 1904 erschienenen Bohèmestudie würdigte Julius Bab Holz' unruhige Künstlerexistenz, die zu *„den stärksten Leistungen der Berliner Bohème gehört, was primitiv absonderliche Lebensführung anlangt..."* [9] Ab 1890 wohnte Holz in der Ansbacher Straße 53, von 1894 bis 96 in der *Gravelottestraße 41* (heute *Fasanenstraße 65*), danach *Pariser Straße 52*, seit Ende 1903 *Uhlandstraße 106*, ab Herbst 1902 *Wilhelmsaue 16*, seit Ende 1903 wieder *Uhlandstraße 106*, ab Herbst 1905 *Holsteinische Straße 31*. Von November 1910 bis 1928 hatte Arno Holz eine Wohnung in der Stübbenstraße 5 in Schöneberg. 1928 bezog er seine letzte Wilmersdorfer Bleibe in der *Nachodstraße 9*, wo er 1929 starb.

Nach Arno Holz' Tod veranstaltete die Preußische Akademie der Künste eine Trauerfeier im Krematorium Wilmersdorf, danach wurde Arno Holz in Schöneberg bestattet und 1933 in ein Ehrengrab auf dem Friedhof Heerstraße umgebettet.

---

[9] Vgl.: Julius Bab: Die Berliner Bohème, Berlin/Leipzig 1904, S. 37f

Arno Holz, um 1925
(Foto Landesbildstelle Berlin)

BERLINER GEDENKTAFEL

Hier lebte und arbeitete von 1911 bis 1933
FRANZ PFEMFERT
20. 11. 1879 – 26. 5. 1954

Publizist, Begründer und Herausgeber der Zeitschrift
»Die Aktion« (1911–1932)
Engagierte sich für expressionistische Kunst und Literatur,
machte seine Zeitschrift zum Sprachrohr
gegen Nationalismus und Militarismus.
Emigrierte 1933, zuletzt nach Mexico-City.
Starb verarmt im Exil.

Gedenktafel Nassauische Straße 17
(Foto Bezirksamt Wilmersdorf)

Verleger des Expressionismus

Franz Pfemfert, Herwarth Walden, Franz Blei

Etwa um das Jahr 1910 wurde „Expressionismus" zum Sammelbegriff all dessen, was sich von der bisherigen literarischen und künstlerischen Konvention und dem gängigen Kulturbetrieb abhob. In der Literatur protestierten die Expressionisten gegen die Enge der Beobachtung im Naturalismus, der – einst selbst die literarische Protestbewegung einer jungen Generation – sich in immerwiederkehrender „Elendsmalerei" erschöpfte, ohne je politische Auswege aus sozialer Not zu erwägen. Die bildenden Künstler setzten den Expressionismus als Gegenbegriff zum Impressionismus und als Ausdruck einer neuen Kunstgestaltung, die sich gegen alles „Althergebrachte" richtete. Erst später trennten sich vom Expressionismus die Begriffe Futurismus, Kubismus und Dadaismus. Während sich im Impressionismus Ich, Innen und Außen zu einem Gleichklang verbunden hatten, sollte im Expressionismus das Ich die Welt überfluten und das Außen verinnerlichen. Auch die Form wurde so im Expressionismus zum Inhalt, das Kunstwerk dadurch verdichtet. Der Begriff Expressionismus wurde zwar nie vollständig geklärt, wesentlich war dieser Darstellungsform aber, daß sich ihre Kunst als Weltanschauung verstand.
Herwarth Walden schrieb: *"Der Expressionismus ist keine Mode. Er ist eine Weltanschauung. Und zwar eine Anschauung der Sinne, nicht der Begriffe."* [1]
In den Jahren 1910 und 1911 wurden in Berlin-Wilmersdorf zwei expressionistische Zeitschriften gegründet, die – von der wilhelminisch kleinbürgerlichen Presse diffamiert als „Skandalblätter der Berliner Asphaltliteratur" – in den folgenden beiden Jahrzehnten einer ganzen Generation junger Schriftsteller und Künstler den Weg in die Öffentlichkeit ebneten: In der *Katharinenstr. 5* in Halensee gab Herwarth Walden ab 1910 seine Kunstzeitschrift unter dem Titel „Der Sturm", einer Namensschöpfung seiner damaligen Frau, der Lyrikerin Else Lasker-Schüler – heraus. Ein Jahr später gründete Franz Pfemfert seine politische und literarische Wochenschrift „Die Aktion", die ihre Redaktionsräume mehr als zwanzig Jahre lang in Pfemferts Wohnung in der *Nassauischen Str. 17* behielt. Dagegen verlegte Herwarth Walden nach seiner Scheidung von Lasker-Schüler die Redaktionsräume des Sturm 1912 nach Tiergarten, zunächst in die Potsdamer Str. 18, dann Nr. 111; die längste Zeit befand sich der Sturm-Komplex mit Re-

---

[1] Herwarth Walden: Die neue Malerei, Berlin 1919, S. 5

daktions- und Ausstellungsräumen in der Potsdamer Str. 134 a und zuletzt, bis zu Waldens Emigration in die UdSSR im Jahre 1932, wieder in Wilmersdorf, am *Kurfürstendamm 173*. Beide Blätter „Der Sturm" und „Die Aktion" haben sowohl Literatur als auch Malerei und Graphik veröffentlicht, dennoch wurde für Schriftsteller „Die Aktion", für bildende Künstler „Der Sturm" zum wichtigsten Presseforum. Daneben verstand sich Franz Pfemfert, im Gegensatz zu seinem publizistischen Konkurrenten Herwarth Walden, von Beginn an als politischer Verleger des Expressionismus. Der Titel seines Blattes „Die Aktion. Zeitschrift für freiheitliche Politik und Literatur" war Ausdruck eines Programms, das die Kunst in den Dienst der Politik stellte. Pfemferts Frau, die Russin und Trotzki-Übersetzerin Alexandra Ramm-Pfemfert erinnerte sich an die Namensgebung der neuen Zeitschrift:

„Es war in den ersten Februartagen des Jahres 1911, nachts um zwei Uhr, als mich mein Mann mit den Worten weckte: „Ich hab's, ich hab's." Ich wußte gleich, um was es sich handelte, um den Namen der neuen Zeitschrift. An diesem Abend war stundenlang an unserem Tisch im Café des Westens der Name für die neue Zeitschrift gesucht worden. Mit uns am Tisch saßen die Freunde: Carl Einstein, Jakob van Hoddis, Anselm Ruest, Ludwig Rubiner, der Maler Max Oppenheimer, genannt Mopp und andere." [2]

Die Pfemferts wohnten in der *Nassauischen Straße* im vierten Stock eines Gartenhauses. An der Straßenfront desselben Grundstücks steht noch heute die Kirche der evangelisch-lutherischen Gemeinde „Zum Heiligen Kreuz". Besucher und Autoren mögen sich über diese Nachbarschaft des rebellischen Publizisten gewundert haben, wenn sie, in angstvoller Erwartung des Urteils über ihre literarische Zukunft, zum ersten Mal die vier Treppen zu Pfemferts Wohnung hinaufstiegen. Claire Jung erinnerte sich an das Pfemfertsche Domizil:

„Viele Nachmittage und Abende habe ich bei Pfemferts verbracht. In einem kleinen mit Büchern und Zeitschriften gefüllten Zimmer saß Pfemfert und stopfte unentwegt Zigaretten. Es wurde Papyrossy geraucht und nach russischer Weise unentwegt Tee getrunken. Ständig klingelte das Telefon, und ständig kamen und gingen Besucher. So traf ich einmal auf dem dunklen Korridor, als ich gerade gehen wollte, Rosa Luxemburg, die zu Pfemferts kam." [3]

Und ihr Mann, der Dramatiker Franz Jung, ergänzte: *„Er war immer zu sprechen und für jeden, von früh morgens bis spät in die Nacht. Die Tür war für jeden Besucher offen."* [4]

---

2 Alexandra Pfemfert: Die Gründung der Aktion, in: Paul Raabe (Hrsg.): Expressionismus 1965, S. 43
3 Claire Jung: Erinnerung an Georg Heym und seine Freunde, in: ebd., S. 50
4 Franz Jung: Über Franz Pfemfert und die Aktion, in: ebd., S. 127

Franz Pfemfert, der unermüdliche Chronist und Verleger, schrieb immer gegen seine Zeit: zunächst gegen Militarismus und Nationalismus des Kaiserreichs, danach gegen den, wie er meinte, verlogenen Liberalismus und Parlamentarismus der Weimarer Republik. Schon vor dem ersten Weltkrieg war er, entgegen der allgemeinen nationalen Euphorie und dem patriotischen Taumel, dem auch viele seiner Mitarbeiter verfielen, ein strikter Gegner allen patriotischen Gefühls und falschen Pathos', denn:
"solange das Volk patriotisch bleibt, solange es an der sentimentalen Vorliebe für das Land, in dem der Zufall es geboren werden ließ, festhält, solange wird es auch glauben, daß sein Land sehr viel mehr wert sei, als das danebenliegende; daß es ehrend sei, dafür zu sterben – solange wird es unmöglich sein, den internationalen Kriegen ein Ende zu bereiten."[5]
Einige Wochen später, nach Ausbruch des ersten Weltkrieges, schrieb der Herausgeber der „Aktion" in der Nummer 32/33, vom 15.8.1914, im Vorwort:
„Die Aktion wird in den nächsten Wochen nur Literatur und Kunst enthalten. Soweit es von meiner Kraft abhängt, von meinem Wollen, wird unsere Zeitschrift ohne Unterbrechung weitererscheinen."[6]
Um der Zensur zu entgehen, verzichtete Pfemfert deshalb in den folgenden Jahren auf jegliche Kommentierung des Kriegsgeschehens und verstand es dennoch geschickt, seine strikt antimilitaristische Gesinnung zum Ausdruck zu bringen: Mitten im Kriege veröffentlichte er Aktionssondernummern, die sich der Kunst und Literatur des „Erbfeindes" Frankreich sowie anderer Länder widmeten, mit denen sich Deutschland im Kriege befand. Aus der Wilmersdorfer Redaktion ließ Pfemfert seine Zeitschrift Frontsoldaten kostenlos zuschicken. Erwin Piscator, der spätere Leiter der gleichnamigen Bühne am Nollendorfplatz, las Pfemferts Zeitschrift im Schützengraben:
„Ich setze diese Zeitschrift wider diese Zeit. Als ich im vordersten Schützengraben diese Zeilen las, als ich den Titel „Die Aktion" vor mir sah, als ein Gedicht neben dem anderen mein Leid, meine Angst, mein Leben und meinen voraussichtlichen Tod beschrieb und verdichtete...da wurde mir bewußt, daß kein gottgewolltes Schicksal waltete, daß kein unabänderliches Faktum uns in diesen Dreck führte, sondern daß nur Verbrechen an der Menschlichkeit und dem Menschen dazu geführt hatten...Wer drei Tage in einem Trommelfeuer, von zirka 2000 Kanonen auf einen kleinen Frontabschnitt gerichtet, liegt, der lächelt: Die sprechen lauter als das kommunistische Manifest. Da braucht man weder Marx noch Lenin gelesen zu haben!

---

5 Franz Pfemfert: Vom Patriotismus, in: Die Aktion, Nr. 27, 4.7.1914, zit. nach: Die Aktion. Sprachrohr der expressionistischen Kunst. Sammlung Dr. Kurt Hirche, Ausstellungskatalog Städt. Kunstmuseum Bonn (Hrsg.), Bonn-Bad Godesberg 1984, S. 13
6 ebd.

Da schrie der Mensch. Da stammelte er. Da dichtete er kaum noch in wohlabgerundeten Rilke-Versen – da barst das Wort im Mund. Da entstand der wahre, der eigentliche Expressionismus."[7]

Seit November 1917 leitete Alexandra Ramm-Pfemfert in der *Kaiserallee 222* (heute *Bundesallee 222*) die „Aktions-Buch- und Kunsthandlung", die daneben Platz für einen Ausstellungsraum zeitgenössischer Malerei und Graphik bot. Diese Buchhandlung und ein Fotoatelier, das sich Pfemfert 1924 einrichtete, sicherte die wirtschaftliche Unabhängigkeit des Ehepaares auch dann, als Pfemfert sich wegen seiner parteiunabhängigen, radikalpazifistischen und internationalen Gesinnung in immer größere politische Isolation schrieb. Dieser kompromißlosen Haltung mochten nur wenige seiner Autoren folgen. Nach ihrer Etablierung begann sich Pfemfert in den zwanziger Jahren von den Expressionisten zu distanzieren, denn er lehnte es ab, mit expressionistischer Literatur den Lebensunterhalt zu verdienen. Unerbittlich trennte er sich von Autoren, die wegen finanzieller Vorteile zu größeren Verlagen, etwa dem von Samuel Fischer, wechselten.

Seit 1927 erschien „Die Aktion" nur noch unregelmäßig, in etwa 6-7 Ausgaben pro Jahr; Inflation und hohe Arbeitslosigkeit sowie die politische Kompromißlosigkeit ihres Herausgebers verschlechterten die Absatzmöglichkeiten zusehends. Im August 1932 erschien die letzte Nummer; schon lange zuvor hatte das Fotoatelier in der *Kaiserallee* das Ehepaar Pfemfert ernähren müssen.

Bereits vor dem Reichstagsbrand im Februar 1933 durchsuchten Polizeibeamte wiederholt Wohnung und Redaktionsräume in der *Nassauischen Straße*. Schließlich, bei einer erneuten Durchsuchung am 28.2.1933 rieten Kriminalbeamte den Pfemferts zur Flucht vor den Nationalsozialisten. Maria Schäfer, Franz Pfemferts Schwägerin, berichtete davon:

„*Am 28. Februar 1933, dem Tag nach dem Reichstagsbrand, fanden seit dem frühen Morgen Hausdurchsuchungen bei den Pfemferts statt. Am Abend gingen Heinrich Schäfer ...und ich zu ihnen, um sie nicht allein in der Wohnung zu lassen. Wir waren kaum da, als wieder drei Mann kamen, ein Beamter der Staatsanwaltschaft und zwei Kriminalbeamte. Einer der Kriminalbeamten forderte Franz auf, mit ihm auf den Boden zu gehen, um diesen zu inspizieren – der Boden, der als Verlagslager diente, lag unmittelbar über der Wohnung. Als der Beamte mit Franz herunterkam, verließ er mit den zwei anderen die Wohnung. Nun erfuhren wir von Franz, daß der Beamte oben zu ihm gesagt hatte: „Herr Pfemfert, ich brauche hier nichts zu suchen, ich kenne Sie und ihren Boden. Worauf warten Sie? Ge-*

---

7 Erwin Piscator: Die politische Bedeutung der Aktion, in: Paul Raabe, Expressionismus 1965, S. 193

hen Sie mit Ihrer Frau sofort weg, denn das nächstemal kommen nicht wir, sondern die anderen." Ganz früh am nächsten Morgen verließen die Pfemferts Deutschland. Im Anhalter Bahnhof verabschiedete ich mich von ihnen."[8]
Nach der Flucht über Dresden, Karlsbad, Rom, Paris, Perpignan und Lissabon fanden die Pfemferts schließlich Asyl in Mexiko. Da sich in ihrem Exilort Mexiko-City vorwiegend Parteikommunisten aufhielten, wurden Pfemfert und seine Frau, die Trotzki-Übersetzerin, gemieden wie Trotzki selbst. Im Exil verstummte Franz Pfemfert, er hat dort nichts mehr veröffentlicht und lebte von seiner Arbeit als Fotograf. Nach dem einsamen Exiltod ihres Mannes am 26.5.1954 kehrte Alexandra Pfemfert nach Berlin zurück und fand eine Wohnung in der *Laubenheimer Straße 23* in der ehemaligen Künstlerkolonie. Sie bereitete hier mit ihrer Schwester Maria, der Witwe Carl Einsteins, den „Aktions"-Reprint vor, der von Paul Raabe herausgegeben wurde. Sie starb am 17.1.1963.

Herwarth Walden, Franz Pfemferts langjähriger publizistischer Konkurrent, hatte nach seiner Scheidung von Else Lasker-Schüler die schwedische Malerin Nell Roslund geheiratet, die seiner bis dahin unsteten Bohèmeexistenz ein Ende setzte. Mit ihrem Vermögen erwarben die beiden in den folgenden Jahren eine umfassende Sammlung zeitgenössischer Kunst, und Walden wurde als großer Förderer und Sammler des Expressionismus bekannt. Nell Walden hat berichtet, daß sich das Familienleben des Ehepaars Walden-Lasker-Schüler während der Wilmersdorfer Zeit mehr im Caféhaus als in den Wohnungen *Ludwigkirchstraße 12 und Katharinenstraße 5* abspielte. Herwarth Walden genoß es deshalb, als Nell die erste gemeinsame Wohnung in der Hohenzollernstraße 3 (heute Hiroshimastraße) in Tiergarten einrichtete. Hier hingen Bilder von Franz Marc, Chagall, Kokoschka und Wassilij Kandinsky an den Wänden.[9]
Auch wenn die beiden Herausgeber sich zeitlebens spinnefeind geblieben sind, haben viele ihrer Autoren in beiden Blättern, im „Sturm" und in der „Aktion", veröffentlicht; unter ihnen Gottfried Benn, Kurt Hiller, Mynona (d.i. Salomo Friedlaender), Else Lasker-Schüler, Max Brod und andere.
Bald nach Erscheinen der ersten Aktionsnummern bemerkte Walden im „Sturm" über den ungebetenen Konkurrenten: *„Man soll auf Erden nicht vornehm sein. Ich wollte Herrn Franz Pfemfert, Herausgeber der Zeitschrift für Freiheitliche Politik und Literatur „Die Aktion" schonen und seinen Namen für die Ewigkeit als Symbol eines unkünstlerischen Trottels verschweigen. Herr P. legt also Wert darauf im „Sturm" genannt zu werden. Auf*

---
8 Maria Schäfer, zit. nach: Franz Pfemfert: Ich setze diese Zeitschrift wider diese Zeit. Sozialpolitische und literaturkritische Aufsätze, Darmstadt 1985, S. 50
9 Vgl.: Nell Walden: Herwarth Walden. Ein Lebensbild, Berlin/Mainz 1963, S. 20

andere Weise wäre es ihm auch nie gelungen. Nichts ist komischer als wenn Epigonen sich "selbständig" machen. Die Druckanordnung hat er vom "Sturm" wenigstens gelernt. Weiter reichte es nicht. Herr P. veröffentlicht mit Vorliebe die von mir abgelehnten Manuskripte. Und behauptet nun, ich hätte versucht, die "Aktion" zu diskreditieren. Man braucht das nur zu sagen, um ein helles Gelächter auszulösen... Auf weitere Aktionen des Herrn P. lasse ich mich nicht mehr ein." [10]
Dabei blieb es dann auch: In den folgenden Jahren haben sich Walden und Pfemfert keine Beachtung mehr geschenkt. Um Pfemfert und auch der eigenen Ex-Ehefrau Else Lasker-Schüler aus dem Wege zu gehen, wechselte Herwarth Walden nach 1912 sogar sein Stammcafé und zog mit seinem Kreis aus dem Café des Westens am Kurfürstendamm um ins Café Josty am Potsdamer Platz. Doch trotz ihrer gegenseitigen Ächtung galten beide Publizisten als die „Hauptrādelsführer" der expressionistischen Revolte, die einhellig auftraten, wenn sie
„gegen den herrschenden Geschmack blasierter Snobs, der Bildunsphilister, der Altmeister des Akademiekitsches" [11] agierten. Walter Mehring beschrieb Walden *„sardonisch, spitzfindig...ein strohgemähntes Rumpelstilzchen; affektiert, widerborstig; der aber seine Stachelhaut abwarf, sobald er, von einem Kunstwerk bezaubert, in Ekstase geriet..."*; Pfemfert dagegen *„grobianisch, berlinisch „keß"...ein bißchen sozialistischer Wandervogel, ein pfiffiger, rüder Plebejer, aber im Grunde doch auch so ein exaltierter Schwärmer, wenn es um „Kunst, Kultur und Politik" ging..."* [12]

Die Schicksale der beiden so unterschiedlichen *„urberlinisch aufsässigen Originale"* (Walter Mehring) begannen sich einander anzugleichen. Nach dem ersten Weltkrieg beschränkte sich auch Herwarth Walden nicht mehr auf die Rolle des unpolitischen Kunstsammlers und -förderers; er trat 1919 der KPD bei und gehörte 1929 zusammen mit Egon Erwin Kisch, Alfred Döblin, Carl von Ossietzky u.a. einem Ausschuß zur Untersuchung der Vorgänge des sogenannten „Blutmai" an, des 1. Mai 1929, an dem der sozialdemokratische Polizeipräsident Zörgiebel auf demonstrierende Arbeiter hatte schießen lassen. Seit September 1928 engagierte sich Walden außerdem im Berliner Komitee des „Bundes der Freunde der Sowjetunion" gegen die heraufziehende Kriegsgefahr. Er unternahm mehrere Reisen in die UdSSR, und im März/April 1930 erschien ein Sonderheft des „Sturm", das der Kultur und Politik des nachrevolutionären Rußland gewidmet war.

---

10 Herwarth Walden in: Der Sturm, 2. Jg.(1911) Nr. 2, zit. nach: Georg Brühl: Herwarth Walden und „Der Sturm", Leipzig und Köln 1983, S. 320
11 Walter Mehring: Berlin Avantgarde, in: Paul Raabe: Expressionismus 1965, S. 118f
12 ebd., S. 119

Auch der „Sturm" geriet 1931 in eine schwere ökonomische Krise und mußte schließlich eingestellt werden. 1932 übersiedelte Walden mit seiner vierten Frau Ellen nach Moskau, seit 1937 schrieb er dort für die deutsche Exilzeitschrift „Das Wort", die von Brecht, Feuchtwanger und Willi Bredel herausgegeben wurde. In der Nummer 2 des Jahrgangs 1938 griff Walden in die sogenannte Expressionismusdebatte ein und verteidigte den Expressionismus gegen den Vorwurf, Schrittmacher des Faschismus gewesen zu sein. Danach wurde es still um Herwarth Walden. Am 13. März 1941 wurde er schließlich im Moskauer Hotel „Metropol" verhaftet und verschwand in stalinistischen Lagern. Seither galt er als verschollen. Erst 25 Jahre später gelang es seiner Tochter Sina Walden, das Schicksal des Vaters zu klären: Im Jahre 1966 erhielt sie nach vielen Bemühungen vom Sowjetischen Roten Kreuz eine Todesbestätigung und eine Rehabilitierung: Herwarth Walden war nach siebenmonatiger Dunkelhaft am 31. Oktober 1941 im Straflager Saratow/Wolga gestorben.[13]

Nach Herwarth Waldens Kunstzeitschrift „Der Sturm" und Franz Pfemferts politisch orientierter „Aktion" wurde die Literaturzeitschrift „Die weißen Blätter" als „klassische" Zeitschrift des Expressionismus bekannt. Franz Blei, Renée Schickele und E. E. Schabach gründeten die neue Zeitschrift 1913 in Leipzig, wo sich ein früher Zirkel expressionistischer Schriftsteller, z.B. Walter Hasenclever, Johannes R. Becher, Kurt Pinthus u.a., zusammengefunden hatte. Franz Blei wurde vor allem als großer Förderer, Anreger und Übersetzer expresionistischer Literatur bedeutend; in seiner eigenen literarischen Produktion war er mit dem „Großen Bestiarium" am erfolgreichsten. 1924 erschienen in Berlin seine „zoologischen" Kurzsatiren, in denen Blei alle, die damals in der Literatur Rang und Namen hatten, als Tierkarikaturen porträtierte. So entstanden tierische Porträts von Gerhart Hauptmann, Alfred Kerr, Maximilian Harden, Else Lasker-Schüler, Thomas Mann und Heinrich Mann. Auch sich selbst skizzierte Franz Blei ohne Schonung: „*DER BLEI ist ein Süßwasserfisch, der sich geschmeidig in allen frischen Wassern tummelt...und seinen Namen – mhd. bli, ahd. blio = licht, klar – von der außerordentlich glatten und dünnen Haut trägt, durch welche die jeweilige Nahrung mit ihrer Farbe deutlich sichtbar wird...*"[14]
Seit 1925 lebte Franz Blei in Berlin, wo er eine Wohnung in der Nähe des Fehrbelliner Platzes, in der *Pommerschen Straße* 5 bezog. Dort lebte er, bis er 1933 aus Deutschland emigrierte. Im Exil verfaßte Franz Blei 1940 seine „Zeitgenössische(n) Bildnisse", in denen er seine Berliner Begegnungen mit Gerhart Hauptmann (der dabei schlecht wegkommt), Walther Rathenau

---
13 Vgl.: Brühl: Herwarth Walden 1983, S. 92, Fn. 149
14 Franz Blei: Das große Bestiarium der Literatur. Mit farbigen Karikaturen von Rudolf Großmann, Olaf Gulbransson und Th.Th. Heine, Frankfurt/M. 1982, S. 25

(mit dem Blei befreundet war), Isadora Duncan, Robert Musil und vielen anderen schildert. Franz Blei starb am 10.7.1942 in Westbury/New York.

Franz Blei, 1931
(Foto Landesbildstelle Berlin)

Wissenschaftler und Musiker

Das „Professorenviertel": Die Familien von Harnack, Delbrück, Bonhoeffer und Planck

Als nach dem Bauboom der Gründerjahre auch die westlichen Berliner Vororte Schöneberg, Charlottenburg und Wilmersdorf zu Großstädten herangewachsen waren, stieg in der sprunghaft sich ausbreitenden Metropole der Bedarf nach einem ruhigen Villenvorort, in dem die Besserbemittelten der drangvollen Enge der Mietskasernenstadt entfliehen konnten. Die neugegründete Villenkolonie Grunewald zog besonders Wissenschaftler, Künstler und Gelehrte an, die gern im Grünen das Familienleben pflegten, für die Arbeit aber die Nähe der Großstadt brauchten. Zwischen 1905 und 1916 siedelten sich im Bereich *Wangenheim-* und *Kunz-Buntschuh-Straße* vier bekannte Berliner Professoren an, die über Jahre miteinander freundschaftlich verbunden waren. Der Physiker und spätere Nobelpreisträger Max Planck bezog 1905 mit seiner Familie ein Wohnhaus in der *Wangenheimstraße 21*, 1910 folgte der Religionswissenschaftler und Theologe Adolf von Harnack, der sich in unmittelbarer Nachbarschaft seines Schwagers, des Historikers Hans Delbrück, eine Villa bauen ließ. Diese Parzellen, *Kunz-Buntschuh-Straße 2* und *4*, wurden zugunsten des Straßenbaus nach dem Kriege eingeebnet; heute verläuft dort die Stadtautobahn. Im Jahre 1916 fand schließlich die Familie des Neurologen und Psychiaters Karl Bonhoeffer in der *Wangenheimstraße 14* ein neues Heim.

Die Biografien dieser vier Familien blieben in den folgenden Jahren eng miteinander verknüpft, neben den kollegialen Bindungen entstanden familiäre, zwischen den heranwachsenden Kindern entstanden Freundschaften und sogar eine Ehe. Dietrich Bonhoeffer studierte bei Adolf von Harnack Theologie, die Söhne Plancks und Delbrücks hatten später Kontakt zu den Widerstandskreisen um Klaus und Dietrich Bonhoeffer.

Wohnungssuche und Umzüge der Familie von Harnack dokumentieren die rapide Verstädterung der Berliner Umgebung: Auf der Flucht vor dem Mietskasernenbau war Adolf von Harnack bereits zu Beginn des Jahrhunderts dem Zug vom Alten in den Neuen Westen gefolgt. Weil die Stadtwohnung in der Tiergartner Hohenzollernstraße (heute Hiroshimastraße) der Familie zu beengend und dunkel geworden war, beschloß man um 1900, ein kleines Haus im damals äußersten Westen Berlins, in der heutigen *Fasanenstraße 43*, zu beziehen. Das Harnacksche Hauspersonal quittierte diese Vorhaben mit einer Kündigung, denn man weigerte sich, mit „aufs Land" zu

ziehen. Nichts in der lebhaften Fasanenstraße erinnert heute noch an das friedliche Idyll der märkischen Landschaft um 1900, das Harnacks Tochter, Agnes von Zahn-Harnack, in Erinnerung behielt:
„Einsam lag die Baustätte, von der aus man die Abendsonne hinter den Kiefern des Grunewalds versinken sehen konnte. Ringsum breiteten sich Wiesen, die von mächtigen graugrünen Weiden umstellt und von einem Bach durchflossen waren; auch ein Wäldchen war in nächster Nähe. Aber „zur Stadt" zu gelangen, das war nicht einfach; denn die Pferdebahn ging erst an der Kurfürstenstraße ab...rund herum...war die ganze Welt offen, die Frühlingswelt mit Wiesenschaumkraut, Bachnelkenwurz und dem herben Geruch des Gundermanns, und die Sommerwelt mit Hopfenranken und Zittergras; dazu in der Richtung auf Wilmersdorf, „die Wüste Sahara", eine echte riesige Sanddüne, und Moor und Heide in unbegrenzter Weite."[1]
Doch die junge, dynamische Großstadt holte die Familie Harnack bald darauf wieder ein: Auch in der Fasanenstraße wurden Mietskasernen gebaut, deren Brandwände dem kleinen Harnackschen Gartengrundstück bald das Licht raubten. Einige Zeit lang versuchten die Hausherren von Harnack und Nachbar Max Delbrück, der Bruder von Harnacks Schwager Hans Delbrück, die tristen Mauern zu verschönen, indem sie die kahlen Wände mit Architekturen im Florentinischen Stil bemalten,[2] doch auf Dauer konnte die Illusion des ländlichen Idylls der urbanen Realität nicht standhalten. Nur zehn Jahre nach Bezug des „Fasanenstraßenhauses" flüchtete Adolf von Harnack erneut in Richtung Westen und vertauschte das kleine Haus mit einem größeren in Grunewald, in der *Kunz-Buntschuh- Straße 2*. Daß heute exakt an dieser Stelle eine Autobahnschneise die Ortsteile Halensee und Grunewald zertrennt, brauchte Harnack nicht mehr zu erleben; die verdiente Ruhe im neuen Haus wurde bis zu seinem Tod 1930 nicht mehr durch städtebauliche Maßnahmen gestört.
Der Wissenschaftler und Theologe Adolf von Harnack hatte im Jahre 1892 einen heftigen Kampf um die Geltung des apostolischen Bekenntnisses entfacht, bei dem die konservative Seite der Theologen mit aller Macht gegen Harnack hetzte. Berühmt geworden war Harnack durch sein 1885 begonnenes „Lehrbuch der Dogmengeschichte", und nach zweijähriger Lehrtätigkeit in Marburg wurde er 1888 an die Berliner Universität berufen. Harnacks Hauptwerke prägten eine ganze Generation liberaler protestantischer Theologen. Außerdem engagierte er sich für eine Reform des Mädchenschulwesens. Im Jahre 1887 gehörte er, zusammen mit seinem Schwager Hans Delbrück, zu den Mitunterzeichnern von Helene Langes „Gelber Broschüre". Er lehnte bereits damals eine „frauenspezifische" Ausbildung ab,

---

1 Agnes von Zahn-Harnack: Adolf von Harnack, Berlin 1951, S. 141f
2 ebd., S. 201

die sich auf künstlich konstruierte „weibliche" Besonderheiten berief, und setzte sich als Hochschullehrer für das Frauenstudium ein. Dem Wissenschaftler von Harnack war die herausragende Rolle der Frauen bei der Verbreitung der christlichen Lehre bekannt.[3]
Die 1909 gegründete Kaiser-Wilhelm-Gesellschaft zur Förderung der Wissenschaften war weitgehend Harnacks Idee. Mit dieser Akademiegründung verfocht Harnack seine Überzeugung von einem unabhängigen wissenschaftlichen Forschungsbetrieb, der nicht der Interessenpolitik des Kapitalismus verfallen dürfe. Eine solche Unterordnung befürchtete Harnack in den Akademiegründungen Englands, Frankreichs und der USA, die durch riesige Summen aus der Großindustrie unterstützt wurden. Wenige Monate nach Gründung der Kaiser-Wilhelm-Gesellschaft schrieb Harnack an den Theologen Martin Rade:
„Bei Staat und Wissenschaft scheint mir in unsern Zeitläufen und für die Zukunft ein Hauptgedanke, daß der Wissenschaftsbetrieb unrettbar und sicher dem Kapitalismus und der mit ihm verbundenen rohen Interessenpolitik verfallen muß, wenn ihn nicht der Staat in der Hand behält...Wie wir im Mittelalter lediglich eine kirchlich gebundene Wissenschaft hatten, weil die Kirche Geld und Ehren gab, so ist Gefahr, daß wir nunmehr eine parteipolitische und durch die Großbanken gebundene Wissenschaft (bzw. durch die Industrie gebundene) erhalten."[4]
Zur Verwirklichung seiner Gedanken suchte und fand Harnack die Unterstützung Walther Rathenaus und der Brüder von Mendelssohn, zu denen er auch in Grunewald herzliche Nachbarschaftskontakte pflegte. Über viele Jahre lang war Harnack donnerstagnachmittags Gast bei Robert von Mendelssohn ;[5] Franz von Mendelssohn wurde der erste Schatzmeister der Kaiser-Wilhelm-Gesellschaft. Im Gegensatz zu kirchlich-konservativen Kreisen, die nach dem ersten Weltkrieg den neuen deutschen Staat boykottierten, hat Harnack am Aufbau der Weimarer Republik mitgearbeitet. Dies hatte für ihn in seinen späten Jahren eine gewisse Vereinsamung zur Folge. Zudem hatte sich Harnack durch sein wissenschaftliches Engagement von der reinen Theologie entfremdet. Erfolg hatte er jedoch bei seinen Schülern und Studenten, die ihn wissenschaftlich wie persönlich schätzten, seine Vorlesungen waren immer gut besucht. In den letzten Semestern hatte er sein kirchenhistorisches Seminar bei sich zu Hause im Grunewald abgehalten, woran auch einer seiner berühmtesten Schüler teilgenommen hatte:

---

3 Vgl.: Adolf von Harnack: Die Mission und Ausbreitung des Christentums in den ersten drei Jahrhunderten, Wiesbaden o.J., unveränd. Nachdruck der Originalausgabe 1923, besonders: Viertes Buch: Die Verbreitung der christlichen Religion. (4) Die Frauen, S. 589-611
4 Adolf von Harnack, zit. nach: Agnes Zahn-Harnack, 1951, S. 329
5 Vgl.: ebd., S. 340

Dietrich Bonhoeffer war schon als Primaner ein gern gesehener Gast bei Diskussionsabenden in der Kunz-Buntschuh-Straße:
„Mit Verehrung sprach Bonhoeffer von seinem Lehrer Adolf Harnack. Dieser liebte es, zusammen mit Ricarda Huch, die damals in der Berliner Grunewaldgegend zahlreichen Gelehrten zu illustrer Runde in seinem Hause zu versammeln. Das ging so vor sich, daß Harnack ein Problem aufwarf und von jedem der Anwesenden erwartete, daß er von seiner Position aus etwas dazu beitrug. Zu diesen Abenden wurde auch der Primaner Bonhoeffer hinzugezogen, und es spricht für die Liberalität Harnacks, daß auch das Votum des Schülers voll gewürdigt wurde."[6]
Weitere Gäste solcher Diskussionsabende waren natürlich auch Schwager Hans Delbrück, mit dem Harnack über 40 Jahre lang sonntagsnachmittags zusammenkam, sowie dessen heranwachsende Kinder. Hans Delbrück wohnte mit seiner Frau Lina im Nachbarhaus der Harnacks, *Kunz-Buntschuh-Straße 4*. Delbrück machte sich als Militärhistoriker, Politiker und Publizist einen Namen, von 1889 bis 1923 gab er die „Preußischen Jahrbücher" heraus. In den achtziger Jahren des letzten Jahrhunderts gehörte er als freikonservativer Abgeordneter dem preußischen Abgeordnetenhaus und dem Reichstag an. Trotz konservativer Grundhaltung und innerer Bindung an das preußische Herrscherhaus – Delbrück war in jungen Jahren Prinzenerzieher gewesen – bekannte er sich nach dem Zusammenbruch des Kaiserreichs 1918 wie sein Schwager Harnack zur Weimarer Demokratie. Bereits vor und während des ersten Weltkrieges war Delbrück durch sein selbständiges und freimütiges Urteil gegen die alldeutschen Kriegsziele bekannt geworden.
Delbrücks Tochter Emmi heiratete später Klaus Bonhoeffer, den außerdem eine enge Freundschaft mit Delbrücks Sohn Justus verband. Diese Beziehungen vertieften sich während der gemeinsamen Widerstandsarbeit gegen die NS-Diktatur. Emmi Bonhoeffer hat von den anfangs unbeschwerten Freundschaften der „Nachbarskinder im Professorenviertel" berichtet:
„Ich weiß nicht mehr, wie es anfing, aber wir haben durch Jahre hindurch schlecht und recht Kammermusik miteinander gemacht und sind zusammen oder paarweise in Konzerte gelaufen. (...) Später kamen dann Feste und Tanzereien..., dazwischen das Schlittschuhlaufen auf den Seen bis in die Dunkelheit...und im Sommer Abendspaziergänge in den Grunewald zu vier bis fünf Paaren mit Dohnanyis, Delbrücks und Bonhoeffers."[7]
Justus Delbrück wurde 1940, nachdem er seine Beamtenkarriere im Nationalsozialismus freiwillig beendet hatte, zur Abteilung Abwehr eingezogen und arbeitete dort in Verbindung mit Hans von Dohnanyi im Widerstand,

---

6   Albrecht Schönherr: Die Einfalt des Provozierten, in: Wolf-Dieter Zimmermann (Hrsg.): Begegnungen mit Dietrich Bonhoeffer. Ein Almanach, München 1964, S. 100
7   Emmi Bonhoeffer: Nachbarskinder im Professorenviertel, in: ebd., S. 27f.

der von Admiral Canaris gedeckt wurde. Nach dem mißglückten Attentat auf Hitler vom 20. Juli 1944 wurde auch Justus Delbrück verhaftet. Da es ihm jedoch gelang, sein Gerichtsverfahren hinauszuzögern, entkam er der Hinrichtung und wurde am 30.4.1945, nach dem Einmarsch der Roten Armee in Berlin, aus der Haft entlassen. Zwei Wochen später wurde Justus Delbrück durch sowjetische Offiziere erneut festgenommen, angeblich um Angaben über die Widerstandsarbeit der Canaris-Gruppe zu machen. Er kehrte jedoch nicht mehr zurück und starb Ende Oktober 1945 in einem sowjetischen Gefangenenlager.[8]

Der Psychiater und Neurologe Karl Bonhoeffer war 1912 auf den Lehrstuhl für Psychiatrie an der Berliner Charité berufen worden. In seinem Wohnhaus *Wangenheimstraße 14* betrieb er auch seine psychiatrische Praxis, bis er im Oktober 1935 mit seiner Familie in die Marienburger Allee in Charlottenburg übersiedelte. Dort und in der Wangenheimstraße fanden mit Billigung und Unterstützung der Eltern die ersten konspirativen Sitzungen der Söhne und Schwiegersöhne Klaus und Dietrich Bonhoeffer, Hans von Dohnanyi, Rüdiger Schleicher und ihres Freundes Justus Delbrück statt.

Trotz seiner Liberalität und Menschenfreundlichkeit blieb Karl Bonhoeffer einer konservativen Psychiatrie verhaftet, die gegen moderne Therapieansätze mißtrauisch war. In seinen zahlreichen Schriften hat sich Bonhoeffer nie näher mit der jungen Psychoanalyse auseinandergesetzt: *„In dieser einfühlenden Psychologie und sorgfältigsten Beobachtung war Bonhoeffer wohl keiner überlegen. Aber er kam aus der WERNICKEschen Schule, deren Orientierung sich immer am Gehirn vollzog und die Loslösung vom hirnpathologischen Denken nicht gestattete. (...) Das Intuitive war ihm nicht fremd...Aber es drängte ihn nicht, ins Reich des Dunklen, Unbeweisbaren, der kühnen phantasievollen Deutungen vorzudrängen (...) Bonhoeffer...blieb in den Grenzen der empirischen Welt, die ihm zugänglich war."* [9]

Vermutlich unterstützte Bonhoeffer deshalb auch nicht die Einrichtung eines Lehrstuhls für Psychoanalyse, auf den sich sein Kollege, der Psychiater und Freud-Schüler Karl Abraham Hoffnungen machte, seit der als liberal geltende Bonhoeffer Ordinarius geworden war. Nach seiner Emeritierung verblieb Bonhoeffer, auf Wunsch seiner Kollegen, die die Nachfolge eines Nationalsozialisten befürchteten, noch zwei Jahre an der Charité. 1938 hielt er seine Abschiedsvorlesung. Zu seinem 75. Geburtstag im März 1943 wurde

---

8 Vgl.: Annedore Leber: Justus Delbrück. Mitteilungen, in: Eberhard und Renate Bethge (Hrsg.): Letzte Briefe im Widerstand aus dem Kreis der Familie Bonhoeffer, Minden 1984, S. 95f
9 Robert Gaupp: Karl Bonhoeffer, Nachruf, in: Deutsche Zeitschrift für Nervenheilkunde Nr. 161, 1949, S. 5f, zit. nach: Totgeschwiegen, 1933.1945. Die Geschichte der Karl-Bonhoeffer-Nervenklinik, Berlin 1988, S. 218, Anm. 27

der Psychiater von den Nationalsozialisten durch die Verleihung der „Goethe-Medaille" hoch geehrt. Nur wenige Tage später, im April 1943, wurden sein Sohn Dietrich Bonhoeffer sowie Hans von Dohnanyi, im Oktober 1944 schließlich auch Klaus Bonhoeffer und Schwiegersohn Rüdiger Schleicher verhaftet. Alle vier wurden als Widerstandskämpfer von den Nationalsozialisten ermordet. Nach dem Krieg schrieb Karl Bonhoeffer in einem Brief an einen ehemaligen Assistenten über die mutige Haltung seiner Familie im Nationalsozialismus:

„Daß wir viel Schlimmes erlebt und zwei Söhne und zwei Schwiegersöhne durch die Gestapo verloren haben, haben Sie, wie ich höre, erfahren. Sie können sich denken, daß das an uns...nicht ohne Spuren vorübergegangen ist. Die Jahre hindurch stand man unter dem Druck der Sorge um die Verhafteten und die noch nicht Verhafteten, aber Gefährdeten. Da wir alle aber über die Notwendigkeit zu handeln einig waren und meine Söhne auch sich im Klaren waren, was ihnen bevorstand im Falle des Mißlingens des Komplotts, und mit dem Leben abgeschlossen hatten, sind wir wohl traurig, aber auch stolz auf ihre geradlinige Haltung." [10]

Nach dem zweiten Weltkrieg war Karl Bonhoeffer nochmals für zwei Jahre als Psychiater tätig: Er übernahm von 1946 bis zu seinem Tod 1948 das Amt des Dirigierenden Arztes an den Wittenauer Heilstätten, der heutigen Karl-Bonhoeffer-Nervenklinik.

Dietrich Bonhoeffer wurde der bekannteste Widerstandskämpfer aus dem Kreis seiner Familie. Daneben gilt er in der evangelischen Kirche als Theologe von Rang. Durch ihre Verstrickung in Antisemitismus und Nationalsozialismus hat aber auch die Kirche Schwierigkeiten, sich Bonhoeffers angemessen zu erinnern.

Als 10jähriger zog Dietrich Bonhoeffer mit seiner Familie in die *Wangenheimstraße* und besuchte von hier aus das Grunewaldgymnasium (das heutige Walther-Rathenau-Gymnasium) gemeinsam mit den Freunden Delbrück und Dohnanyi. Mit 17 Jahren bestand er sein Abitur und begann nach Promotion und Habilitation bereits 1931, also mit 25 Jahren, an der Berliner Universität zu lehren. Um diese Zeit hielt er auch Kindergottesdienste in der Grunewaldkirche und betreute einen Jugendkreis in seinem Elternhaus in der Wangenheimstraße. Bereits 1933 nahm Bonhoeffer eine eindeutige Haltung ein gegen den NS-Staat und dessen antisemitische Gesetzgebung. In seiner Schrift „Die Kirche vor der Judenfrage" griff er den

---

[10] Karl Bonhoeffer, zit. nach Eberhard Bethge: Dietrich Bonhoeffer, Eine Biografie, 1986, S. 1044, zit. nach: Renate Bethge: Bonhoeffers Familie und ihre Bedeutung für seine Theologie, Berlin 1987, S. 11

Dietrich Bonhoeffer
(Foto Landesbildstelle Berlin)

„Arierparagraphen" an, der im April 1933 von den Nationalsozialisten erlassen und von der Kirche übernommen wurde. Allein das Verhältnis zu ihren „getauften" Mitgliedern jüdischer Herkunft wurde in der evangelischen Kirche noch diskutiert, alle anderen Bürger jüdischen Glaubens oder jüdischer Herkunft wollte die offizielle Kirche in ihrem Macht- und Entscheidungsbereich nicht schützen.[11] Auch in der Bekennenden Kirche, die sich 1934 formierte, gab es, außer den Aktionen mutiger Einzelner wie Bonhoeffer oder Probst Grüber, keinen organisierten und öffentlichen Widerstand gegen die Verfolgung der Juden.

Dietrich Bonhoeffers Widerstandsarbeit konzentrierte sich in den ersten Jahren nach 1933 auf Aktivitäten innerhalb der Bekennenden Kirche. Hier übernahm Bonhoeffer das Amt der Predigerausbildung im illegalen Priesterseminar Finkenwalde. Durch Vermittlung seines Schwagers Hans von Dohnanyi ließ sich Bonhoeffer ab 1940 auch im politischen Widerstand einsetzen. Er wurde dem Abwehramt Canaris' zugeordnet und nutzte seine vielfältigen Auslandsbeziehungen, um die Bedingungen für einen Friedensvertrag nach dem geplanten Sturz des NS-Regimes auszuloten.

Dietrich Bonhoeffer und sein Schwager Hans von Dohnanyi wurden am 5. April 1943 festgenommen und zunächst in Tegel inhaftiert. Auch Bonhoeffers Schwester Christine von Dohnanyi, die aktiv an der Widerstandsarbeit teilgenommen hatte, kam für fünf Wochen ins Gefängnis. Fluchtpläne, die für Dietrich Bonhoeffer und Hans von Dohnanyi ausgearbeitet worden waren, wurden nach der Verhaftung Klaus Bonhoeffers und Rüdiger Schleichers im Oktober 1944 wieder verworfen, um die Familie nicht noch mehr zu gefährden. Alle vier Verhafteten wurden in den letzten Kriegstagen, im April 1945, von der SS ermordet.

Der Physiker und Nobelpreisträger Max Planck wohnte in Nachbarschaft der Bonhoeffers in der *Wangenheimstraß 21*, bis sein Haus 1943 bei einem Bombenangriff zerstört wurde. *„Wer das Haus in der Wangenheimstraße betrat"*,berichtete Agnes von Zahn-Harnack, die frühere Nachbarstochter, *„der mochte es nüchtern und streng nennen mit der dunkel paneelierten Halle, den ernsten Bildern, der Kühle in der Linienführung der Möbel und Gebrauchsgegenstände. Aber keiner konnte übersehen, daß gerade in diesem Vorgarten gleich bei der Pforte in jedem Frühjahr die ersten Leberblümchen und Primeln blühten...Und keiner konnte überhören, daß aus diesen Fenstern manchmal wunderbare Musik drang...."*[12]

---
11 Vgl.: Marikje Smid: Protestantimus und Antisemitismus 1930-1933, in: Jochen-Christoph Kaiser, Martin Greschat (Hrsg.): Der Holocaust und die Protestanten. Analysen einer Verstrikkung, Frankfurt/M. 1988, S. 62ff
12 Agnes von Zahn-Harnack, zit. nach: Arnim Hermann: Max Planck in Selbstzeugnissen und Bilddokumenten, Reinbek 1973, S. 24

Max Planck
(Foto Landesbildstelle Berlin)

Es war der Hausherr selbst, der am Flügel saß und seinen engen Freund, den Violinvirtuosen Joseph Joachim begleitete. Hauskonzerte waren im Hause Planck eine gern gepflegte Tradition. Auch als Physiker befaßte sich Planck zu dieser Zeit mit musiktheoretischen Problemen. Häufiger Gast in der Wangenheimstraße war auch der Kollege Albert Einstein, dem Planck sein Leben lang freundschaftlich verbunden blieb. Er hatte früh die Tragweite der Einsteinschen Relativitätstheorie erkannt und versuchte, den jungen Kollegen durch Solidaritätsaktionen in Berlin zu halten, als dieser bereits in den zwanziger Jahren Morddrohungen aus völkisch-antisemitischen Kreisen ausgesetzt war. Bei Hauskonzerten im Planckschen Hause trat Einstein als Geiger auf, der Physikerkollege Otto Hahn glänzte als Tenor, die Kollegin Lise Meitner als Zuhörerin, Sohn Erwin spielte Cello, und häufig waren Gäste aus den Familien Harnack und Delbrück zugegen.

Etwa um das Jahr 1900, auf einem Spaziergang durch den Grunewald, soll der sonst eher spröde Wissenschaftler seinem damals siebenjährigen Sohn Erwin das erste Mal von seiner Entdeckung einer neuen Naturkonstanten erzählt haben, die ebenso wichtig wie die Entdeckung Newtons sei.[13] Es handelte sich hierbei um die Naturkonstante h, das später nach seinem Entdecker benannte „Plancksche Wirkungsquantum". Für diese Entdeckung bekam Max Planck 1918 den Nobelpreis für Physik zugesprochen.

Das Leben des erfolgreichen Wissenschaftlers im Grunewald wurde in den kommenden Jahren durch ein schweres privates Schicksal überschattet: Am 17. Oktober 1909 starb Max Plancks erste Ehefrau Marie geb. Merck. Keines der vier Kinder aus dieser Ehe überlebte den Vater: Der älteste Sohn Karl verblutete im ersten Weltkrieg, die Zwillingstöchter Grete und Emma starben bei der Geburt ihres jeweils ersten Kindes. Erwin Planck, der Lieblingssohn, wurde am 23. Januar 1945 als Mitwisser des Juli-Attentates gegen Hitler hingerichtet.

Trotzdem blieb Planck bis ins hohe Alter tätig: Nach dem Zusammenbruch des NS-Regimes übernahm der inzwischen 87jährige erneut die Geschäfte des Präsidenten der Kaiser-Wilhelm-Gesellschaft, ein Amt, das er 1930 als Nachfolger Adolf von Harnacks übernommen und aus dem ihn die Nationalsozialisten 1937 vertrieben hatten. 1946 wurde die nach ihrem Ehrenpräsidenten benannte Max-Planck-Gesellschaft als Nachfolgeorganisation der Kaiser-Wilhelm-Gesellschaft gegründet. Max Planck starb am 4. Oktober 1947 in Göttingen.

---

13 Vgl.: Hermann: Max Planck 1973, S. 29

Karl Abraham

Karl Abraham war, neben seinem ungarischen Kollegen Sandor Ferenczi, der bedeutendste Schüler und wissenschaftliche Mitstreiter Sigmund Freuds und dessen junger Psychoanalyse. Anders als Sandor Ferenczi in Ungarn geriet jedoch Abraham nach dem zweiten Weltkrieg in Deutschland nahezu in Vergessenheit, allenfalls Studenten kennen seinen Namen als Briefpartner Sigmund Freuds. Durch seinen frühen Tod 1925 blieben dem jüdischen Wissenschaftler Flucht und Exil erspart. Seine wissenschaftliche Disziplin aber, die den Nationalsozialisten verhaßt war, fand auch später in Deutschland kaum Anerkennung. Zwölf Jahre nach Abrahams Tod mußte seine Familie die Grunewaldwohnung verlassen, um nach England zu fliehen. Mehr als 30 Jahre nach ihrer Flucht, im Oktober 1970, reiste Hilda Abraham, die Tochter des Wissenschaftlers, auf Einladung des Berliner Psychoanalytischen Instituts zum ersten Mal wieder nach Berlin – zur gleichen Zeit, als sie die Biographie ihres Vaters schrieb. Zusammen mit ihrem Bruder durchstreifte Hilda Abraham das ehemalige Wohnquartier im Grunewald, besuchte ihr Elternhaus und das alte Grunewald-Gymnasium (das heutige Walther-Rathenau-Gymnasium) sowie die Stelle, an der 1922 Walther Rathenau ermordet wurde.[14] Leider blieb Abrahams Biographie unvollständig, da seine Tochter vor Vollendung des Manuskripts im Herbst 1971 starb. Biographische Details aus Abrahams Leben seit der Grunewalder Zeit sind deshalb nur aus seinem Briefwechsel mit Sigmund Freud bekannt, der ebenfalls von Hilda Abraham und Freuds Sohn Ernst herausgegeben wurde.

An den Wittenauer Heilstätten, der heutigen Karl-Bonhoeffer-Nervenklinik, wo der hochbetagte Karl Bonhoeffer nach dem Kriege noch einmal als Psychiater tätig war, begann 1901 die berufliche Karriere seines späteren wissenschaftlichen Kontrahenten, des jungen Arztes Karl Abraham. Mit wenig Verständnis für das Wesen der menschlichen Psyche und noch weniger Respekt vor psychisch Erkrankten hieß die Klinik zu Jahrhundertbeginn noch „Berliner Irrenanstalt Dalldorf". Da er die zu jener Zeit üblichen Behandlungsmethoden nicht praktizieren wollte, verließ Abraham 1904 die Anstalt und wechselte an die fortschrittliche Burghölzli-Klinik in Zürich. Damals lernte Karl Abraham auch Sigmund Freud kennen und kehrte 1908 nach Berlin zurück, um seine erste psychoanalytische Praxis zu eröffnen, zunächst bis 1910 am Schöneberger Ufer 22, danach bis 1916 in der Charlottenburger Rankestraße 24. Während des ersten Weltkrieges (1916-1918) lebte Abraham mit seiner Familie als Militärpsychiater in Allenstein (Ostpreußen), danach bezog er im Januar 1919 seine erste Grunewalder Wohnung in der

---

[14] Vgl.: Gerhard Maetze: Vorwort, in: Hilda Abraham: Karl Abraham. Sein Leben für die Psychoanalyse, München 1976, S. 16

Schleinitzstraße 6. Das Leben in der ruhigen Villensiedlung behagte Abraham sehr. Am 23.2.1919 schrieb er an Freud:
„*Die ersten zwei Monate Praxis haben mir den Beweis erbracht, daß man außerhalb der Stadt wohnen und praktizieren kann. Schon jetzt möchte ich nicht wieder in die Stadt zurück. Aber es ist sehr schwer, hier eine brauchbare Wohnung zu finden; die jetzige ist nur ein Provisorium. Nach drei Jahren Bohème-Wirtschaft möchten wir es gern einmal wieder behaglich haben.*"[15]
Nach langen Bemühungen fand Abraham im Juni 1919 das endgültige Domizil in der *Bismarckallee 14:*
„*Neben meiner Arbeit für die Praxis, die jetzt den ganzen Tag ausfüllt, hatte ich mich seit 5 Monaten fast täglich um eine endgültige Wohnung bemüht. Die voraufgegangene Zeit hat übrigens bewiesen, daß die Patienten die Entfernung nach der Kolonie Grunewald nicht scheuen, und so habe ich ganz in der Nähe unseres bisherigen Refugiums gemietet.*"[16]
Für die Unterbringung auswärtiger Patienten, die zur Psychoanalyse nach Berlin gereist waren, sorgte außerdem Abrahams Frau Hedwig, die im Grunewald eine Pension unterhielt. Hedwig Abraham war eine der ersten Frauen, die ein Hochschulstudium absolviert hatte. Als junges Mädchen hatte sie sich eine Ausbildung in Helene Langes Gymnasialkursen erstritten.[17]
Seit Karl Abraham im Jahre 1909 die Arbeit an seiner Habilitationsschrift aufgenommen hatte, hoffte er auf einen späteren Lehrstuhl für Psychoanalyse in Berlin. Diese Hoffnung erfüllte sich nie. In einem Brief vom 1.12.1912 bat Abraham Freud zum ersten Mal um Hilfe in dieser Angelegenheit:
„*Nun eine Bitte. Solange Ziehen die hiesige Professur hatte, konnte ich dem lange gehegten Plan der Habilitation nicht näher treten. Der jetzige Ordinarius Bonhoeffer, ist persönlich viel angenehmer...Durch Ihre Erzählung weiß ich jetzt, daß Kraus* (Dr. med. Friedrich Kraus, Professor der inneren Medizin) *unserer Sache mehr und mehr Sympathien entgegen bringt. Wenn Bonhoeffer und Kraus für mich einträten, so wären die Chancen nicht ganz schlecht. (Der Antisemitismus der Fakultät bleibt natürlich als Hindernis bestehen.)*"[18]
Diese letzte lakonische Bemerkung Abrahams verweist womöglich auf die eigentlichen Hintergründe, die seine Universitätsprofessur verhindert hatten, und macht deutlich, wie vorsichtig mit dem allzu häufig benutzten Begriff der „deutsch-jüdischen Symbiose" in Kultur und Wissenschaft umgegangen werden sollte, da eine solche Symbiose meistens auf Kosten der Juden zustande kam, beziehungsweise mit der Aufgabe ihrer jüdischen

---
15 Sigmund Freud/Karl Abraham: Briefe 1907-1926, Frankfurt/M. 1965, S. 268
16 ebd., S. 271
17 Vgl.: Gerhard Maetze, in: Hilda Abraham, München 1976, S. 16
18 Freud/Abraham: Briefe 1965, S. 129

Identität verbunden war. In den nächsten Jahren verhinderte der erste Weltkrieg, der Abraham zum militärärztlichen Dienst verpflichtete, das Vorantreiben seines Habilitationsprojektes. Nach seiner Niederlassung im Grunewald suchte Abraham den in seiner Nachbarschaft lebenden Bonhoeffer an der Berliner Universität auf. Am 10.6.1920 berichtete er Freud: *„Vor einigen Tagen hatte ich eine längere Unterredung mit Bonhoeffer, der maßgebenden Persönlichkeit. B. ist kein Freund der Psychoanalyse, aber auch kein prinzipieller Gegner, vor allem kein unfairer...Gegen die psychoanalytische Professur hat er keine sachlichen Bedenken, nur ein immerhin zu erörterndes technisches. Es besteht in Berlin die Tendenz, alle Professuren der Spezialfächer in Ordinariate umzuwandeln, womit die betreffenden Fächer obligatorisch für Studenten und zugleich Prüfungsfächer werden. Hierfür halte er die Psychoanalyse noch nicht reif. Dagegen habe er gegen einen persönlichen Lehrauftrag für mich nichts einzuwenden."* [19]

Obwohl Abraham nach diesem Besuch bei dem persönlich ihm freundlich gesinnten Bonhoeffer optimistisch gestimmt war, blieb ihm eine Lehrtätigkeit an der Berliner Universität bis zu seinem frühen Tod am 25.12.1925 im Alter von 48 Jahren verwehrt. Abraham wurde auf dem Parkfriedhof in Berlin-Lichterfelde begraben.

Engelbert Humperdinck und Isadora Duncan

Im Oktober 1901 bezog der Komponist Engelbert Humperdinck mit seiner Familie und dem „Bernhardinerriesen" Fasolt eine geräumige Villenetage im Hause *Trabener Straße 2*, wo zur selben Zeit noch Gerhart Hauptmann wohnte, mit dem Humperdinck sich anfreundete.
Humperdinck hatte am 8. November 1900 eine Ruf an die akademische Meisterschule für musikalische Komposition an der Preußischen Akademie der Künste erhalten, die in den Fächern Malerei und Plastik ganz dem Geschmack und Kunstverstand des Kaisers ausgeliefert war. Da sich der Monarch in der Sparte Musik zurückhaltender zeigte, folgte Humperdinck dem Ruf an die Akademie. Der aufgeschlossene Komponist aus dem Rheinland wurde in Berlin bald eine populäre Erscheinung, „die man kannte". Bis zur Fertigstellung des Neubaus der Hochschule für Musik unterrichtete Humperdinck seine Meisterschüler bei sich zu Hause. Sein Sohn und Biograph Wolfram Humperdinck berichtete über die elterliche Wohnung in einem *„ansehnliche(n) Eckhaus, im üppigen Stil des Berliner Westens gebaut,...in unmittelbarer Nähe des Vorortbahnhofs..."* und über die Mei-

---
[19] ebd., S. 290

sterklasse, deren Unterricht gewöhnlich „*mit einem gemeinsamen Spaziergang in den Grunewald bei lebhafter Diskussion über Kunstfragen...*" schloß.[20]
Durch seine Märchenoper „Hänsel und Gretel" (1893) war Humperdinck besonders populär geworden. Da seine nächste Märchenvertonung, das „Dornröschen" (1902) wenig erfolgreich war, wandte er sich in den kommenden Jahren der komischen Oper zu.
Anläßlich eines Bayreuth-Besuches, den Humperdinck 1904 mit seinen Kindern zu der Tannhäuser-Generalprobe unternahm, lernte er die Tänzerin Isadora Duncan kennen. Sie führte im „Tannhäuser" den Reigen der Grazien an. Humperdinck war von ihrer Reform des Tanzes fasziniert – *ein neues Griechentum sei aus Amerika gekomme* –, und er trat in das Komitee ihrer Förderer ein. Beim preußischen Kultusministerium setzte Humperdinck das Duncansche Vorhaben einer eigenen Tanzschule durch, und bald darauf konnte sie in Berlin-Grunewald gegründet werden. Humperdincks älteste Kinder wurden als Gasteleven aufgenommen.
Der anhaltende Zuzug in den Neuen Westen führte hier seit der Jahrhundertwende zu vielen Neugründungen von Theatern und Vergnügungsstätten und für Humperdinck zu zahlreichen Kompositionsaufträgen für diese neuen Etablissements. Unter anderem arbeitete Humperdinck für das Neue Schauspielhaus am Nollendorfplatz, und seit 1905 komponierte er im Auftrag des Theaterreformers Max Reinhardt die Bühnenmusiken zu dessen Shakespeare-Inszenierungen des „Kaufmann von Venedig" (1905), „Wintermärchen" (1906) und „Was ihr wollt" (1907). Im Herbst 1908 bezog Humperdinck die Villa Isadora Duncans in der *Trabener Straße 16*, während sich die Duncan mit ihren Schülerinnen häufig zu Gastspielaufenthalten im Ausland aufhielt.
Wenige Tage nachdem er von der Premiere der Reinhardtschen Pantomine „Das Mirakel", wofür er wieder die Musik geschrieben hatte, aus London zurückgekehrt war, erlitt Humperdinck in seiner Wohnung in der Nacht vom 5./6. Januar 1912 einen schweren Schlaganfall, von dem er sich nur langsam wieder erholte. Nach seiner Genesung bezog der Musiker im Oktober 1912 eine von Sior neuerbaute Villa in der Waltharistraße in Wannsee.

Die in San Fransisco geborene Tänzerin Isadora Duncan scheint von ihrem Gönner Humperdinck weniger beeindruckt gewesen zu sein als er von ihr; in ihren Memoiren hat sie ihn jedenfalls nicht erwähnt.
Bei ihrem Vorhaben, den klassischen Tanz aus seinen akademischen Zwängen zu befreien, orientierte sich Duncan an antiken Vorbildern. So trat sie

---
20 Wolfram Humperdinck: Engelbert Humperdinck. Das Leben meines Vater, Frankfurt/M. 1965, S. 252

Engelbert Humperdinck
(Foto Landesbildstelle Berlin)

zum Beispiel stets barfuß und in weiten Gewändern auf. Ihre Versuche, etwa die Musik Beethovens, Chopins oder Bachs ganz in Tanz und Bewegung umzusetzen, blieben aber umstritten, denn ihre musikalischen Kritiker meinten, daß solche Musiken Kunstwerke für sich selbst seien, denen der Tanz aufgepropft würde. Die Ausstrahlung der Tänzerin Isadora Duncan auf ihre Zuschauer war höchst unterschiedlich:
Erich Mühsam erinnerte sich an die *„unbefangene Fröhlichkeit..., als Isadora Duncan nach einer öffentlichen Tanzdarbietung in unseren Kreis kam, immer vergnügter wurde und endlich Schuhe und Strümpfe abstreifte, um uns in prachtvoller Ausgelassenheit eine herrliche Privatvorstellung zu geben".*[21] – Franz Blei berichtete dagegen sehr nüchtern von einem Tanzabend der Duncan: *„Es gab eine sterile Hitze ohne Strahlung, eine Trunkenheit von sich selber. Sie tanzte über einem Parkett, das ein Spiegel war, mit dem erstarrten gefrorenen Lächeln des weiblichen Narziss."*[22]
Die Grunewald-Schule wurde von Isadora und ihrer Schwester Elizabeth Duncan zwischen 1904 und 1914 in der *Trabener Straße 16* geleitet. Die kleinen Elevinnen genossen freie Pension und Schulbildung, so daß auch die Kinder mittelloser Eltern aufgenommen werden konnten. 1914 siedelte die Schule nach Paris über. Viele Frauen aus der Berliner Gesellschaft unterstützten die Duncanschen Schwestern. Wegen ihrer ungebundenen Lebensweise und öffentlicher Plädoyers für die freie Liebe erhielt Isadora Duncan eines Tages Besuch aus dem Kreise ihrer Förderinnen, wovon sie in ihren Memoiren berichtet hat:
„Meine Schwester Elizabeth hatte für die Grunewaldschule ein Komitee aus Damen der ersten Berliner Gesellschaft ins Leben gerufen. Als diese von meinem Verhältnis mit Craig (d.i. Gordon Craig) erfuhren, schickten sie mir einen in hochtrabenden Ausdrücken verfaßten Brief, worin sie mir gekränkt bekanntgaben, daß sie als Mitglieder der guten bürgerlichen Gesellschaft nicht länger in der Lage wären, eine Schule zu patronisieren, deren Leiterin so dehnbare Moralbegriffe besaß. Die Damen hatten Frau Mendelssohn, die Gattin des bekannten Bankmannes, ausersehen, mir diesen Brief persönlich zu überreichen; nun wußte aber jedermann in Berlin, daß sie vor ihrer Verehelichung in intimen Beziehungen zu d'Annunzio gestanden hatte, und als sie mit dem pompösen Dokument zu mir kam, betrachtete ich sie mit erstaunten Augen, während ihr Blick mir eher unsicher schien. Plötzlich brach sie in Tränen aus, warf den Brief zu Boden, zog mich in ihre Arme und rief: „Glauben sie nur nicht, daß ich für diesen Brief verantwortlich bin! Aber mit den anderen Weibern ist kein vernünftiges Wort zu reden;

---

21 Erich Mühsam: Unpolitische Erinnerungen 1961, S. 61
22 Franz Blei: Isadora Duncan, in: Zeitgenössische Bildnisse, Amsterdam 1940, S. 271

sie wollen um keinen Preis Patronessen einer Schule sein, die Sie leiten – nur zu Ihrer Schwester Elizabeth haben sie noch Vertrauen."[23]

Isadora Duncans unruhiges Künstlerleben, in dem sich Triumphe und Niederlagen ablösten, wurde in den folgenden Jahren durch traurige Unglücksfälle überschattet: Ihre zwei kleinen Kinder starben bei einem Autounfall, ein drittes überlebte die Geburt nur um wenige Stunden, Duncans späterer Ehemann beging Selbstmord. Das tragisch umwitterte Schicksal ließ die Tänzerin bereits zu Lebzeiten zur Legende werden. Ihre Memoiren, die zu den meistgelesenen in englischer Sprache zählen, erschienen posthum, drei Monate nach ihrem grotesken Unfalltod. Harry Graf Kessler notierte seine Erinnerung an das Unglück in seinen Tagebuchaufzeichnungen:
„*Die unglückliche Isadora Duncan ist gestern abend im Auto von ihrem eigenen Shawl, der sich in ein Hinterrad verwickelt hatte, erdrosselt worden. Ein tragisch-schicksalhafter Tod: der Shawl, der im Tanz ein so wesentlicher Teil ihrer Kunst war, hat ihr den Tod bereitet. Ihr Requisit und Sklave hat sich an ihr gerächt. Selten ist eine Künstlerin so tragisch umwittert gewesen und so aus ihrem eigensten Lebensschicksal heraus tragisch geendet. (...) Ihr Tod hätte den Vorwurf zu einem Blatt von Holbeins Totentanz abgeben können.*"[24]

Lilli Lehmann

Lilli Lehmann war als Opernsängerin bereits weltweit gefeiert, als sie 1891 als Pionierin, zusammen mit Ehemann Paul Kalisch, in die neugegründete Grunewaldsiedlung zog. Erst wenige Monate vorher war sie von einem mehrjährigen Aufenthalt in New York nach Berlin zurückgekehrt. Allen Unkenrufen zum Trotz genoß die beifallgewohnte Künstlerin das ruhige Leben in der Villenkolonie, und nach fast drei Jahrzehnten schrieb sie ihre Memoiren in ihrem „*Grunewald-Heim, dem ich trotz Niemanns Prophezeiung, ich würde es nicht vier Wochen darin aushalten, seit 29 Jahren treu geblieben bin und wo ich mich sehr glücklich fühlte*".[25]

Lilli Lehmann war in Prag aufgewachsen und hatte 1865 ihr Debut in der „Zauberflöte" am Prager Landestheater gegeben. 1870 wurde sie Mitglied der Berliner Hofoper für das Fach Koloratursopran. Auf persönlichen Wunsch Richard Wagners, der ein Jugendfreund ihrer Mutter war, sang die Lehmann 1876 bei der Welturaufführung des „Ring der Nibelungen" die Partien der Rheintöchter Woglinde und Helmwige sowie des Waldvogels. Bei

---
23 Isadora Duncan: Memoiren, Frankfurt/M./Berlin 1988, S. 125f.
24 Harry Graf Kessler: Tagebücher 1918 bis 1937, Wolfgang Pfeiffer Belli (Hrsg.), Frankfurt/M. 1982, S. 566ff
25 Lilli Lehmann: Mein Weg, Leipzig 1920, S. 372

einem Gastspiel, das sie 1885 an der Metropolitan Opera in New York gab, wurde sie als überragende Wagner-Interpretin gefeiert, und sie entschloß sich, unter Bruch ihres Berliner Kontrakts, dortzubleiben.

Nach ihrer Rückkehr nach Berlin 1890 wurde sie aufgrund persönlicher Bemühungen Wilhelms II wieder an der Hofoper aufgenommen und begann sich in den folgenden Jahren auch als Gesangspädagogin einen Namen zu machen. Seit 1891 gab Lilli Lehmann Gesangsstunden in Berlin. Ihr Buch „Meine Gesangskunst", das sie 1902 veröffentlichte, fand internationale Verbreitung. 1901 war Lehmann Mitbegründerin der Salzburger Festspiele, außerdem unterstützte sie den Bau des Mozarteums und engagierte sich für den Ankauf des Mozartschen Geburtshauses. Seit 1916 hatte Lilli Lehmann einen Lehrstuhl für Stilgesang; als Konzert- und Liedersängerin trat sie selbst noch bis 1920 auf. Ihre Stimme ist auf Schallplattenaufnahmen der Jahre 1905 bis 1907 überliefert: Sie war nicht besonders voluminös, aber außerordentlich klar und gut geschult. Noch heute gilt Lilli Lehmann als „universalste deutsche Sängerin".

Das ehemalige von Hermann Solf erbaute Wohnhaus in der *Herbertstraße 20* wurde aufwendig restauriert und steht heute unter Denkmalschutz.

Fritz Mauthner

Einer der Nachbarn, zu denen Lilli Lehmann freundschaftliche Kontakte pflegte, war der Philosoph und Schriftsteller Fritz Mauthner, der zur gleichen Zeit wie Lehmann seine Jugendjahre in Prag erlebt hatte. Heute kennt man ihn kaum noch, obgleich ihn neulich ein Autor anläßlich der Rezension von Mauthners neu erschienenem Werk „Der Atheismus und seine Geschichte im Abendland" unter die bedeutendsten Philosophen der Moderne einreihte.[26]

Auch Mauthner war ein früher Bewohner der Villenkolonie. Schon 1892 bezog er sein Haus in der *Wangenheimstraße 46*.

Fritz Mauthner kam 1876 aus Prag nach Berlin und wurde binnen kurzem als Satiriker und Parodist bekannt. Als Journalist schrieb er für Mosses Zeitungen, für Paul Lindaus „Gegenwart" und später für Maximilian Hardens „Zukunft". Bis in die frühen Jahre des zwanzigsten Jahrhunderts blieb er der maßgebliche Kritiker des „Berliner Tageblatt". Mauthner förderte besonders den heraufziehenden Naturalismus und gehörte 1889 zu den Mitbegründern der „Freien Bühne". Fritz Mauthner war zu dieser Zeit ein vielbeschäf-

---

26 Vlg.: Ludger Lütkehaus: Der Buddha vom Bodensee. Fritz Mauthners „Atheismus", Rezension zu: Fritz Mauthner: Der Atheismus und seine Geschichte im Abendland, Frankfurt/M. 1989, 4 Bde, in: Die Zeit, Nr. 46, Nov. 1989

> **BERLINER GEDENKTAFEL**
>
> Hier lebte seit 1891
> ## LILLI LEHMANN
> 24.11.1848–16.5.1929
>
> Sopranistin und Gesangspädagogin,
> seit 1870 Berliner Hofoper,
> von 1886 bis 1890 Metropolitan Opera, New York.
> Berühmte Wagner- und Mozartsängerin.
> 1901 Mitbegründerin der Salzburger Festspiele.
> Eine der ersten Bewohnerinnen der
> Villenkolonie Grunewald

Gedenktafel Herbertstraße 20
(Foto Bezirksamt Wilmersdorf)

tigter und angesehener Tagesschriftsteller und zugleich – berichtete Julius Bab – *„spielte der riesengroße schmale Mann – mit der mächtigen Hakennase und dem langen Bart wie ein alter Prophet, wie Ahasver anzuschauen – eine nicht geringe Rolle in der Berliner Gesellschaft. Obwohl – oder weil er so fremdartig aufreizend in ihr stand."*[27]
Wenngleich er selbst in diesem Beruf so erfolgreich war, versuchte Mauthner, sich vom Tagesjournalismus zu befreien und zu distanzieren. Diese Absicht dokumentierte er in vielen seiner Aufsätze, besonders aber in der Satire „Schmock", in der sich wohl viele seiner Kollegen aus der Jounalistenzunft wiedererkannten. Mauthners drängendstes Interesse, dem er sich verstärkt widmen wollte, ging auf ein Denkerlebnis zurück, das ihn 1873, als Anfang-20jährigen jäh überfallen und entscheidend geprägt hatte: Ein plötzlich erfahrener „Sprachschreck" ließ ihn daran (ver)zweifeln, ob man jeweils mit Sprache die Wirklichkeit fassen und authentisch übermitteln könne.[28] Damals schrieb er die erste Fassung einer „Kritik der Sprache", deren Manuskript verlorengegangen ist.

Mauthners fast 20 Jahre später gefaßter Entschluß, die Arbeit an der Sprachkritik wiederaufzunehmen, erfuhr durch das Zusammentreffen mit dem jungen Anarchisten Gustav Landauer einen neuen Impuls. Trotz scharfer politischer Gegensätze wurde der jugendliche Revolutionär Mauthners Schützling und Freund. Das in Landauers Roman „Der Todesprediger" reflektierte Problem von Denken und Handeln hatte Mauthner tief erschüttert, und seine Hochstimmung und der Optimismus der frühen Berliner Jahre begannen zu schwinden. Häufig wurde Mauthner von Depressionen und einem beginnenden Augenleiden geplagt. Der trüben Stimmung sollte der Bau der kleinen Grunewaldvilla abhelfen, die Mauthner mit seiner ersten Frau Jenny und der einzigen Tochter Grete bezog. Im Grunewald wurde nun ein neues Landleben erprobt; in Briefen an seine Cousine und Vetraute Auguste Hauschner berichtete Mauthner heiter und resignierend zugleich: *„Im übrigen lebe ich hier weiter als Landlord, esse meine eigenen Bohnen und Erbsen, verscharre meine eigenen Hühnerleichen und warte ab, was das Leben sonst an Leid und Freud wohl bringen wird."*[29]
Mit der Hühnerzucht schien Mauthner wenig erfolgreich, ein anderes Mal klagte er:

---

[27] Julius Bab: Fritz Mauthner, in: Über die Tage hinaus. Kritische Betrachtungen, ausgewählt und herausgegeben von Harry Bergholz, Heidelberg/Darmstadt 1960, S. 330f.
[28] Vgl.: Joachim Kühn: Gescheiterte Sprachkritik. Fritz Mauthners Leben und Werk, Berlin/New York 1975, S. 127
[29] Brief an Auguste Hauschner, 27.7.1892, Staatsbibliothek Preußischer Kulturbesitz, zit. nach: ebd., S. 203

„Die Hühner sterben langsam. Fazit: + 4 Eier, – 4 Küken. Dagegen wird Moll (der Hund) *groß und läßt grüßen."* [30]

In der brüchigen Grunewald-Idylle rang sich Mauthner nun täglich die Zeit ab, um neben der journalistischen Tätigkeit sich dem Hauptwerk, der „Kritik der Sprache", widmen zu können:

„Seine Tage waren mit Berufsarbeit überfüllt, in vielen Nächten kam er erst spät in sein kleines Haus im Grunewald zurück. Aber er hatte sich ein Gesetz gemacht, an dem er Jahre, Jahrzehnte lang mit eiserner Energie festhielt: Niemals, zu welcher Nachtstunde auch immer er heimkehrte, ging er schlafen, ohne noch zwei Arbeitsstunden seinem eigentlichen Werk, seiner großen Aufgabe gewidmet zu haben." [31]

Die Arbeit an der „Kritik der Sprache" wurde mit den Jahren durch Mauthners Augenleiden sehr erschwert. Eine drohende Erblindung zwang ihn 1898 zum Abbruch der Arbeit. Außerdem litt Mauthner unter dem frühen Tod seiner Frau Jenny, die 1896 gestorben war. In dieser Not kam Fritz Mauthner der Freund Gustav Landauer zuhilfe, der seine eigene politische Tätigkeit Mauthner zuliebe zurückstellte, um ihm bei der Schreibarbeit zu helfen. Zwischen 1901 und 1902 erschien dann die dreibändige Ausgabe der „Beiträge zu einer Kritik der Sprache".

In den folgenden Jahren hielt Mauthner nur noch die Sorge um die Ausbildung seiner Tochter Grete in Berlin. 1902 gelang es ihm, Engelbert Humperdinck als Lehrer für seine musikalische Tochter zu gewinnen. Später leitete Grete eine Schule für rhythmische Bewegung und Körperkultur in Berlin.[32]

Nach Gretes Verlobung 1905 beschloß Mauthner, Berlin zu verlassen und sich nach Freiburg im Breisgau zurückzuziehen, um sich ganz seinen sprachphilosophischen Studien zu widmen. Am 24.9.1905 schrieb er an Marie von Ebner-Eschenbach:

„Ich bin im Begriffe, ein neues Leben zu beginnen...Habe...jede Verbindung mit dem fluchwürdigen Journalismus von mir geworfen, gebe darum mein kleines Haus und meinen lieben Garten auf, verlasse die Häusermasse, die sich Berlin nennt, wo aber doch mancher liebe Mensch wohnt, und gehe von Wien direkt nach Freiburg i.B., wo ich mich klösterlich ganz in meinen sprachphilosophischen Schrullen vergraben will." [33]

Zu den „lieben Menschen", die er in Berlin zurückließ, zählte Fritz Mauthner sicher auch Lilli Lehmann, mit der er während der Grunewalder Nachbar-

---

30 Brief an A.H., 21.7.1892, zit. nach: ebd., S. 203, Fn. 30
31 Bab: Fritz Mauthner, in: Über den Tag hinaus 1960, S. 331
32 Vgl.: Kühn 1975, S. 229, Fn. 16
33 Fritz Mauthner: Brief an Marie Ebner-Eschenbach, 24.9.1905, Stadtbibliothek Wien, zit. nach: Kühn 1975, S. 230

schaft freundschaftlichen Umgang pflegte und die ihn mit schwärmerischen Briefen überschüttete. In ihren Memoiren schilderte Lilli Lehmann die Beziehung zu Mauthner dann wesentlich nüchterner.[34]

Von Freiburg zog Mauthner bald nach Meersburg am Bodensee, wo er zusammen mit seiner zweiten Frau Hedwig Straub das in einsamer Idylle gelegene „Glaserhäusle" bewohnte. Ein alter Schuppen wurde ausgebaut, um Mauthners riesige Bibliothek zu beherbergen. Hier entstanden das „Wörterbuch der Philosophie" (1910/11) und als drittes Hauptwerk „Der Atheismus und seine Geschichte im Abendlande" (1920). Inspiriert von Fritz Mauthners Dichtung vom „Letzten Tod des Gautama Buddha" (1912) und aufgrund seiner zurückgezogenen Lebensweise, durch die er dem Ideal des „reinen Gelehrtenlebens" nahezukommen suchte, feierten seine Anhänger den Philosophen als den „Buddha vom Bodensee".

---

[34] Vgl.: Lilli Lehmann: Mein Weg 1920, S. 374

Frauenrechtlerinnen

Helene Lange und Gertrud Bäumer, Lily Braun

Helene Lange, eine der bedeutendsten Vertreterinnen der bürgerlichen Frauenbewegung, wurde im Revolutionsjahr 1848 als Tochter einer liberalen Oldenburger Kaufmannsfamilie geboren. Sie verwaiste früh und arbeitete seit 1866 als Erzieherin im Elsaß und bei einer Bankiersfamilie in Osnabrück. Nachdem sie volljährig und von ihrem Vormund unabhängig geworden war, ging sie nach Berlin, um hier das Lehrerinnenexamen abzulegen, was damals ihr größter Wunsch war. Helene Lange traf 1871 zur Reichsgründung in Berlin ein und erlebte in den folgenden Jahren den Aufstieg der preußischen Residenz zur Weltstadt.

Die Lehrerinnenseminare waren zu jener Zeit die Sammelbecken junger Frauen aus dem Bürgertum, die sich nach einer qualifizierten Ausbildung und geistigen Schulung sehnten, ohne sich auf die den bürgerlichen Frauen damals zugedachten Bildungsinhalte – etwa Konversation und Klavierspielen – beschränken zu wollen. Die Frauen- und Mädchenbildung lag gegen Ende des 19. Jahrhunderts in Deutschland noch fast ausschließlich in den Händen von Männern, die die den Frauen zugestandenen Bildungsinhalte sorgfältig selektierten.

Den öffentlichen Kampf um die Reformierung der Mädchenbildung nahm Lange im Jahre 1887 auf, als sie die Begleitschrift zur sogenannten Gelben Broschüre verfaßte, einer Petition, die von sechs fachkundigen Frauen beim Preußischen Unterrichtsministerium und im Abgeordnetenhaus eingereicht wurde. Die Frauen, unter ihnen die „radikale" Minna Cauer, forderten eine größere Beteiligung von Frauen am Unterricht der höheren Mädchenschulen sowie eine Verwissenschaftlichung der Lehrerinnenausbildung. Die Bittschrift trug auch die Unterschriften einiger namhafter Wissenschaftler wie Hans Delbrück und Adolf Harnack, die seit Beginn des 20. Jahrhunderts in unmittelbarer Nachbarschaft von Helene Lange im Grunewald wohnten. Die „Gelbe Broschüre" wurde unterdessen zweimal im Abgeordnetenhaus von der Tagesordnung gestrichen. Einige Jahre später betrieb deshalb Helene Lange zur besseren Durchsetzung ihrer Forderungen die berufliche Organisation der Lehrerinnen, die sich 1890 im Allgemeinen Deutschen Lehrerinnenverein (ADLV) zusammenschlossen. Bereits 1889 hatte Helene Lange an der Berliner Charlottenschule die ersten Realkurse für Mädchen eingerichtet. An Gymnasialkursen, die auf die Reifeprüfung an einem humanistischen Gymnasium vorbereiteten, konnten Mädchen ab 1893 teilnehmen, und schon drei Jahre später, zu Ostern 1896, bestanden die ersten

sechs Gymnasiastinnen die Reifeprüfung mit überdurchschnittlichem Ergebnis. Trotzdem dauerte es noch zwölf Jahre, bis Studentinnen an den preußischen Hochschulen zugelassen wurden.
1901 verließ Helene Lange ihre Stadtwohnung in Tiergarten und bezog zusammen mit ihrer Lebensgefährtin, der 25 Jahre jüngeren Studentin Gertrud Bäumer, eine Dachgeschoßwohnung in der damaligen *Gillstraße 9* (heute: *Kunz-Buntschuh-Str. 7*). Hier erarbeiteten die beiden Frauen das 5-bändige „Handbuch der Frauenbewegung" und gaben die 1893 gegründete Monatsschrift „Die Frau" heraus. Zusammen mit Gertrud Bäumer zog Helene Lange 1916 nach Hamburg, wo sie im März 1919 in die Bürgerschaft gewählt wurde. Seit ein neues Vereinsgesetz in Deutschland 1908 Frauen politische Betätigung erlaubt hatte, engagierte sich Lange in der „Freisinnigen Vereinigung", der späteren „Fortschrittlichen Volkspartei" Friedrich Naumanns. Helene Lange starb 10 Jahre nach ihrer Rückkehr nach Berlin am 13. März 1930, sie liegt auf dem Westfriedhof in Charlottenburg begraben.

Gertrud Bäumer machte eine fragwürdige politische Karriere. Sie wurde Mitglied des Reichstages und 1926 Ministerialrätin im Reichsministerium des Inneren, wo sie mit Kultur- und Jugendfragen befaßt war. Sie und der sonst liberal gesinnte Theodor Heuss unterstützten als Mitglieder eines Jugendschutzausschusses das 1926 vom Reichstag verabschiedete „Reichsschundgesetz", das angeblich Jugendliche vor Schmutzliteratur schützen sollte. Kurt Tucholsky griff Bäumer und Heuss als „Vater und Mutter des Schund- und Schmutzgesetzes" scharf an[1], denn gleich vielen anderen Schriftstellern und Künstlern befürchtete er zu Recht, daß dieses Gesetz in Wahrheit der Reaktion als Macht- und Kampfmittel gegen unliebsame Literatur dienen würde: So wurde Johannes R. Becher wegen angeblicher Gotteslästerung in seiner Lyrik angeklagt; der nach Erich Maria Remarques Roman gedrehte Film „Im Westen nichts Neues" wurde verboten, weil er die Jugend zu „Fatalismus und zur Verachtung aller sittlichen Werte treibt"[2], und Bert Brechts und Slatan Dudows Film „Kuhle Wampe" galt wegen einer harmlosen Nacktbadeszene als „entsittlichend und schamverletzend" für das Volk.[3]
Obwohl sie nach der Machtübergabe 1933 wegen „nationaler Unzuverlässigkeit" aus ihrem Ministerium entlassen wurde, plädierte Gertrud Bäumer für den Übertritt des „Bund Deutscher Frauenvereine (BDF)" in die NS-Frau-

---
1 Vgl.: Gerhard Zwerenz: Kurt Tucholsky. Biographie eines guten Deutschen, München 1979, S. 77ff
2 ebd., S. 101
3 Vgl.: ebd.

enschaft. In der „Frau" glaubte sie gar feststellen zu müssen „...*daß der Nationalsozialismus vieles erstrebt, was uns Frauen, insbesondere den berufstätigen, am Herzen liegt.*"[4]
Nach dem zweiten Weltkrieg war Bäumer Mitbegründerin der FDP, wechselte später aber zur CDU über.

Bevor der Publizist Maximilian Harden das kleine Landhaus in der *Wernerstraße 16* bezog, wohnte hier für kurze Zeit die sozialdemokratische Frauenrechtlerin Lily Braun mit ihrem Ehemann, dem Sozialpolitiker Heinrich Braun. Dieser hatte sich den Bau eines Hauses als Weihnachtsüberraschung für seine Frau ausgedacht, um der adlig geborenen Generalstochter wieder eine halbwegs standesgemäße Umgebung zu bieten. In ihrem 1911 erschienenen autobiographischen Roman „Kampfjahre" berichtete Lily Braun von dem unverhofften Weihnachtsgeschenk:
„*Weihnachten 1897 war es... Mit dem Söhnchen auf dem Arm trat ich zu meinem Weihnachtstisch, auf dem ein geheimnisvoll versiegelter Brief lag...*
„*Ein Häuschen im Grunewald" stand darin. Vor Überraschung war ich sprachlos.*"[5]
Das kleine Landhaus, mit dessen Bau die Brauns den jungen Architekten Alfred Messel beauftragten, wurde jedoch bald zur Quelle drückender Geldsorgen. Die schon während des Hausbaus anfallenden Zinsen strapazierten mit der weiterhin zu zahlenden Miete das Budget des Ehepaares übermäßig. Zudem mußte Lily Braun, die in ihrer Partei ohnehin einen schwierigen Stand hatte, weil der „entlaufenen" Generalstochter der typische „Stallgeruch" der Sozialdemokraten fehlte, die abfälligen Bemerkungen der Genossen ertragen:
„*Eine Villa in Grunewald, – wie oft hörte ich in den Kreisen der Parteigenossen mit einem mißtrauisch-hohnvollen Blick auf mich diese vier Worte flüstern. Sie wußten nicht, daß uns kein Stein von ihr gehörte, daß sie aber mit dem Gewicht aller ihrer Steine auf uns lastete (...) ... und das Leben hier draußen war auf Rentiers und Millionäre zugeschnitten, die den Grunewald allmählich bevölkert hatten.*"[6]
Als die Hypotheken immer drückender wurden, entschlossen sich die Brauns zum Verkauf des Hauses an den befreundeten Maximilian Harden und zogen in eine Etagenwohnung in der Friedrich-Wilhelm-Str. 13 (heute: Klingelhöferstraße).

---

[4] Gertrud Bäumer, in: Die Frau, 40. Jg., H. 10, Juli 1933, S. 629, zit. nach: Erika Said: Zur Situation der Lehrerinnen in der Zeit des Nationalsozialismus, in: Mutterkreuz und Arbeitsbuch, Frauengruppe Faschismusforschung (Hrsg.), Frankfurt/M. 1981, S. 116
[5] Lily Braun: Memoiren einer Sozialistin, Bd. 2: Kampfjahre, München 1911, S. 239
[6] ebd., S. 298

In der Frauenbewegung stand Lily Braun zwischen den Flügeln, dem bürgerlichen um Helene Lange auf der rechten und dem sozialistischen um Clara Zetkin auf der linken Seite. Helene Lange, die Repräsentantin des bürgerlichen Lagers, befürchtete eine Auflösung ihrer strengen moralischen Prinzipien bei einer Annäherung an die Sozialdemokratie, Clara Zetkin lehnte eine Zusammenarbeit mit der „bourgeoisen" Lily Braun strikt ab. Nach allen Regeln der Kunst verriß sie Brauns 1901 erschienenes Werk „Die Frauenfrage, ihre geschichtliche Entwicklung und wirtschaftliche Seite".[7] Zetkin und Lange werden deshalb in Brauns Memoiren wenig schmeichelhaft geschildert.

Als erste deutsche Frau hatte Lily Braun in einer öffentlichen Versammlung 1895 das Frauenwahlrecht gefordert. Außerdem beschäftigte sie sich mit genossenschaftlichen Siedlungs- und Wohnungsmodellen, die Frauen von der Hausarbeit entlasten sollten, um ihnen Berufsarbeit zu ermöglichen. Hierin unterschied sie sich deutlich von Helene Lange, für die Ehe und Mutterschaft noch die natürliche Berufung der Frauen war und die Berufsarbeit in erster Linie für unverheiratete Frauen forderte. Daß proletarischen Frauen und Müttern eine solche Wahl gar nicht blieb, hatte Helene Lange nicht reflektiert.

1912 veröffentlichte der junge Primaner Walter Benjamin seine erste kritische Schrift zu Lily Brauns 1911 erschienenem Pamphlet: „Die Emanzipation der Kinder. Eine Rede an die Schuljugend". *„Ziellosigkeit bei allem Fanatismus"* sei ein Hauptmerkmal dieser Rede, die der Jugend nichts weiter zuzurufen habe, als *„Ihr seid rechtlos!"*, bemerkte der zwanzigjährige Benjamin. *„ Wohin der Weg der freien Jugend gehen sollte, darüber schweigt Lily Braun."* [8]

Der Weg der Jugend führte ab 1914 in die Schützengräben des ersten Weltkrieges, und Lily Brauns politisches Engagement sowie ihre Gegnerschaft zur wilhelminischen Gesellschaft hinderten sie nicht daran, sich an der vaterländischen Begeisterung bei Ausbruch des ersten Weltkrieges zu beteiligen. Nicht einmal die schwere Kriegsverletzung ihres geliebten Sohnes konnte ihre patriotischen Gefühle dämpfen. Seinen frühen gewaltsamen Tod im Krieg mußte Lily Braun nicht mehr erleben, sie starb 1916 erst 51jährig an einem Schlaganfall.

---

7 Vgl.: Irma Hildebrandt: Lily Braun (1865-1916). Der falsche Stallgeruch, in: Zwischen Suppenküche und Salon. Achtzehn Berlinerinnen, Köln 1987, S. 72f.
8 Walter Benjamin: Lily Brauns Manifest an die Schuljugend, in Gesammelte Schriften, Bd. III, Frankfurt/M. 1972, S. 9-11

Mäzene und ihre Künstler

Felix Koenigs

Der Namensgeber der – wegen falscher Assoziationen häufig unkorrekt mit ö geschriebenen – Koenigsallee war Mitinhaber des Bankhauses Leo Delbrück & Co. Daß die neue Grunewalder Hauptstraße entlang der Seenkette nach ihm benannt wurde, zeugt vom persönlichen Anteil des Bankiers an der Gründung und Finanzierung der Grunewalder Kolonie. 1865, im Alter von 19 Jahren, war der in Köln geborene Sohn einer bedeutenden Kaufmannsfamilie nach Berlin geschickt worden, um in das neu gegründete Bankhaus Delbrück einzutreten. Felix Koenigs erste Berliner Wohnung lag am Hafenplatz in Berlin SW, seit den 80er Jahren bewohnte er die Beletage in der Wilhelmstraße 41. Um 1890 erwarb er ein ausgedehntes Grundstück an der nach ihm benannten Straße Nummer 16. Auf dem großen Gelände an der *Koenigsallee 16* wurde jedoch keine Villa errichtet, sondern ein stattliches, vom Regierungsbaumeister Solf entworfenes Blockhaus, von wo aus der Bankier seinen Lieblingssportarten Schwimmen, Rudern und Tennis frönen konnte. Von allen hier genannten Bankiers und Kunstförderern spielte Felix Koenigs als Mäzen in der bildenden Kunst die bedeutendste Rolle. Architekten wie Paul Wallot und Franz Schwechten, die Bildhauer Adolf Brütt, Fritz Stahlberg, Emil Rittershaus, die Maler Karl Gussow, Otto Lessing, Hans Olde, Max Klinger, Max Liebermann und Lovis Corinth zählten zu seinen Freunden und Protegés. 1888 wurde Koenigs in den „Verein Berliner Künstler" aufgenommen mit dem Status eines außerordentlichen Mitglieds, der für Sammler, Kunstfreunde und Förderer vorgesehen war. Die besten Stücke aus Felix Koenigs' Sammlung, darunter Skulpturen der Bildhauer Rodin und Segantini, wurden von Felix Koenigs' Familie nach dem Tod des Bankiers, der im Herbst 1900 ohne direkte Nachkommen starb, im Jahre 1901 der Berliner Nationalgalerie gestiftet. Ihr damaliger Direktor Hugo von Tschudi bezeichnete die Schenkung als die bedeutendste, die die Nationalgalerie seit ihrem Bestehen erhalten habe. Am Rande sei noch erwähnt, daß sich Tschudi zur Annahme der Stiftung um die Gunst Kaiser Wilhelms II bemühen mußte, da jede Neuanschaffung der Nationalgalerie, auch jede Schenkung, der Genehmigung des Monarchen bedurfte. Und diesem galt moderne Kunst als anrüchig.
Es verwundert heute, daß in der Koenigsschen Sammlung der Maler der Grunewaldseen Walter Leistikow fehlt. Gekannt haben sich Koenigs und Leistikow, denn sie waren zeitweilig Nachbarn gewesen. Walter Leistikow bewohnte mehrere Sommer lang ein kleines Blockhaus am Dianasee (heute

Fontanestraße 16), das ihm der Bankier Hermann Rosenberg zur Verfügung gestellt hatte, und er arbeitete auch auf Felix Koenigs' Grundstück. Leistikows Biograph und Freund Lovis Corinth berichtete:
„*Ein weiterer Gönner und Freund Leistikows war der Bankier Felix Koenigs, der liebenswerteste Mensch unter vielen.*" [1]
Aber bevor aus der persönlichen Beziehung auch die künstlerische gedeihen konnte, starb Felix Koenigs unerwartet in Paris, das er im Herbst 1900 anläßlich der Weltausstellung besucht hatte. Etwa zwei Jahre zuvor hatte Koenigs sein Grunewaldgrundstück an die Brüder Mendelssohn verkauft, die darauf ihre Villen errichteten.

Die Brüder von Mendelssohn

Die Berliner Bankiers Franz und Robert von Mendelssohn ließen sich 1899 auf dem riesigen Grundstück am Grunewalder Herthasee vom Regierungsbaumeister Ernst von Ihne ein weitläufiges Doppel-Palais im englischen Landhausstil errichten, dessen Zugang damals an der *Herthastraße 5* (heute an der *Bismarckallee 23*) gelegen war. Als eine der „kultiviertesten" Familien Grunewalds lobte Nachbar Alfred Kerr das Geschlecht der Mendelssohns. Die Mendelssohn-Brüder Franz und Robert waren Nachkommen des großen jüdischen Philosophen und Aufklärers Moses Mendelssohn in sechster Generation. Der liberale und menschenfreundliche Geist des großen Ahnherrn prägte auch die kommenden Generationen in dieser weitverzweigten und berühmten Familie. Moses Mendelssohns ältester Sohn Joseph begründete die Mendelssohnsche Bank.[2] Sein Vater bedauerte, aus ihm einen „Knecht des Mammons" machen zu müssen, doch da dem Sohn der Arztberuf nicht lag, blieb ihm als Juden im friderizianischen Berlin des Jahres 1784 sonst nur noch die Möglichkeit, Kaufmann oder Bettler zu werden. Der Ur-Ur-Enkel Franz von Mendelssohn, dessen Vater Franz Paul Alexander Mendelssohn 1888 in den erblichen preußischen Adelsstand erhoben worden war, trat 1889 in das Bankhaus Mendelssohn ein, das er später gemeinsam mit seinem Bruder Robert leitete.
Beide Brüder waren begeisterte Kunstsammler und Mäzene. In den repräsentativen Räumen des Mendelssohnschen Palais hingen Gemälde van Goghs, Cezannes und Manets oder die Werke alter niederländischer Maler an den Wänden. Im Palais gab es auch eine private Grundschule, die außer den Kindern der Familie auch Nachbarskindern wie der Tochter Maximilian Hardens, Samuel Fischers Tochter „Tutti" oder dem Sohn des Ökonomen

---

[1] Lovis Corinth: Das Leben Walter Leistikows. Ein Stück Berliner Kulturgeschichte, Berlin 1910, S. 59
[2] Vgl.: Heinz Knobloch: Herr Moses in Berlin. Ein Menschenfreund in Preußen. Das Leben des Moses Mendelssohn, Berlin 1987, S. 308

Gedenktafel Bismarckallee 23
(Foto Landesbildstelle Berlin)

Werner Sombart offenstand. In seinen Memoiren beschrieb er die Jahre, *"...in denen ich eine Privatklasse im Mendelssohn-Palais besuchte – wo ich zwar noch nicht die Rembrandts und van Dycks in der Halle zu identifizieren wußte, aber sehr beeindruckt war von der Livree der würdigen Diener, die uns in den Unterrichtssaal führten..."*[3]
Legendären Ruf errangen die Hauskonzerte im ovalen Musikzimmer der Mendelssohns. Franz von Mendelssohn spielte hervorragend Geige, denn er war Schüler bei Joseph Joachim gewesen, der später Patenonkel seines jüngsten Sohnes wurde. In ihrem Buch „Hauskonzerte in Berlin" berichtete Karla Höcker:
„Es gab in den Jahren vor 1933 wohl keinen Künstler von Rang, der in Berlin konzertiert hätte und nicht in der Herthastraße zu Gast war. Dort haben das Klingler- und das Buschquartett musiziert, Bronislaw Hubermann und der jugendliche Menuhin, Edwin Fischer, Bruno Eisner, Rudolf Serkin – unmöglich, auch nur annähernd alle Namen zu nennen."[4]
Häufig fanden Wohltätigkeitskonzerte statt, wofür sich bedeutende Künstler und musizierende Wissenschaftler zur Verfügung stellten. Über ein solches Ereignis im Jahre 1930 schrieb Lotte Spitz in der Vossischen Zeitung:
„Prof. Albert Einstein, immer großzügig mit seinen musikalischen Gaben für wohltätige Zwecke, beteiligte sich, und das Publikum wird seinen Ausdruck beim Spielen von Bach nie vergessen. Er und sein Gastgeber Franz von Mendelssohn vereinten sich zur Wiedergabe von Bachs Doppelkonzert. – Die Mitwirkung von Olga und Bruno Eisner unterstrich die künstlerische Bedeutung der Veranstaltung..."[5]
Seit 1914 war Franz von Mendelssohn Präsident der Berliner Handelskammer, seit 1921 war er außerdem Präsident des Deutschen Industrie- und Handelstages und somit einer der bedeutendsten Wirtschaftsrepräsentanten der Weimarer Republik. Robert von Mendelssohn war bereits 1917 gestorben, sein Bruder Franz erlebte die Nazi-Diktatur nur noch für zwei Jahre. Er starb im Juni 1935 im Alter von 70 Jahren. Das Grunewald-Echo, das auch zu dieser Zeit noch unter einer liberalen Redaktion stand, würdigte den gläubigen Protestanten aus großer jüdischer Familie am 16.6.1935 in einem ausführlichen Nachruf:
„Was er (Franz von Mendelssohn) *für die Villenkolonie Grunewald (getan hat), mit deren Wachsen, Blühen und Gedeihen er unvergänglich verbunden war – als Begründer und Mäzen der Grunewalder Freiwilligen Feuerwehr, der er das erste Feuerlöschmobil spendete, als Mitbegründer des Grunewalder Kriegervereins, dem er die Fahne schenkte, als Mitstifter der*

---

[3] Nicolaus Sombart: Jugend in Berlin 1933-1943. Ein Bericht, München/Wien 1984, S. 18
[4] Karla Höcker: Hauskonzerte in Berlin, Berlin 1970, S. 75
[5] Zit. n.: ebd., S.76

Gelder, die der Grunewalder Kirchenbau erforderte (er schenkte der Kirche auch die Orgel und den Grunewalder Schulen die Flügel in den Festsälen) – wird für alle Zeiten mit goldenen Lettern in den Annalen unseres lieben Grunewald eingetragen sein! ... Mit seiner Witwe...seinem Sohn...und seinen drei Töchtern...trauern wohl alle alten Grunewalder um den Heimgegangenen, der auch unserem „Grunewald-Echo" stets ein edler Freund und Gönner war..."

Franz von Mendelssohns Familie mußte das große Palais am Herthasee bald nach seinem Tod verlassen. Dort richtete die Deutsche Reichspost ein Gästehaus ein. Nach dem Tod des Firmeninhabers konnte auch das Bankhaus nicht mehr gehalten werden. Um der „Arisierung" durch die Nationalsozialisten zu entgehen, betrieb Sohn Robert selbst die Liquidation der Mendelssohnschen Privatbank. 1943 wurde das Palais in Grunewald durch Bombenangriffe stark beschädigt. In den letzten Kriegswochen installierte die Waffen-SS dort im Kellergeschoß ein gewaltiges Abhörsystem. Nach dem Krieg nahmen die Engländer das Gebäude zeitweilig in Besitz und richteten darin eine Schule für die Kinder der alliierten Besatzungsmächte ein. Im Mai 1957 erwarb die Johannische Kirche das stark heruntergekommene Anwesen mit dem schwerbeschädigten Hauptgebäude. Die Stiftung Johannisches Aufbauwerk errichtete einen Neubau, bemühte sich aber, das alte Gebäude in einigen Grundzügen zu erhalten und insbesondere einige Innenräume zu restaurieren. Der heutige Hauptzugang an der *Bismarckallee 23* wurde erst in den sechziger Jahren errichtet.

Carl und Aniela Fürstenberg

Der Bankier Carl Fürstenberg – „der witzigste von Deutschlands Bankherren" (Alfred Kerr) – und seine Familie standen den Mendelssohns in Gastlichkeit und gesellschaftlichem Ansehen nicht nach. Carl Fürstenberg und sein Bankhaus, die Berliner Handelsgesellschaft, waren maßgeblich am Ausbau des Hohenzollerndamms, des Kurfürstendamms und der Villenkolonie Grunewald beteiligt. Neben den anderen städteplanerischen Vorhaben beim Ausbau der neuen Metropole Berlin war die Villenkolonie Fürstenbergs Lieblingsprojekt, für das er sich persönlich einsetzte. Nach Anlage des Kurfürstendamms und der mühseligen städtebaulichen Erschließung des Hinterlandes schienen sich die anderen Geldgeber einig zu sein, das geplante Villenviertel im sumpfigen und noch völlig unerschlossenen Grunewald fallenzulassen. Carl Fürstenberg jedoch *„setzte eine*

felsenfeste Zuversicht in die künftige Entwicklung Berlins und sah daher die Blüte des neuen Wohnviertels mit Sicherheit voraus". [6]
Der Bankier sicherte sich neben dem Grundstück seines Sozius Hermann Rosenberg bald selbst einige Parzellen *„in dem von der Stadt am weitesten abgelegenen Teil des neuen Grunewaldviertels, und zwar am äußersten Zipfel der kleinen Seenkette".* [7] Carl Fürstenberg beauftragte 1898 Ernst von Ihne mit dem Bau einer zunächst nur als Sommersitz gedachten Villa. Außerdem bewohnten Carl Fürstenberg und seine Frau Aniela in der Tiergartener Viktoriastraße 7 ein Stadtpalais, das sie um 1905 aufgaben, da Carl Fürstenberg und seine Frau die Grunewaldeinsamkeit auch während der Wintermonate zu schätzen lernten und der Unterhalt zweier aufwendiger Häuser zu teuer wurde. Stattdessen mieteten die Fürstenbergs vorübergehend in der Bellevuestraße und ab 1907 in der Behrensstraße 33, im Gebäude der Berliner Handelsgesellschaft, eine großzügige Stadtwohnung.
„Der wirkliche Herr des Hauses war nicht der Finanzmann, sondern Aniela, seine Frau: Polin von fremdartiger Schönheit, aristokratisch, überlegen" [8], charakerisierte Nachbar Alfred Kerr die Hausherrin der Grunewaldvilla an der Koenigsallee. Hier richtete Aniela Fürstenberg gesellige Empfänge aus, auf denen Maler wie Walter Leistikow, Hanns Fechner, Max Rabe, Georg Ludwig Meyer, der Bildhauer Max Klein und Politiker und Publizisten wie Walther Rathenau, Maximilian Harden und Alfred Kerr verkehrten. Außerdem zählten Richard Strauss, Gerhart Hauptmann und Max Reinhardt zum Freundeskreis der Bankiersfamilie.
Die Bankiersgattin Aniela Fürstenberg war aber nicht nur als Berliner „Gesellschaftslöwin" beliebt, sondern auch bekannt für ihr soziales Engagement. Im Charlottenburger Westend gründete sie ein Säuglings- und Mütterheim für mittellose und ledige Mütter.
Carl Fürstenberg starb am 9.2.1933; sein Sohn und Nachfolger Hans mußte bald darauf aus Nazi-Deutschland fliehen. Auf dem ehemaligen Fürstenberggrundstück an der *Koenigsallee/Ecke Fontanestraße* wurden in den sechziger Jahren Wohnhäuser des sozialen Wohnungsbaus errichtet.

---

[6] Carl Fürstenberg: Die Lebensgeschichte eines deutschen Bankiers, hrsg. von seinem Sohn Hans Fürstenberg, Wiesbaden 1961, S. 201
[7] ebd., S. 203
[8] Alfred Kerr: Walther Rathenau. Erinnerungen eines Freundes. Amsterdam 1935, S. 36

BERLINER GEDENKTAFEL

In dem früher hier stehenden Haus
lebte seit 1898
CARL FÜRSTENBERG
28. 8. 1850 – 9. 2. 1933
Bankier, Direktor der Berliner Handelsgesellschaft,
beteiligte seine Bank am Ausbau des Kurfürstendamms und
an der Erschließung der Villenkolonie Grunewald.

Gedenktafel Koenigsallee 53
(Foto Bezirksamt Wilmersdorf)

Hermann Rosenberg, Walter Leistikow, Hedwig Dohm, Max Klein

Hermann Rosenberg, der Bankier und Sozius Carl Fürstenbergs, hatte sich um 1890 am Dianasee eine kleine provisorische Holzvilla als Sommerhaus errichten lassen. Diese überließ er mehrere Sommer lang dem Maler Walter Leistikow[9], der hier in seinen Bildern die melancholische Stimmung der Kiefernwälder und der Grunewaldseen meisterhaft einfing. Als der Direktor der Berliner Nationalgalerie Hugo von Tschudi eine solche Leistikow-Landschaft einmal Kaiser Wilhelm II zeigte, bestritt dieser rundweg jegliche Naturwahrheit und kommentierte lapidar: *„Er kenne den Grunewald und außerdem wäre er Jäger."*[10]
Walter Leistikow hatte sich 1833 an der Berliner Hochschule für bildende Künste eingeschrieben und mußte sie bereits ein Jahr später wegen „unzureichender Begabung" wieder verlassen. Leistikow setzte daraufhin sein Studium an privaten Schulen fort, und nach langen mageren Jahren waren seine Bilder ab Mitte der 90er Jahre schließlich bei Kunstsammlern und Museen sehr begehrt, und Leistikow „watete im Geld", wie er an seinen Freund und Biographen Lovis Corinth schrieb.
1889 war Walter Leistikow Mitbegründer der „Berliner Secession", die sich vom „Verein Berliner Künstler" abspaltete. Erster Präsident war der Berliner Maler Max Liebermann. Anlaß zur Gründung der neuen Künstlervereinigung war die kurz zuvor erfolgte Zurückweisung von Leistikows kunstpolitischem „Skandalbild" Grunewaldsee durch die Jury der Großen Berliner Kunstausstellung. Die Berliner Secessionisten wurden sehr erfolgreich, und Walter Leistikow errang bei der Berliner Gesellschaft bald außerordentliche Beliebtheit. Als eine kulturelle Wochenzeitschrift ihre Leser um die Nennung ihres Lieblingsmalers bat, wurde Leistikow bereits an zweiter Stelle hinter Adolph Menzel genannt, der in Preußen zu einer Art Volksheld geworden war.[11] Walter Leistikows Berliner Stadtwohnung lag in der Geisbergstraße 33, und kurz vor seinem Tod am 24.7.1908 bewohnte er im Juni noch einmal ein möbliertes Zimmer im Grunewald in einem Eckhaus am *Bismarckplatz*.

Im Rosenbergschen Sommerhaus schloß Walter Leistikow auch Freundschaft mit der Schwiegermutter Hermann Rosenbergs, der bekannten Frauenrechtlerin und Ehefrau des Kladderadatsch-Herausgebers Ernst Dohm, Hedwig Dohm. Ihre älteste Tochter Elsbeth hatte Hermann Rosenberg im

---
9 Vgl.:Corinth 1910,S. 59
10 Werner: Erlebnisse und Eindrücke, in: Verein Berliner Künstler. Mitglieder Verzeichnis, Februar 1889, Berlin 1889, S. 479, zit. nach: Peter Paret: Die Berliner Secession. Moderne Kunst und ihre Feinde im Kaiserlichen Deutschland,Berlin 1981, S. 59
11 Vgl.: ebd., S.56

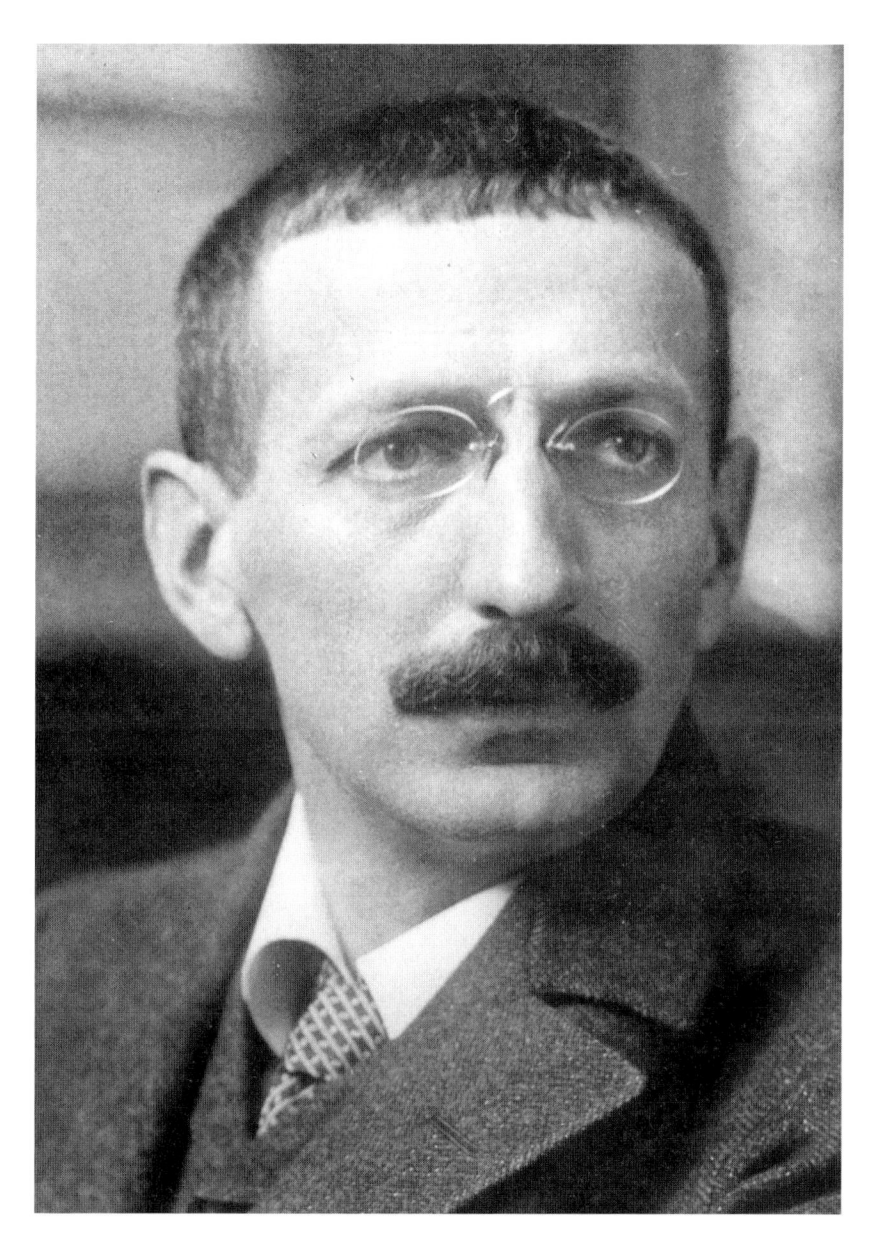

Walter Leistikow
(Foto Landesbildstelle Berlin)

September 1878 geheiratet. Nach Ernst Dohms Tod 1883 war seine Witwe Hedwig zeitweise auf die Unterstützung ihres Schwiegersohnes Rosenberg angewiesen. In ihren ab 1872 erschienenen polemischen Schriften – „Was die Pastoren von den Frauen denken" (1872), „Vom Jesuitismus im Hausstande" (1873), „Die wissenschaftliche Emanzipation der Frau" (1874) u.v.a. – forderte Hedwig Dohm die totale Umgestaltung der Gesellschaft, das Frauenstimmrecht und die völlige Gleichstellung der Frauen. Mit ihren respektlos und geistvoll formulierten Forderungen war Hedwig Dohm ihrer Zeit jedoch weit voraus. Die bürgerliche Frauenbewegung um Helene Lange nahm Dohms Radikalität eher amüsiert zur Kenntnis und hielt ihre Ansprüche für überzogen und nicht „weiblichkeitsgemäß".

Die jüngste Tochter Ernst und Hedwig Dohms heiratete den Berliner Bildhauer Max Klein, der das Bismarck-Denkmal und viele andere Skulpturen und Brückenköpfe für die Villenkolonie schuf. Die Kleins hatten ein Haus in der nahegelegenen *Warmbrunner Straße 8* und waren ebenfalls gern gesehene Gäste im Blockhaus der Rosenbergs. Die älteste Tochter Hedwig Dohms Gertrude heiratete den Mathematiker Alfred Pringsheim, mit dem sie fünf Kinder, unter anderen die Tochter Katia hatte, die später als Ehefrau Thomas Manns berühmt wurde. Das Grunewaldgrundstück an der *Fontanestraße 14/16* verkaufte Hermann Rosenberg später an seinen Geschäftspartner und Nachbarn Carl Fürstenberg. Der erweiterte mit dem neuen Besitz seinen großen Garten. Fürstenbergs Sohn Hans ließ das Rosenberg-Blockhaus zu Beginn der 30er Jahre abreißen, um an seiner Stelle ein Wohnhaus bauen zu lassen. Dieses Haus wurde nie fertiggestellt, da Hans Fürstenberg 1933 aus Berlin flüchten mußte. Nach Kriegsende wurden die Reste des Rohbaus abgerissen, heute befindet sich an der *Fontanestraße 16* eine öffentliche Parkanlage.

Berliner Bohémiens

Heinrich und Julius Hart und die Neue Gemeinschaft

Im Mittelpunkt der Berliner Boheme des fin de siècle standen seit Beginn der achtziger Jahre zwei Brüder, Heinrich und Julius Hart. Beide waren Vorkämpfer der literarischen Revolution, die seit dem Ende des vorigen Jahrhunderts gegen die „marlittsche Art von Gartenlaubenliteratur" zu Felde zogen und jungen Talenten in verschiedenen Blättern, z.b. den „Kritischen Waffengängen", zum Durchbruch verhalfen.

Die Brüder waren kurz nach der Reichsgründung in den siebziger Jahren als Studenten aus Westfalen nach Berlin gekommen und dann als Journalisten quer durch Deutschland gezogen. In den achtziger Jahren des 19. Jahrhunderts wurde die Hartsche Wohnung in der Luisenstraße (heute: Hermann-Matern-Str.) zum Hauptquartier der Berliner Boheme. *„Oft – erzählte Heinrich Hart – mußte ein Käseziegel im Werte von 25 Pfennig als Abendbrot herhalten für zehn edle Geister."*[1]

Um 1890 erwachte in der Berliner Boheme, die eigentlich ein Großstadtgewächs war, die Natursehnsucht. Der Hartsche Kreis begann, sich gegen den Lärm und Qualm des Großstadtlebens aufzulehnen, und zog hinaus in die märkische Landschaft. Die neue Vorortboheme siedelte sich am Müggelsee im Städtchen Friedrichshagen an, wo der im nahen Erkner lebende Schriftsteller Gerhart Hauptmann, der schon früh zu Familie und Geld gekommen war, zum wichtigsten Nachbarn wurde. Seine pünktlich eintreffenden Monatswechsel wurden bei den schlechtbegüterten Friedrichshagenern jedesmal ausgiebig gefeiert.

Im September 1900 kehrten die Harts in die Stadt zurück und begründeten die „Neue Gemeinschaft", einen losen Zusammenschluß von Schauspielern, Literaten und bildenden Künstlern, und gaben dem neuen Künstlerkreis in einer Wilmersdorfer Wohnung, in der *Uhlandstraße 114*, ein Heim. Hier fand sich ein lebensreformerischer Kreis zusammen, dem der Sozialist Bruno Wille, Martin Buber, Gustav Landauer, Max Reinhardt, Ludwig Rubiner, Erich Mühsam und andere angehörten. Von seinen mißglückten Kochversuchen für die „Neue Gemeinschaft" berichtete Erich Mühsam:

„Die Wohnung in der Uhlandstraße diente uns Jungen immerhin in den weihefreien Stunden als Klubraum zur Selbstbeköstigung. Zuerst hatten Gustav Landauer und ich die Erlaubnis erwirkt, dort zu kochen. Mir wurde die Erlaubnis dazu allerdings von Landauer bald entzogen, und er ... über-

---
1 Zit. nach: Julius Bab: Die Berliner Boheme, Berlin und Leipzig 1904, S. 25

nahm die Bereitung der Mahlzeiten allein, nachdem ich einmal zur Herstellung von Omeletten alle Milch- und Eiervorräte verrührt hatte, ohne daß die Eierkuchen aufhörten zu zerbröckeln; ich hatte nämlich eine falsche Tüte genommen und statt Mehl Gips erwischt." [2]
Um 1902 gründete die „Neue Gemeinschaft" eine neue Künstlergemeinde in Schlachtensee. Diese lose Sammlung idealistischer Bohèmiens löste sich wenige Jahre später wieder auf, da sich auf Dauer ein künstlerisches Lebensgefühl nicht organisieren ließ. Heinrich Hart starb schon 1906 in Tecklenburg in Westfalen, sein Bruder Julius überlebte ihn noch bis 1930. Er liegt auf dem Friedhof an der Onkel-Tom-Straße in Zehlendorf begraben.

Else Lasker-Schüler

Die Dichterin Else Lasker-Schüler war die Enkelin eines Rabbiners und Tochter eines Bankiers. Sie wurde im Februar 1869 geboren und wuchs in einem wohlbehüteten, bürgerlichen Elternhaus in Wuppertal-Elberfeld heran. Als 25jährige heiratete sie den Arzt Berthold Lasker und zog mit ihm nach Berlin.
Im Tiergartenviertel, in der Brückenallee 22, richtete Berthold Lasker seiner begabten Frau ein eigenes Malatelier ein. Nach der Geburt des außerehelichen Sohnes Paul (1899) zerbrach die Vernunftehe mit Berthold Lasker, und Else Lasker-Schüler vertauschte ihre bürgerlich-geordnete Welt mit der unsteten der Berliner Bohéme. Völlig mittellos zog sie mit ihrem Sohn in eine düstere Kellerwohnung, aus der sie der vagabundierende Dichter Peter Hille befreite und ihr Unterschlupf in der Künstlerkolonie der „Neuen Gemeinschaft" am Schlachtensee gewährte. Dort schrieb Else Lasker-Schüler die Verse für ihren ersten Gedichtband „Styx", mit dem ihr 1902 der literarische Durchbruch gelang. In Schlachtensee lernte sie den jungen Kunstschriftsteller und Musiker Georg Lewin kennen, den sie 1903 heiratete und in Herwarth Walden umtaufte. Unter diesem Namen wurde er als großer Förderer und Sammler des Expressionismus berühmt. Die Dichterin selbst baute sich eine Fabelwelt auf, in der sie als Tino von Bagdad oder als Prinz Jussuf von Theben lebte und ihren Freunden fürstliche Titel verlieh: Der Herausgeber der „Fackel" Karl Kraus war Dalai Lamah, Franz Marc der Blaue Reiter Ruben und Franz Werfel der Prinz von Prag. Mit Herwarth Walden zog Else Lasker-Schüler nach der Heirat in die *Ludwigkirchstraße 12* und 1909 in ihre letzte bürgerliche Wohnung in Berlin-Halensee, *Katharinenstraße 5*. Nach der 1911 erzwungenen Scheidung von Herwarth Walden hatte die Dichterin nie wieder einen festen Wohnsitz. Sie lebte in Hotels, Pensionen oder möblierten Zimmern zur Untermiete und hielt sich sonst am liebsten

---
[2] Erich Mühsam: Unpolitische Erinnerungen, Berlin (Ost), 1961, S. 32f

Else Lasker-Schüler
(Foto Akademie der Künste Berlin)

im Café des Westens und nach dessen Schließung 1915 im Romanischen Café auf, wo sich ihre Freunde Franz Marc, George Grosz, Oskar Kokoschka, Ernst Toller, Theodor Däubler, Wieland Herzfelde, Gottfried Benn, Mynona und andere um sie versammelten.

„Sie ist klein, knabenhaft schlank und hat pechschwarzes Haar, kurzgeschnitten. Sie trägt immer Hosen, die weit sind und unten zugebunden werden. Dazu Husarenkittel und Russenblusen. Bei ihren Lesungen tritt sie mit Dolchen im Gürtel auf. Sie liest nur bei Kerzenlicht und untermalt ihren Vortrag mit Glockengeklingel oder spielt auf der Blockflöte. Sie ist behängt mit unechtem Schmuck, Armbändern, Ketten, Kettchen, Ohrringen, Talmiringen."[3]

Als Else Lasker-Schüler wegen ihrer Broschüre „Ich räume auf", einer Anklage gegen die Verleger als Ausbeuter der Dichter, in eine akute Notlage geriet, weil kein Verlag mehr bereit war, ihre Werke zu drucken, veröffentlichte Karl Kraus 1913 in der „Fackel" einen Spendenaufruf zugunsten der Dichterin. Im gleichen Jahr bezog Else Lasker-Schüler ein möbliertes Zimmer in der *Humboldtstraße 13* in Grunewald. Hier lernte sie das Ehepaar Ehrenbaum-Degele und deren lyrisch begabten Sohn Hans sowie den jungen Friedrich Wilhelm Murnau kennen, mit denen sie Freundschaft schloß. Seit dem Sommer 1914 wohnte Else Lasker- Schüler dann zumeist im Hotel Koschel in der Motzstraße 7 in Schöneberg. Während des ersten Weltkrieges brach sie zu wiederholten Vortragsreisen mit einem Antikriegsprogramm auf, das sie mit Franz Werfel, Theodor Däubler, George Grosz und anderen zusammengestellt hatte.

Auch ohne festen Wohnsitz war Else Lasker-Schüler doch immer seßhaft in Berlin. Mit 64 Jahren mußte sie die Stadt verlassen und aus Deutschland fliehen. Im März 1933 wurde das nach ihrer Erzählung geschriebene Schauspiel „Arthur Aronymus und seine Väter" kurz vor der Generalprobe im Schillertheater von den Nazis abgesetzt. Noch ein Jahr zuvor hatte die Dichterin den in Deutschland begehrten Kleist-Preis erhalten. Am 19. April 1933 emigrierte Else Lasker-Schüler in die Schweiz. Dort wurde sie wegen Landstreicherei aufgegriffen, als sie hilflos durch die Züricher Straßen irrte. Unter anderen organisierte Klaus Mann im Exil verschiedene Sammelaktionen für die Schriftstellerin. Seit 1934 reiste Else Lasker-Schüler dreimal nach Palästina. Der zweite Weltkrieg verhinderte 1939 ihre Rückkehr in die Schweiz. Ihre letzten Jahre verbrachte Else Laker-Schüler in einem armseligen Zimmer in Jerusalem. Sie starb am 22. Januar 1945 nach einem schweren Herzanfall und wurde auf dem Ölberg beigesetzt. Ihr Grab fiel in den sechziger Jahren dem Schnellstraßenbau der jordanischen Verwaltung im östlichen Jerusalem zum Opfer. Nach dem Sechs-Tage-Krieg 1968 kam der Ölberg wieder

---

3 Jürgen Serke: Else Lasker-Schüler, in: Die verbrannten Dichter, Weinheim 1977, S. 28

unter israelische Verwaltung. Else Lasker-Schülers Grabstein wurde auf dem von jordanischen Schützengräben durchfurchten Friedhof wiedergefunden und an anderer Stelle neu aufgerichtet.

Mynona (d.i. Salomo Friedlaender)

Der 1871 in Gollantsch/Posen geborene Schriftsteller und Philosoph war 1906 nach Berlin gekommen und lebte seit 1913 in der *Johann-Georg-Straße 20* in Halensee. Er war Stammgast im Café des Westens und zog ab 1915 mit allen anderen Stammgästen ins Romanische Café um. Als Groteskenschreiber nannte sich der Philosoph Salomo Friedlaender Mynona, eine Umkehrung des Wortes anonym. Analog zur Unsinnspoesie des Dadaismus hatte Friedlaender eine Groteskprosa entwickelt. Unter seinem Pseudonym veröffentlichte er satirische Schriften, in denen er – meist verschlüsselt – viele seiner Schriftstellerkollegen beißendem Spott aussetzte. Mynonas erster Satiren-Band „Rosa die schöne Schutzmannsfrau" erschien 1913. Außerdem schrieb Salomo Friedlaender 1922 eine philosophische Betrachtung zu George Grosz Bildern, die unter dem Titel „George Grosz von Mynona" mit Gedichten von Else Lasker-Schüler veröffentlicht wurde.
1931 resümierte Mynona in seinem Buch „Der Holzweg zurück oder Knackes Umgang mit Flöhen" die Wirkung seiner satirischen Literaturkritik: *„Grimmig-vergnügt bin heute ganz allein ich, Mynona, der Flohknacker, der von Rathenau bis Remarque das ganze Hemd der Moderne abgesucht hat."*[4]
Durch seinen literarischen Angriff auf Erich Maria Remarques Bestseller „Im Westen nichts Neues" machte sich Salomo Friedlaender bei vielen Zeitgenossen besonders unbeliebt. In seiner Schrift „Hat Erich Maria Remarque wirklich gelebt?" entlarvte er Remarques Anti-Kriegsroman als ein durchschnittliches und oberflächliches Buch, das seinen Erfolg nur der sensationsheischenden und populären Schreibweise verdanke.
Als 62jähriger mußte Mynona 1933 mit seiner Frau aus der Halenseer Wohnung fliehen und nach Frankreich emigrieren. Er ließ sich im Pariser Arbeiterviertel Ménil Montant nieder. In Frankreich veröffentlichte er seinen letzten Groteskenband „Der lachende Hiob". Da er weder über Geld noch gute Beziehungen verfügte, gelang es Mynona nicht, sich vor der deutschen Besetzung Frankreichs in Sicherheit zu bringen. 1943 sollte der jüdische Schriftsteller deportiert werden. Da er völlig entkräftet und nicht transportfähig war, fand sich seine Frau Marie Luise statt seiner im Sammellager Drancy ein. Dort wurde sie im April 1943 als „non-juive" wieder entlassen. Das Ehepaar lebte danach in ständiger Angst vor erneuter Verhaftung und

---

[4] Zit. nach: Jürgen Serke: Salomo Friedlaender, in: Die verbrannten Dichter 1977, S. 223

Deportation, blieb dann aber wie durch ein Wunder unbehelligt und erlebte die Befreiung der französischen Hauptstadt. Mynona starb 1946 in Paris.

Salomo Friedlaender
(Foto Landesbildstelle Berlin)

Rainer Maria Rilke und Lou Andreas-Salomé

Von 1897 bis 1901, während der sogenannten Studienjahre, lebte der 1875 in Prag geborene Sohn eines Eisenbahnbeamten und einer schriftstellerisch ambitionierten Mutter René Maria Rilke in Berlin. In München hatte der junge Dichter die durch eine Schrift über Nietzsche und die Erzählung „Ruth" bekanntgewordene Schriftstellerin Lou Andreas-Salomé kennengelernt, und um ihr nahe zu bleiben, war er ihr nach Berlin gefolgt. Bereits zuvor hatte René Maria Rilke die Melodie seines Namens vervollkommnet und war zum Rainer Maria Rilke geworden.
Lou Andreas-Salomé, die in Berlin über ausgezeichnete Verbindungen verfügte, führte den jungen Dichter in die Berliner Gesellschaft ein: In die Häuser Gerhart Hauptmanns, Walther Rathenaus, Maximilian Hardens oder Samuel Fischers. Hier lernte Rilke auch Richard Dehmel und Stefan George kennen, der ihn stark beeindruckte. Im privaten teilte Rainer Maria Rilke *„ganz unsere sehr bescheidene Existenz am Schmargendorfer Waldrande bei Berlin, wo in wenigen Minuten der Wald in die Richtung Paulsborn führte, vorbei an zutraulichen Rehen, die uns in die Manteltaschen schnupperten, während wir uns barfuß ergingen – was mein Mann uns gelehrt hatte. In der kleinen Wohnung, wo die Küche den einzigen wohnzimmerlichen Raum außer meines Mannes Bibliothek darstellte, assistierte Rainer mir nicht selten beim Kochen, insbesondere wenn es sein Leibgericht, russische Topfgrütze, oder auch Borschtsch gab.... in seinem blauen Russenhemd mit rotem Achselschluß half er mir Holz zerkleinern oder Geschirr trocknen, während wir dabei ungestört bei unseren verschiedenen Studien blieben."* [1]
So berichtete Lou Andreas-Salomé in ihrem Lebensrückblick über Rilkes Berliner Zeit.
Die Wohngemeinschaft mit Lou und ihrem Ehemann, dem Orientalisten Friedrich Carl Andreas, währte vom 1. August 1898 bis zum 20. Oktober 1900. Auch Rilkes erste Berliner Wohnung *Im Rheingau 8* und die vorletzte Bleibe *Misdroyer Straße 1* lagen im heutigen Bezirk Wilmersdorf. In der Misdroyer Straße beklagte sich Rilke häufig über den Lärm aus den zahlreichen nahen Gartenlokalen des zu dieser Zeit beliebten Berliner Ausflugsortes Schmargendorf.[2]

---

[1] Lou Andreas-Salomé: Lebensrückblick. Grundriß einiger Lebenserinnerungen, Zürich 1951, S. 145
[2] Vgl.: Kurt Pomplun: Wo Rilke seinen Cornet schrieb, in: Berlinisch' Kraut und märkische Rüben, Berlin 1976, S. 48

Der Dichter hatte bewußt den Vorort Schmargendorf als Berliner Wohnsitz gewählt; er suchte hier Ruhe zur Arbeit. Berlin als Großstadt schien ihn dagegen wenig zu begeistern, denn weder damals noch in seinem späteren Werk hat sich Rilke je mit der jungen Metropole Berlin literarisch auseinandergesetzt. Womöglich schien ihm Berlin neben den anderen europäischen Großstädten nicht alt und würdevoll genug. Das größte Aufsehen während der Wilmersdorfer Zeit erregte Rainer Maria Rilke mit der Erstfassung des „Cornets", die er im Schmargendorfer Landhaus während einer einzigen stürmischen Herbstnacht zu Papier brachte. Eine überarbeitete Fassung erschien 1906 als Nummer 1 der später so erfolgreichen Insel-Bücherei: „Die Weise von Liebe und Tod des Cornets Christoph Rilke" wurde sofort ein Bestseller und eines der erfolgreichsten und meistverkauften Bücher der deutschen Literaturgeschichte. Außerdem schrieb Rilke in Schmargendorf den ersten Teil des „Stundenbuchs": das „Buch vom mönchischen Leben".
Der Berliner Aufenthalt Rilkes wurde durch zwei ausgedehnte Rußlandreisen, 1899 mit dem Ehepaar Andreas, 1900 mit Lou Andreas-Salomé allein, unterbrochen. Weitere Reisen führten nach Italien und in die Künstlerkolonie Worpswede, wo Rilke seine spätere Frau, die Bildhauerin Clara Westhoff kennenlernte. Vor dem Umzug mit seiner Frau nach Westerwede bei Bremen wohnte Rilke noch einige Wochen im Hotel Metzler, Burgstraße 11, im Stadtzentrum Berlins. Bereits 1902 scheiterte seine Ehe mit Clara Westhoff, und Rilke übersiedelte nach Paris, wo er auf den Bildhauer Auguste Rodin traf, dessen Sekretär er in den Jahren 1905 und 1906 wurde.
Nach der Trennung von Rilke zog Lou Andreas-Salomé ins Charlottenburger Westend und folgte 1903 ihrem Ehemann Friedrich Andreas nach Göttingen, der dort einen Ruf an die Universität erhalten hatte. 1912 traf sie in Berlin mit dem Psychoanalytiker Karl Abraham zusammen und nahm im gleichen Jahr an Sigmund Freuds „Mittwochssitzungen" und den „Samstags-Kollegs" in Wien teil. Seit 1915 unterhielt Lou Andreas-Salomé eine eigene psychoanalytische Praxis in Göttingen.
Die Villa Waldfrieden in der *Hundekehlestraße 11* mußte 1910 einem Mietshaus weichen. Gegenüber, in der *Hundekehlestraße 31* blieb eine alte Villa erhalten. Das schmucke Gebäude, das einer florentinischen Stadtvilla gleicht, weckt Erinnerungen an die bauliche Umgebung Schmargendorfs zur Zeit Rainer Maria Rilkes und Lou Andreas-Salomés.

> **BERLINER GEDENKTAFEL**
>
> In der früher hier stehenden »Villa Waldfrieden«
> lebte von 1898 bis 1900
> ## RAINER MARIA RILKE
> 4.12.1875–29.12.1926
>
> Lyriker, schrieb hier 1899 die Erstfassung der
> *Weise von Liebe und Tod des Cornets Christoph Rilke*

Gedenktafel Hundekehlestraße 11
(Foto Bezirksamt Wilmersdorf)

*Gedenktafel Erdener Straße 8
(Foto Bezirksamt Wilmersdorf)*

Berliner Verleger

Samuel Fischer

„S. Fischer war ein kleiner, unerhört befähigter Mann mit einer kleinen, nur auf den geistigen Höhen wandelnden Frau. Sie hatten im Grunewald eine Villa und empfingen dort alles, was in der Literatur Namen hatte." – So erinnerte Tilla Durieux in ihren Memoiren an das Verlegerehepaar.[1]
Der Gründer des berühmten Verlages mit dem Fischer im Signet war Hausherr eines der gastlichsten Häuser Grunewalds, denn Sammy Fischer, wie ihn seine Freunde liebevoll nannten, legte Wert auf persönlichen Kontakt zu seinen Autoren. In der *Erdener Straße 8* kamen alle zusammen, die nach Auskunft Brigitte Bermann-Fischers *„zum intimeren Freundeskreis gehörten: Gerhart und Carl Hauptmann, Thomas Mann, Rainer Maria Rilke, Moritz Heimann..., um nur einige zu nennen".*[2]
Die einzigartige Atmosphäre ihres gastlichen Elternhauses mit behäbigen Platanen, Laubengang und einem Tennisplatz im Garten hat die Tochter der Fischers so geschildert: *„Das Eßzimmer hatte fünf große, bis zum Boden gehende Fenster, an den Wänden standen alte holländische Barockbuffets mit silbernen Leuchtern und in der Mitte der behäbige Eßtisch aus dem gleichen Walnußholz, umgeben von hochlehnigen Lederstühlen, auf denen der Fischer mit dem Netz eingeprägt war. Die Glastüren nach dem kleinen, zierlichen, mit hellem Kirschholz paneelierten Teezimmer und seinem runden Biedermeier-Tisch, -Sofa und -Stühlen, die mit grün-weiß gestreifter Seide bespannt waren, und den Biedermeier-Glasschränken an den Wänden, standen immer offen. Von da aus ging man auf die gedeckte Terasse und hinaus in den Garten. Etwas Sonntägliches atmete in diesen Räumen ... Es war ein festliches Haus, darauf eingestellt, die anwachsende Autorenfamilie und den großen Berliner Künstlerkreis zu empfangen und zu bewirten."*[3]
Felix Salten, der damals Feuilletonredakteur der Wiener Zeitung „Die Zeit" war, beschrieb das Fischer-Haus im Jahre 1910 in seinem Aufsatz „Spaziergang in Berlin". Er schätzte besonders den *„unvergleichlichen Reiz, als bummelnder oder als geschäftiger Fremder in der Stadt drin zu wohnen, in der Stadt umherzulaufen, sich umklingen und umdröhnen zu lassen von dem siedenden Tumult dieses Lebens, dann aber mit einem Automobil*

---

1 Tilla Durieux: Eine Tür steht offen, Berlin 1954, S. 64
2 Brigitte Bermann-Fischer: Sie schrieben mir oder was aus meinem Poesiealbum wurde, München 1982, S. 45
3 ebd.: S. 16f

blitzschnell hinauszurasen, zu dem Haus im Grunewald und dort still zu sitzen. Es ist, wie wenn man unter dem Wasser geschwommen wäre, bis es einem in den Ohren braust, bis einem die Schläfen hämmern und ein eherner Druck einem die Brust umpreßt. Dann aber taucht man auf, und die Luft streicht einem beschwichtigend über die Wangen, und man hat das himmlische Glück der tiefen Atemzüge."[4]

Im Verlegerhaushalt wurde gern die Kammermusik gepflegt, und als Albert Einstein *„bekanntlich keine große musikalische Kapazität"* (Brigitte Bermann-Fischer) mit der Tochter des Verlegers am Klavier und der Schwiegertochter Gerhart Hauptmanns, die eine ausgebildete Konzert-Geigerin war, das Doppelkonzert von Bach spielte, soll der Physiker seine Partnerin angeherrscht haben: *„Spielen Sie doch nicht so laut!"*[5], da ihr großer, voller Ton ihn überspielte.

Samuel Fischer, der 1859 in Ungarn geboren wurde, gründete 1886 in Berlin seinen Verlag, durch den eine ganze Generation von Schriftstellern entdeckt und berühmt wurde. Das Fischersche Verlagshaus hatte seinen Sitz im alten Berliner Westen in der Bülowstraße 30. Zu Beginn seiner Verlegertätigkeit förderte S. Fischer besonders den jungen Naturalimus; er gehörte 1889 zu den Mitbegründern der „Freien Bühne" Otto Brahms. Seit 1903 wohnten Samuel und Hedwig Fischer in Grunewald – bis 1905 in der *Wissmannstraße 3*, danach erwarb die Familie das Anwesen in der Erdener Straße. Der jüdische Verleger hatte sich nach 1933 hartnäckig geweigert, die Auswanderung aus Deutschland auch nur in Erwägung zu ziehen. Sein Tod am 15.10.1934 ersparte Samuel Fischer das Exil. Seine Frau Hedwig harrte sogar bis 1939 in der Grunewaldvilla aus, bevor sie in letzter Minute von Tochter und Schwiegersohn ins Ausland nachgeholt wurde. Nach Samuel Fischers Tod übernahm sein Schwiegersohn Gottfried Bermann die Verlagsleitung. Er hatte 1928 mit Siegfried Kracauer und dessen Roman „Ginster" dem Verlag eine neue Autorengeneration zugeführt. Gottfried Bermann und seine Frau Brigitte lebten nur einen Steinwurf von der elterlichen Villa entfernt in der *Gneiststraße 7*. Von dort flüchteten sie sich Anfang 1933 mit ihren drei Töchtern in das abgelegene Haus ihres Freundes Kurt Hauser am Nikolassee, um vor dem wachsenden Straßenterror der SA besser geschützt zu sein. Samuel und Hedwig Fischer hielten sich währenddessen mit Gerhart Hauptmann zum traditionellen Frühjahrsurlaub in Rapallo auf.[6]

Trotzdem war Gottfried Bermann zu Beginn der NS-Herrschaft noch optimistisch gestimmt, denn die Stammautoren des Fischer-Verlages Thomas Mann, Gerhart Hauptmann, Hermann Hesse, George Bernard Shaw,

---
[4] Zit. nach: ebd., S. 17
[5] Zit. nach: ebd., S. 24
[6] Vgl.: Gottfried Bermann-Fischer: Bedroht. Bewahrt. Der Weg eines Verlegers, Frankfurt/M. 1967, S. 86f

Eugene O'Neill und andere konnten auch 1933 noch verlegt werden. Bermanns Kollegen vom Kiepenheuer-Verlag Fritz Landshoff und Walter Landauer hatten dagegen Deutschland sofort nach der Machtübergabe zusammen mit ihren Autoren Ernst Toller, Joseph Roth, Anna Seghers, Hermann Kesten und Heinrich Mann verlassen, da diese Schriftsteller wegen ihrer politischen Haltung aufs höchste gefährdet waren. Von einem Zusammentreffen mit Gottfried Bermann am 22.6.1933 in Paris berichtete Harry Graf Kessler:

„Bermann sagt, daß der Fischer-Verlag in keiner Weise belästigt worden sei, auch keine Nazizelle habe. Ja er selbst sei, obwohl Jude, in den Überwachungsausschuß für „Schund und Schmutz" berufen worden... Überhaupt werde das Regime allmählich milder. Gewisse Leute (Juden), die sie vertrieben hätten (namentlich in der Kinobranche), bäten sie auf den Knien, wieder zurückzukehren, weil sie ohne sie nicht auskämen."[7]

Diese optimistische Einschätzung wurde bald widerlegt, und 1935 rückte die Gestapo mit Lkws in das Fischer-Verlagshaus vor, um die Bücher Alfred Kerrs, Arthur Holitschers und anderer jüdischer und verbotener Autoren zu beschlagnahmen. Da der Hauptbestand der beschlagnahmten Titel sich im Auslieferungslager in Leipzig befand, konnte Gottfried Bermann etwa 780 000 Bände aus seinem Verlag ins Ausland retten. Ende 1935 begann für die Familie Bermann-Fischer das Exil.

„Nach schwierigen Verhandlungen mit dem Propagandaministerium war es uns gelungen, einen großen Teil des Verlags mit den Verlagsrechten und dem Buchlager der von den Nazis verbotenen oder „unerwünschten" Autoren nach Wien zu verlegen und Deutschland zu verlassen. Es war ein mächtiges, ein befreiendes Gefühl, dem allen entronnen zu sein!"[8]

In Wien gründete Gottfried Bermann-Fischer seinen ersten Exilverlag. Nach dem „Anschluß" Österreichs 1938 flüchtete er mit seiner Frau und den Töchtern nach Stockholm. Obwohl sie bei der erneuten Flucht alles zurücklassen mußten, konnten Gottfried Bermann und seine Frau am 3.5.1938 in Stockholm einen neuen Verlag ins Leben rufen. Als 1940 deutsche Truppen auch in Norwegen einmarschierten, mußte die Verlegerfamilie erneut zu einer unfreiwilligen Weltreise aufbrechen, die über die Sowjetunion und Japan schließlich in die USA führte. 1941 gründeten Brigitte und Gottfried Bermann-Fischer in New York ihren dritten Exilverlag.

Obwohl in den Vereinigten Staaten heimisch geworden, kehrten die Bermann-Fischers nach dem Krieg nach Berlin zurück, um den in der Zwischenzeit von Peter Suhrkamp treuhänderisch verwalteten Stammverlag wieder aufzubauen. Wegen der damals unsicheren politischen Lage der

---

[7] Harry Graf Kessler: Tagebücher 1918-1937, Wolfgang Pfeiffer-Belli (Hrsg.), Frankfurt/M. 1982, S. 768f
[8] Brigitte Bermann-Fischer: Sie schrieben mir, München 1982, S. 131

ehemaligen Reichshauptstadt zog der Suhrkamp-Verlag vormals S. Fischer 1947 nach Frankfurt am Main. Aufgrund verlagspolitischer Differenzen trennten sich Peter Suhrkamp und Gottfried Bermann-Fischer 1950. Hedwig Fischer, die Witwe des Verlagsgründers, kehrte ebenfalls nach dem Krieg nach Deutschland zurück. Sie starb 1952 in Frankfurt. Samuel Fischers Grab befindet sich auf dem jüdischen Friedhof in Berlin-Weißensee.

August Scherl

Neben Leopold Ullstein und Rudolf Mosse gehörte August Scherl zum Dreigestirn der Berliner Pressezaren. Im Gegensatz zu den Blättern der beiden großen jüdischen Familienunternehmen, die in einer demokratischen und antiimperialistischen Tradition standen, waren Scherls Zeitungen Ausdruck seiner stramm wilhelminischen und konservativen Gesinnung. Mit der Gründung des „Berliner Lokalanzeiger" (1883), des ersten modernen Massenblatts nach amerikanischem Muster, konnte sich Scherl eines sensationellen Erfolgs erfreuen, der die deutsche Pressegeschichte revolutionierte. August Scherl hatte um 1899 in Grunewald einen umfangreichen Besitz erworben, doch der schrullige und menschenscheue Verleger konnte sich nie dazu entschließen, dort auch zu wohnen. Sein ehemaliger Nachbar, der Bankier Carl Fürstenberg, berichtete über das weitläufige Grundstück August Scherls:
„*Scherl, der mir nicht den Ruhm lassen wollte, dort den größten Park mein eigen zu nennen, kaufte seinerseits alle an seinen Besitz angrenzenden Grundstücke auf (...) Als Scherl sich so im Besitz eines Wohnhauses befand, das seinen Ansprüchen auf Einsamkeit zu entsprechen schien, konnte er sich niemals zum Einziehen in dieses Haus entschließen. Er ging wiederholt um das Gebäude herum, mibilligte es und ließ es wieder abreißen... Einige Zeit später ließ er auf den Ruinen des alten Gebäudes einen schönen Neubau durch den Münchener Architekten Emanuel von Seidel errichten, ein Haus, das er aber nur flüchtig besucht hat.*" [9]
Der Schlüssel zu Scherls merkwürdigem Verhalten war seine vergötterte und von ihm eifersüchtig bewachte Frau Therese. Für sie hatte er 1899 im geheimen die erste Grunewaldvilla errichten lassen. Therese Scherl war von der kitschigen, überladenen Architektur dieses Hauses entsetzt, woraufhin ihr Ehemann den sofortigen Abriß veranlaßte, wenn auch Therese ob dieser Verschwendung heftig protestierte. Zum Baustil der Scherlschen Villa bemerkte der Berliner Lokalschriftsteller Kurt Pomplun, daß die Architektur

---

9 Carl Fürstenberg: Die Lebensgeschichte eines deutschen Bankiers, Fürstenberg, Hans (Hrsg.), Wiesbaden 1961, S. 323f

zwar *„grauslig"* war *„aber auch nicht schlimmer als das, was man zu jener Zeit baute, das noch jetzt in Grunewald zu finden ist..."* [10]
Das zweite Scherlsche Haus wurde von der Architekturkritik gelobt, denn es *„beweist nicht nur von neuem die bewährte Meisterschaft des Architekten, sondern legt auch von dem guten Geschmack des Bauherrn rühmliches Zeugnis ab".* [11]
Nach Kurt Pompluns Mutmaßungen dürfte es eher der gute Geschmack der Frau Therese gewesen sein. Da Scherl die Villa und das Grundstück nie bewohnte, wurde es von seinen Erben bald parzelliert und mit vielen Einzelwohnhäusern bebaut. Von der alten Villa blieben nur Reste des Portals übrig, das heute an der Zufahrt zur *Bismarckallee 42* liegt.
Der Verlag August Scherls wurde nach dessen Rückzug ins Privatleben 1914 vom Deutschen Verlagsverein übernommen. Dieser war eine „Notgründung" der Scherlschen Hauptanteilseigner, die eine Verlagsübernahme durch die liberalen Pressehäuser Mosse oder Ullstein vermeiden wollten, um eine Pressekonzentration „in jüdischer Hand" zu verhindern. Mit seiner antisemitisch motivierten Aktion hielt dieser Verein den Weg frei für den Verlagsaufkauf durch den finanzkräftigen Alfred Hugenberg, der wiederum durch die spätere Beherrschung der deutschen Rechtspresse den Nazis den Weg zur Versklavung der gesamten deutschen Presse ebnete.

Rudolf und Emilie Mosse

Auch die Biographie des liberalen Presseverlegers Rudolf Mosse führte nach Berlin-Wilmersdorf. 1871 hatte er das renommierte „Berliner Tageblatt" gegründet, das unter seinem Chefredakteur Theodor Wolff Auflagen von fast 300 000 Stück erreichte und Weltruf errang.
Das sozial engagierte Verlegerehepaar Rudolf und Emilie Mosse stiftete 1893 ein Kinderheim, das am 1. April 1895 in Wilmersdorf eröffnet wurde. Es sollte vorrangig Kinder des verarmten gebildeten Mittelstandes aufnehmen, um ihnen eine qualifizierte Ausbildung zu sichern und eine Lücke in der öffentlichen Armenfürsorge zu schließen. Die Stifter wünschten ausdrücklich, daß christliche und jüdische Kinder gleichrangig aufgenommen werden sollten.
In der Stiftungsurkunde hieß es dazu:
„Die Stiftung bezweckt die unentgeldliche Pflege bedürftiger Kinder, vorzugsweise aus den gebildeten Ständen ohne Unterschied des Glaubensbekenntnisses."
Antisemitische Schriften unterstellten hierin den Mosses eine besondere Perfidie, mit der sie angeblich unter dem Deckmantel der Wohltätigkeit Ein-

---
10 Kurt Pomplun: Berliner Häuser. Geschichte und Geschichten. Berlin 1975, S. 103
11 Zit. n.: ebd., S.104

fluß auf die Religion der Kinder zu nehmen versucht hätten. Da die Mosses kinderlos blieben, nahmen sie selbst ein elternloses Mädchen auf und adoptierten es. Auch die Betreuung der Heimzöglinge überließ Rudolf Mosse nicht ausschließlich dem Pflegepersonal, wie sein Chefredakteur Theodor Wolff in der Grabrede berichtete:
„*Er liebte vor allem die Kinder. Man kannte ihn ganz erst, wenn man gesehen hatte, wie er mit den eigenen Enkeln oder mit den kleinen Zöglingen des Erziehungsheims zu spielen verstand.*"[12]
Der wirtschaftliche Erfolg des Mosse-Verlages blieb eng an die Person des Verlagsgründers geknüpft. Seine Blätter gehörten zu den seltenen demokratischen Befürwortern der Weimarer Republik. 1920 starb Rudolf Mosse. Der sprichwörtliche „Geist des Hauses Mosse" lebte aber in der Persönlichkeit von Rudolf Mosses Neffen, Theodor Wolff, dem Chefredakteur des „Berliner Tageblatts" weiter. Unter anderem wegen der Konkurrenz des Hugenberg-Konzerns und Übergriffen des Mosseschen Stiefschwiegersohnes Hans Lachmann-Mosse in die Redaktionsarbeit kam es zum ökonomischen Verfall des einst blühenden Unternehmens. Im Herbst 1932 mußte der Verlag Konkurs anmelden, die Firma wurde in eine Rudolf-Mosse-Stiftung umgewandelt. Während der Bemühungen um einen Vergleich mit den verschiedenen Gläubigern bemächtigten sich die Nationalsozialisten des Verlagshauses. Theodor Wolff wurde unter Drohungen genötigt, die Redaktion des „Berliner Tageblatt" niederzulegen.[13] Nach 27 jähriger Tätigkeit als Chefredakteur ging er nach Paris ins Exil. Nach der deutschen Besetzung Frankreichs wurde Theodor Wolff verhaftet. Die Nazis schleppten ihn durch elf verschiedene Konzentrationslager. Er starb am 23.9.1943 im Zustand völliger Erschöpfung, nachdem man ihn ins Jüdische Krankenhaus an der Iranischen Straße in Berlin eingeliefert hatte.
Das Mossesche Kinderheim wurde geschlossen, 1936 an seiner Stelle eine Kinderklinik eingerichtet. Heute ist das Haus in der *Rudolf-Mosse-Str. 11* wieder als Mossestift bekannt und wird vom Bezirksamt Wilmersdorf als Jugend- und Lehrlingswohnheim genutzt.

Die Brüder Ullstein und der „Staranwalt" Max Alsberg

Im Jahre 1877 hatte Leopold Ullstein in Berlin seinen traditionsreichen Verlag gegründet. Nach dem Tod des Gründers 1899 übernahmen dessen 5 Söhne das väterliche Geschäft. Das Verlagshaus der Ullsteins hatte seinen

---
[12] Theodor Wolff: Zit. n. Bernd Sösemann, Rede am 9.5.89 anläßlich einer Gedenktafelenthüllung für Rudolf Mosse, unveröffentlichtes Manuskript
[13] Vgl.: Peter de Mendelssohn: Zeitungsstadt Berlin. Menschen und Mächte in der Geschichte der deutschen Presse. Frankfurt/Berlin/Wien 1982, S. 401

Sitz natürlich im geschäftigen Berliner Zeitungsviertel im Stadtzentrum, an der Kochstraße/Ecke Charlottenstraße. Ihre Wohnhäuser richteten sich 4 der Ullstein-Erben im Vorort Grunewald ein:
Der älteste Sohn Hans Ullstein bewohnte 1903 in der *Bettinastraße 4* eine weitläufige Villa (nach mehrmaligen Umbauten richtete das Deutsche Rote Kreuz dort in den sechziger Jahren ein Krankenhaus ein), Louis Ullstein wohnte in der *Höhmannstraße 10*, sein Bruder Hermann Ullstein in der *Taunusstraße 7*. Auch Franz Ullstein, der „Intellektuelle" der Familie bezog Ende der zwanziger Jahre mit seiner damaligen Frau Rosie Grünberg ein Grunewaldheim. Um ihn und einige der Ullsteinschen Neffen und Schwiegersöhne, die nach und nach in das Verlagshaus eintraten, entbrannte zu Beginn der 30er Jahre ein heftiger Familienzwist, in dem der Strafverteidiger Max Alsberg die Interessen Franz Ullsteins und dessen Frau vertrat. Max Alsberg wohnte in der Nachbarschaft der Ullsteins, in der damaligen *Jagowstraße 22* (heute *Richard-Strauss-Straße 22*). Alsberg war der populärste deutsche Anwalt der Weimarer Republik; wenn er seine Plädoyers hielt, waren die Pressebänke der Gerichtssäle stets vollbesetzt. Max Alsberg machte sich außerdem als Autor juristischer Fachliteratur einen Namen: 1913 erschien „Justizirrtum und Wiederaufnahme", 1930 schrieb er „Die Philosophie der Verteidigung". Alsberg widmete sein literarisches Talent jedoch nicht nur juristischen Standardwerken, auch als Theaterautor war er erfolgreich. Seine Stücke befaßten sich immer mit rechtlichen Problemen und wurden in den zwanziger und Anfang der dreißiger Jahre gern aufgeführt. Mit den Schauspielern Albert Bassermann und Emil Jannings war der musisch inspirierte Jurist gut befreundet.
Der „Fall Ullstein" handelte von einem Familienstreit, der durch die Heirat Franz Ullsteins mit der in seiner Familie unbeliebten Rosie Grünberg ausgelöst wurde. Die anderen Ullstein-Brüder fürchteten Rosie Grünbergs Einmischung in redaktionelle Angelegenheiten. Franz Ullstein sollte vor die Alternative Scheidung oder Aufgabe seines Aufsichtsratspostens gestellt werden. In dieser unerfreulichen Situation trieben einige der Ullsteinschen Erben einen zwielichtigen französischen Presseagenten auf, der Rosie Grünberg der Spionage für Frankreich bezichtigte. Für den Fall ihrer Anklage bat Rosie Grünberg Max Alsberg um ihre Verteidigung. Inzwischen war Franz Ullstein – am 28.1.1930 – fristlos gekündigt worden, und die Ehe mit Rosie Grünberg scheiterte unabhängig von der familiären Erpressung. Die bürgerliche Berliner Presse schwieg den peinlichen Familienkonflikt im Ullsteinhaus tot – auch die ehemalige Ullsteinredakteurin Vicki Baum überging in ihren Memoiren diesen Konflikt diskret –, während rechtsnationalistische und antisemitische Blätter genüßlich gegen das traditionsreiche jüdische Verlagshaus hetzten. Um diese Stimmungsmache nicht zu begünstigen, wollte Rosie Grünberg die gegen die Ullsteins angestrengte Verleumdungs-

klage fallenlassen, da die Staatsanwaltschaft wegen des Spionagevorwurfs auf Ermittlungen verzichtet hatte. Zu Recht befürchtete Rosie Grünberg die Ausschlachtung des Familiendramas durch die rechte Presse. Max Alsberg, der diese Stimmung ignorierte, überredete seine Mandantin dennoch zur Klage: Der Prozeß gegen die Ullsteinschen Neffen und Schwiegersöhne fand 1931 statt.

Weitere prominente Klienten des Berliner Staranwalts waren sowohl der reaktionäre Karl Helfferich, den Alsberg gegen Erzbergers Klage der üblen Nachrede verteidigte, als auch der Weltbühnenherausgeber Carl von Ossietzky. Ihn vertrat Alsberg – leider erfolglos – gegen den Vorwurf des Landesverrats. Sein Biograph Curt Riess wirft Max Alsberg deshalb politische Ahnungslosigkeit vor.[14]

Anfang März 1933 wurde Max Alsbergs letztes Theaterstück „Konflikt" im Theater an der Stresemannstraße (heute Hebbeltheater) in Berlin aufgeführt. Doch bald nach der Premiere wurde das Stück wegen seines jüdischen Autors boykottiert. Der von den Nazis erlassene und von der Anwaltskammer übernommene „Arierparagraph" zwang den prominenten jüdischen Anwalt Max Alsberg frühzeitig ins Exil. Obwohl er aus dem Ausland zahlreiche Arbeits- und Lehrangebote erhielt, hat Alsberg seine Vertreibung aus Deutschland nicht verkraftet. Er erlitt in der Schweiz einen Nervenzusammenbruch und nahm sich anschließend in einem Sanatorium das Leben. Als einzige deutsche Zeitung wagte das Grunewald-Echo, das Provinzblättchen aus der Villenkolonie, einen Nachruf auf den berühmtesten deutschen Strafverteidiger zu veröffentlichen.

Die weitverzweigte Ullsteinfamilie wurde während der NS-Zeit über die halbe Welt zerstreut und ihres Vermögens weitgehend beraubt. Nach dem Kriege gelang es den nach Berlin zurückgekehrten Familienmitgliedern nicht mehr, den Verlag in seiner alten Größe wiederaufzubauen. Im Dezember 1959 erwarb Axel Springer den Ullstein-Verlag.

---

14 Vgl.: Curt Riess: Der Mann in der schwarzen Robe. Das Leben des Strafverteidigers Max Alsberg, Hamburg 1965

Bestseller-Autoren

Vicki Baum

Als Redakteurin beim Ullsteinverlag startete die Roman- und spätere Drehbuchautorin Vicki Baum ihre internationale Karriere. Den Eintritt in das renommierte Verlagshaus beschrieb sie in ihren Memoiren als den *„Auftakt zu den glücklichsten, interessantesten und fruchtbarsten Jahren meines Lebens, 1926 bis 1931, Ullsteinhaus, dritter Stock".*[1]
Bei Ullstein veröffentlichte Vicki Baum ihren Erfolgsroman „Menschen im Hotel", der später in Hollywood verfilmt wurde. Die Autorin hatte sich im Hotel Excelsior an der Königgrätzer/Ecke Anhalter Straße als Zimmermädchen anheuern lassen, um zur Steigerung der Authentizität Studien für ihr Buch zu betreiben.
Vicki Baum bewohnte mit ihrem Mann Richart Lert, der Generalmusikdirektor an der Staatsoper Unter den Linden war, eine Wohnung in der *Koenigsallee 45-47* in Grunewald. Ihre beiden Söhne besuchten das nahegelegene Grunewald-Gymnasium:
„Wir wohnten nahe den Grunewaldseen, und in der warmen Jahreszeit fuhren wir nach einem leichten Frühstück allesamt hinaus, um rasch ein paar Stöße zu schwimmen... Dann brachten wir, mein Mann und ich, die Kinder zur Schule, aber um Himmels willen nie bis an den Eingang: wer im Wagen vorfuhr, war als Dicketuer gezeichnet."[2]
Die Wohnung der Baums lag im ausgebauten *„Dienstbotengeschoß einer prächtigen, palastartigen Villa mit Garten, Privatsee und einem lecken alten Ruderkahn".*[3]
Auf demselben Grunewalder Seegrundstück bewohnte zur gleichen Zeit der Schriftsteller und ehemalige Räterepublikaner Ernst Toller ein kleines Gartenhaus, das ihm Freunde zur Verfügung gestellt hatten.
Zur Verfilmung ihres erfolgreichsten Romans „Menschen im Hotel" reiste Vicki Baum 1931 zum ersten Mal nach Hollywood. Nach ihrer kurzfristigen Rückkehr entschied sie sich angesichts der politischen Verhältnisse und des wachsenden Antisemitismus in Deutschland 1932 zur endgültigen Übersiedlung in die Vereinigten Staaten. In Deutschland wurden die Schriften der jüdischen Schriftstellerin von den Nationalsozialisten verboten und verbrannt. 1938 erhielt Vicki Baum die amerikanische Staatsbürgerschaft.

---

1 Vicki Baum: Es war alles ganz anders, Berlin 1962, S. 353
2 ebd., S. 378
3 ebd.

Erich Maria Remarque

Durch seinen 1929 veröffentlichten Antikriegsroman „Im Westen nichts Neues" wurde der junge Redakteur und Schriftsteller Erich Maria Remarque schlagartig berühmt. 1889 war er als Erich Paul Remark im westfälischen Osnabrück geboren worden. Ob ihn das Beispiel eines großen Dichters zu seinem Künstlernamen inspiriert hat, läßt sich nur vermuten. In seinen Tagebuchaufzeichnungen beschrieb Harry Graf Kessler den 31-jährigen Bestseller-Autoren:
„*Mittags war Erich Maria Remarque anderthalb Stunden bei mir…Niedersächsischer junger Bauernkopf, hart geschnitten, zerfurcht, blond mit blauen Augen und blonden Augenbrauen. Fester, manchmal etwas ins Lyrische abschweifender Ausdruck.*"[4]
Der aus kleinbürgerlichen Verhältnissen stammende Schriftsteller hatte als junger Soldat am ersten Weltkrieg teilgenommen und war zum überzeugten Pazifisten geworden. Seine literarische Laufbahn begann er nach dem Krieg als Reklamedichter für die Continental-Gummi-Fabrik in Hannover. Schon damals träumte er davon, als Redakteur für Mosse oder Ullstein in Berlin zu arbeiten, fand dann aber (1925) eine Anstellung als Sportredakteur bei Scherls „Sport im Bild". Da sich Erich Maria Remarque bewußt war, daß Scherls Zeitungen kein literarisches Niveau besaßen, hoffte er insgeheim auf eine Veröffentlichung in der „Vossischen" oder dem „Berliner Tageblatt". In seiner Wilmersdorfer Wohnung *Wittelsbacher Straße 5* schrieb Remarque seinen Erfolgsroman, der ihm den Absprung ermöglichte: 1928 erschien „Im Westen nichts Neues" als Vorabdruck in der „Vossischen Zeitung". Bereits Ende 1929 war das Buch in 12 Sprachen übersetzt worden und erreichte eine Auflagenhöhe von anderthalb Millionen Exemplaren.
Ebenso aufsehenerregend wie das Buch war die Verfilmung des Romans durch den Hollywood-Regisseur Levis Milestone, die am 4. Dezember 1930 im Theater am Nollendorfplatz uraufgeführt wurde. Die Kinovorführungen des Streifens wurden von den Nationalsozialisten dann aber derart massiv gestört, daß der Film noch im selben Jahr verboten wurde. Dies veranlaßte Erich Maria Remarque, bereits 1931 aus Deutschland in die Schweiz zu emigrieren. In Deutschland wurden seine Bücher am 10. Mai 1933 wegen „literarischem Verrat am Soldaten des Weltkrieges" verbrannt. Bei Ausbruch des zweiten Weltkriegs übersiedelte Erich Maria Remarque in die USA und erwarb 1947 die amerikanische Staatsbürgerschaft. 1948 kehrte er in die Schweiz zurück; er starb im September 1970 in Locarno.

---

[4] Harry Graf Kessler. Tagebücher, Frankfurt/M. 1982, S. 625

*Erich Maria Remarque, 1956
(Foto Landesbildstelle Berlin)*

Friedrich Wilhelm Murnau (links) mit Alexander Granach
(Foto Akademie der Künste Berlin)

Pioniere der Filmkunst

Friedrich Wilhelm Murnau

Der später berühmte Stummfilmregisseur Friedrich Wilhelm Murnau wurde 1888 in Bielefeld als Friedrich Wilhelm Plumpe geboren. An der Stelle seines Geburtshauses in der dortigen Bahnhofstraße steht heute ein Filmtheater! Das Studium der deutschen Philologie und Kunstgeschichte führte den jungen Plumpe ab 1905 nach Heidelberg und Berlin, wo er seit 1907 ein Zimmer zur Untermiete in der Charlottenburger Krumme Straße bewohnte.
„Das war keine „Studentenbude", sondern das beste Zimmer einer vornehmen Etagenwohnung...und den vornehmen Allüren des Herrn Studenten entsprechend nach persönlichem Geschmack ausgestattet"[1], berichtete Robert Plumpe, der seinen Bruder dort 1909 besucht hat. Nur wenige Zeit später gab Friedrich Wilhelm Plumpe sein Philologiestudium auf, um an die Schauspielschule Max Reinhardts zu wechseln. Inzwischen war der jugendliche Ästhet auch seinen ungeliebten Nachnamen losgeworden. Auf einer Reise durch Oberbayern, die er mit seinem Freund und Kommilitonen, dem begabten Nachwuchslyriker Hans Ehrenbaum-Degele, unternommen hatte, benannte er sich nach dem durch die Maler des „Blauen Reiter" bekannt gewordenen Ort Murnau. Auf der Reinhardtschule fiel F.W. Murnau durch seine natürliche und selbstverständliche Noblesse auf, was seine Mitschüler zu dem Irrtum verleitete, daß Murnau schon seinen Doktor gemacht hätte. Alexander Granach, der damals mit Murnau die Reinhardtsche Schauspielschule in Berlin besuchte, berichtete in seinen Memoiren, wie der *„Mitschüler Wilhelm Murnau, der schon seinen Doktor hatte und viel Autorität ausstrahlte"*[2], ihn, den armen galizischen Judenjungen, gegen die Schikanen des Schauspiellehrers Berthold Held verteidigte.
Murnaus Freund, Hans Ehrenbaum-Degele, gab ab 1913 zusammen mit Paul Zech die expressionistische Zeitschrift „Das neue Pathos" heraus. Er lebte mit seinen Eltern, dem Bankier Fritz Ehrenbaum und der Sängerin Mary Degele, in der *Douglasstraße 22* in Grunewald, wo Friedrich Wilhelm Murnau bald ein häufiger und gern gesehener Gast war. Zu dieser Zeit machte Hans Ehrenbaum-Degele seinen Freund mit der Dichterin Else Lasker-Schüler bekannt, die damals in Grunewald zur Untermiete wohnte. Die Dichterin und der junge Schauspieler freundeten sich an; in Murnaus Nach-

---

1 Robert Plumpe, zit. nach: Lotte H. Eisner: Murnau. Der Klassiker des deutschen Films, Hannover 1967, S. 11
2 Alexander Granach: Da geht ein Mensch. Roman eines Lebens. München 1984, S. 239

laß liegen mehrere Briefe vor, die Else Lasker-Schüler ihm während des ersten Weltkrieges in ein Schweizer Internierungslager sandte. Sie unterzeichnete ihre Briefe wie üblich als „Prinz Jussuf von Theben" und redete Murnau mit „lieber Ulrich von Hutten" an.[3]
Friedrich Wilhelm Murnau und Hans Ehrenbaum-Degele hatten sich bei Ausbruch des ersten Weltkrieges als Freiwillige gemeldet. Der talentierte Nachwuchslyriker Hans Ehrenbaum-Degele starb bei Verdun. Friedrich Wilhelm Murnau wurde als Jagdflieger dekoriert und später nach einer Notlandung auf Schweizer Gebiet interniert. Nach dem Krieg kehrte Murnau nach Berlin zurück und wurde von der inzwischen verwitweten Mutter seines toten Freundes bald ganz in ihr Haus aufgenommen. Mary Ehrenbaum-Degele vermachte die Villa nach ihrem Tod der Berliner Universität, vergaß aber nicht, vorher Murnau das lebenslange Wohnrecht einzurichten. Die Douglasstraße 22 blieb Murnaus lebenslanger Berliner Wohnsitz, wohin er, nach seinem USA-Aufenthalt, zurückzukehren plante. Das Haus in der Douglasstraße war in den zwanziger Jahren, während F.W. Murnaus Abwesenheit, Schauplatz eines grausigen Verbrechens: Der schöne malaische Diener des Regisseurs hatte ein junges Mädchen in die Villa gelockt und ermordet. Die Polizei mußte die Villa förmlich belagern und mit Tränengas bombardieren, um sich des Amok laufenden Mörders zu bemächtigen.[4]
1919 gründeten F.W. Murnau und Conrad Veidt die Murnau-Veidt-Filmgesellschaft. Die meisten der damals gedrehten frühen Murnau-Filme, insgesamt 14, gingen verloren. 1921 gelang Murnau der erste große Erfolg mit „Nosferatu", den er nach Bram Stokers „Dracula"-Roman drehte. Am 29. Oktober 1922 wurde im Ufa-Palast am Zoo „Phantom" vorgestellt, eine filmische Reverenz Murnaus an Gerhart Hauptmann zu dessen 60. Geburtstag. Murnau hatte seinen Film nach der gleichnamigen Novelle des Dichters gedreht. „Der letzte Mann" (1924), „Faust" (1926) und „Sunrise" (1927) wurden zu Höhepunkten des deutschen Stummfilms und der Kinogeschichte überhaupt. Die Kunst des Films verdanke Murnau *„ihre eigentliche Basis"*, sagte Fritz Lang 1931 an Murnaus Grab.[5] Als bahnbrechend für die Entwicklung der Filmkunst galt der 1924 gedrehte „Letzte Mann" mit Emil Jannings in der Hauptrolle. Dieser Film, in dem Jannings einen alten Hotelportier darstellt, der zum Toilettenwärter degradiert wurde, symbolisiert die verhängnisvolle deutsche Eigenschaft der kritiklosen Verherrlichung von Obrigkeit. Bei den Dreharbeiten dieses Films hatte Murnau die Kamera vom Stativ geholt und seinem Kameramann Karl Freund auf den Bauch geschnallt. Durch den Einsatz von Schienen, Leitern und Kränen wurde die Kamera universell ein-

---

3 Vgl.: Lotte H. Eisner: Murnau, Hannover 1967, S. 9
4 Vgl.: ebd., S. 119, Fn 1
5 Zit. nach: ebd., S. 121

setzbar. Zum erstenmal durchbrach der Film die klassische szenische Aufteilung von Rampe und Schauspiel, da die bewegliche Kamera neue Zuschauerperspektiven ermöglichte. Hollywood wurde aufmerksam auf den „Entfesseler der Kamera". In Deutschland drehte Murnau noch die Filme „Tartüff" und „Faust", bevor er 1926 nach Hollywood, in die Studios William Fox' zog. Die Idee zu seinem ersten Hollywood-Film „Sunrise" hatte Murnau bereits in Berlin entwickelt. Vorlage für das Film-Epos war das Sudermannsche Bauernmelodram „Die Reise nach Tilsit". „Sunrise" wurde von der Filmkritik zwar überschwenglich gelobt, die Kassen blieben jedoch leer.

Nach zwei weiteren Filmen zog sich F.W. Murnau mit dem Dokumentarfilmer Robert Flaherty nach Tahiti zurück, um „Tabu", einen Film über das Leben der Südsee-Insulaner zu drehen. Auf der Autofahrt nach Monterey zur Pressevorführung des neuen Films verunglückte Friedrich Wilhelm Murnau am 11.3.1931 tödlich in der Nähe des kalifornischen Santa Barbara. Nach langen Scherereien mit den Behörden traf Murnaus Sarg am 5. April per Schiff in Hamburg ein, wurde von dort nach Berlin überführt und am 13. April 1931 auf dem Stahnsdorfer Waldfriedhof, einer Exklave des Bezirks Wilmersdorf, beigesetzt.

Emil Jannings

Emil Jannings wurde 1884 in Rohrschach in der Schweiz geboren und war seit 1915 Schauspieler bei Max Reinhardt in Berlin. Als er 1924 mit F.W. Murnau „Der letzte Mann" drehte, war er bereits ein bekannter und gefeierter Theaterschauspieler. Die bewährte Zusammenarbeit mit Murnau setzte sich fort in den Stummfilmen „Tartüff" (1925) und „Faust" (1926), in dem er den Mephisto spielte.

Besonders durch die Murnau-Filme war Emil Jannings in den USA bekannt geworden, und wie Murnau ging Jannings 1926 nach Hollywood. Nach drei Jahren Filmarbeit in Amerika kehrte Emil Jannings nach Berlin zurück und bezog ein Haus in der *Delbrückstraße 27*, das bis zu seinem Tod 1950 sein Berliner Wohnsitz war. Auch als sich der Tonfilm durchzusetzen begann, konnte Emil Jannings seine Schauspielkarriere fortsetzen. Großen Ruhm erntete er mit der Rolle des Professors in Fritz Sternbergs Film „Der blaue Engel", nach dem Roman „Professor Unrat" von Heinrich Mann.

Als die politische Entwicklung in Deutschland nach rechts trieb, begann Emil Jannings bereits frühzeitig, mit den Nationalsozialisten zu sympathisieren. Er besuchte Massenkundgebungen der NSDAP, wie der Verleger Gottfried Bermann-Fischer, der Jannings durch seinen Autor Carl Zuckmayer kannte, berichtet hat. An eine Unterhaltung über Politik mit Emil Jannings im Jahre 1932 erinnerte sich Bermann-Fischer in seinen Memoiren:

Emil Jannings, um 1930
(Foto Landesbildstelle Berlin)

„Jannings hatte niemals über seine jüdischen Regisseure und Theaterdirektoren, von denen es damals viele in Deutschland gab, zu klagen gehabt. Max Reinhardt, Leopold Jessner, Erich Engel und viele kleinere hatten sein gewaltiges Talent gefördert und ihn, ... gehegt und gepflegt. Mit sicherem Instinkt hatte er... erkannt, daß der Wind jetzt aus anderer Richtung blies. Man mußte sich umstellen. Schlimm für Reinhardt und die anderen. Aber was blieb einem Mann wie ihm übrig, wenn er weiterspielen wollte? Die naive Unverfrorenheit, mit der er uns das erzählte, war erstaunlich. ... Als ich ihn ein Jahr später auf der Treppe des Schauspielhauses traf, kannte er mich nicht mehr."[6]

Jannings setzte seine Film- und Theaterkarriere fort. Er spielte von 1934 bis 1936 am Staatlichen Schauspielhaus in Berlin und wurde 1936 zum „Staatsschauspieler" ernannt. Für seine Rolle des „Ohm Krüger", der als „Film der Nation" bewertet wurde, erhielt Jannings den „Ehrenring des deutschen Films" aus der Hand Joseph Goebbels. 1940 beauftragte die nationalsozialistische Regierung Emil Jannings mit der Leitung der UFA. Emil Jannings starb im Januar 1950 in seinem Haus am Sankt-Wolfgang-See.

---

6 Gottfried Bermann-Fischer, Frankfurt/M. 1967, S. 78

Julius Bab, 1953
(Foto Landesbildstelle Berlin)

Theaterleute und Kritiker

Julius Bab

Julius Bab war während seines gesamten Schriftsteller- und Kritikerlebens ein ungemein produktiver Autor, der sich stets vom Schreiben auch ernähren mußte. Er hat vier große Biographien, über Richard Dehmel, Goethe, Shakespeare und George Bernhard Shaw geschrieben, daneben mehrere Schauspielerbiographien, unter anderem über Albert Bassermann, weiter unzählige Kritiken und Abhandlungen über das deutsche Theater, darunter eine 5-bändige Chronik des deutschen Dramas. Den größten Teil seines Lebens widmete Julius Bab der Volksbühnenidee – über Jahrzehnte zeichnete er verantwortlich als Herausgeber der „Dramaturgischen Blätter" der Volksbühne in Berlin. Obwohl Julius Bab ein wichtiger Repräsentant des Berliner Theaterlebens in Kaiserreich und Weimarer Republik war, hielt er sich doch der schillernden Kulturszene, die in den Berliner Caféhäusern des Neuen Westens verkehrte, eher fern. Er schätzte mehr die bürgerliche Wohlanständigkeit in den eigenen vier Wänden.

In seinem Engagement für die Volksbühnenbewegung suchte Bab dem Gedanken eines deutschen Nationaltheaters nahezukommen. Daß dem „Nichtarier" Julius Bab 1933 die Zugehörigkeit zum deutschen Volk und die Verbundenheit zur deutschen Kultur, die er so sehr liebte, abgesprochen wurde, mußte ihn besonders hart treffen. Hartnäckig hielt er jedoch zunächst fest an seinem Ideal einer deutsch-jüdischen Symbiose und weigerte sich vorläufig, Deutschland zu verlassen, wie es viele seiner Kollegen taten. Noch fünf Jahre arbeitete er mit im „Kulturbund deutscher Juden", dem 1935 per Gestapo-Beschluß das Attribut „deutsch" untersagt wurde und der sich zwangsweise in „Jüdischer Kulturbund" umbenennen mußte.

Julius Bab war gebürtiger Berliner. 1880 wurde er in der damaligen Luisenstadt, im heutigen Bezirk Kreuzberg, geboren. Er wuchs in der Gitschiner Straße 106a auf und hatte von 1901 bis 1906 die erste eigene Wohnung in der Bernburger Straße 19. Zu dieser Zeit erarbeitete Bab eine Studie über die „Berliner Bohème", für die ihm der Schriftsteller, Anarchist und Bohemien Erich Mühsam einiges Material beschaffte. 1906 bezog Julius Bab seine erste Wilmersdorfer Wohnung in der *Kaiserallee 19.* Das Haus Nummer 19 an der heutigen *Bundesallee* ist weit und breit das einzige, das die Kriegszerstörungen und Abrißwut der Nachkriegszeit nahezu unversehrt überstanden hat. Nur Ende der 60er Jahre wurde es zeitgeistgemäß mit behördlicher Subventionierung vom Stuckzierat der Gründerjahre „befreit" und mit dem üblichen Kratzputz „verschönt". In der Kaiseralle wohnte Julius

Bab nur zwei Jahre lang, bereits 1908 fanden er und seine Familie eine größere Wohnung in der *Auerbachstraße 17* in Grunewald, wo sich die Familie Bab mit ihren Untermietern fast anderthalb Jahrzehnte lang heimisch fühlte, bevor ein neuer Hausbesitzer die Familie mit behördlicher Unterstützung aus ihrer angestammten Wohnung vertrieb. Über diesen Willkürakt hat Julius Bab ein ausführliches Dokument hinterlassen. Im September 1921 veröffentlichte er unter dem Titel „Mein ‚Mieterschutz'", einen längeren Artikel in der „Weltbühne":

„*Mein Mieterschutz war so. Erst lebte ich elf Jahre in dem Haus Auerbach-Straße 17 am Bahnhof Grunewald in ganz guten Beziehungen zu meinem Wirt und in allerbestem Einvernehmen mit allen Hausgenossen. Den Krieg hindurch, während dessen der Wirt für die Häuser absolut nichts tun konnte, hielt ich die Wohnung mit mancherlei Reparaturen und anderen Opfern aufrecht. Dann starb der Besitzer, und es kam Herr Krische, bis dahin Bäckermeister. Nun wurde er „Eigentümer" und entfaltete Herrschgewalt. Er tat das derartig, daß allen Mietern der Häuser Auerbach-Straße 17 und 17a das Leben zur Hölle wurde... Mit ganz besonderer Sorgfalt wandte er seine Herrscherseele auf mich und meine Familie. Aristokratisch bis auf die Knochen, wie Bäckermeister und Eigentümer nun einmal sind, wollte er vor allen Dingen ein „herrschaftliches Haus" – möglichst Rentiers oder doch hohe Beamte...*"[1]

Das Ehepaar Bab, das seinem Gelderwerb in „plebejischer Weise" nachzugehen hatte und unermüdlich schriftstellerte, Vorträge hielt und Unterricht gab, entsprach wenig den „herrschaftlichen" Mietern, die sich der neue Eigentümer wünschte. Da unzählige kleinere und aufgebauschte Schikanen gegen die Babs nichts fruchteten, erhob der Eigentümer schließlich Protest gegen den „Mißbrauch" der Babschen Wohnung „durch Gewerbebetrieb". Das Grunewalder Mieteinigungsamt wies dieses Ansinnen zurück, indem der Vorsitzende Landgerichtsrat Caspari betonte, „*daß Leute, die erhebliche Miete bezahlten, auch das Recht haben müßten, das nötige Geld zu verdienen*".[2]

Doch binnen Jahresfrist zog der hartnäckige Bäckermeister und Eigentümer erneut vors Mieteinigungsamt, und das Unheil traf die Familie Bab in Person eines neuen Vorsitzenden. Dieser fand im Babschen „Gewerbebetrieb", der vom Vorgänger Caspari ausdrücklich genehmigt worden war, nun einen Grund zur Nichtverlängerung des Mietvertrages. Nach längerem juristischem Hickhack wurde der Familie Bab schließlich eine Ersatzwohnung in der Augsburger Straße zugewiesen, gegen die Julius Bab einiges einzuwenden hatte:

---

1 Julius Bab: Mein „Mieterschutz", in: Die Weltbühne, Siegfried Jacobsohn (Hrsg.), 1921, 17. Jg., Bd. 2, S. 246
2 ebd.

„*...erstens war eine Stadtwohnung nach vorliegendem ärztlichen Zeugnis für meine Frau gesundheitsschädlich; zweitens mußte sie bei Wegzug aus dem Grunewald ihre kleine Familienschule, die einen Teil unseres Einkommens bildete, einbüßen; drittens gab es in dieser Wohnung keinen geeigneten Raum für meine schriftstellerische Arbeit und meine Bibliothek; viertens konnten der Zimmerzahl der Wohnung nach unsere Untermieter, von denen zwei seit vielen Jahren freundschaftlich verbunden mit unsrer Familie leben, keine Aufnahme finden".*[3]

In seiner Not wandte sich Julius Bab schließlich an das Wohlfahrtsministerium, das seinerseits den Fall an das Oberpräsidium weiterreichte, welches sich seine Orientierung über die Berechtigung eines Räumungsurteils wiederum vom Mieteinigungsamt Grunewald holte, eben von jenem Amt, gegen das Bab Beschwerde führte. Die Grunewalder Behörde bot Julius Bab schließlich eine neue Ersatzwohnung in der Potsdamer Straße an. Da diese erst einige Monate später frei wurde, sicherte man der Familie Bab gleichzeitig Schutz vor einer vorzeitigen Exmittierung aus der Auerbachstraße zu. Als aber schließlich Eigentümer Krische mit Exmissionsurteil und Möbelwagen vor der Tür stand, leugnete das Wohnungsamt rundweg ab, den Babs irgendwelchen Schutz zugesagt zu haben. Hätten nicht Freunde die auseinandergerissene Familie hier und dort untergebracht, hätten Julius Bab und die Seinen auf der Straße gestanden.

„*Sollte dieser Fall nicht die Vermutung nahelegen* (so schlußfolgerte Julius Bab sarkastisch), *daß im Verwaltungswesen immer noch nicht der rechte Geist herrscht? Daß die Beamten ihre Autorität wahren (mit welchen Mitteln auch immer): das ist es im Grunde, wofür sie sich verantwortlich fühlen. Daß sie vielleicht auch so ein bißchen auf der Welt sind, um zur Wohlfahrt der von ihnen verwalteten Volksgenossen beizutragen: das ist es, was man nicht einmal im „Volkswohlfahrtsministerium" genau zu wissen scheint.*"[4]

Daß die Beamten des deutschen Verwaltungswesens ihm nur wenige Jahre später die Zugehörigkeit zur deutschen Volksgemeinschaft ganz absprechen würden und seiner Vertreibung aus Grunewald die Vertreibung aus Deutschland folgen würde, ahnte Julius Bab zu dieser Zeit noch nicht. Nach mehreren Provisorien bezog er die Wohnung Potsdamer Straße 68 (heute 160) und verlegte 1927 seinen Wohnsitz nach Charlottenburg, in die Akazienallee 4. Von hier aus wirkte er ab 1933 als Dramaturg des Jüdischen Kulturbundes, bis er nach dem Novemberpogrom 1938, im Frühjahr 1939, in letzter Minute ins Exil ging. In Frankreich schrieb Julius Bab sein Vermächt-

---
3 ebd., S. 247
4 ebd., S. 248

nis vom „Leben und Tod des deutschen Judentums". Noch 1939 glaubte er an ein Weiterleben der *„besonderen Kräfte, die sich in der Verbindung jüdischen und deutschen Wesens gebildet haben".*[5] Die Erfahrung des zweiten Weltkrieges und Auschwitz' machten diese Hoffnung grausam zunichte. In einem um 1943 in der endgültigen Exilstation Amerika verfaßten Nachwort ergänzte Julius Bab über das Schicksal der deutschen Juden:
„In Deutschland liegen die Dinge anders. Hier hat man so gehaust, nicht nur an materiellem Besitz, sondern auch an der Seele der Menschen, daß hier wahrscheinlich in Generationen keine Lebensmöglichkeit für Juden sein wird. Aber auch wenn ich mich irre, wenn wirklich eine Rückwanderung von Juden nach Deutschland in absehbarer Zeit erfolgen sollte, so wird damit ein ganz neues Blatt der Geschichte zu beginnen haben. Die Kapitel vom Leben und Tod des deutschen Judentums, das wir kannten, sind geschlossen."[6]
Nach dem Krieg blieb Julius Bab in den Vereinigten Staaten. Noch zweimal reiste er zwischen 1951 und 1953 zu Vortragsreisen nach Deutschland, auch in die Heimatstadt Berlin. Als Julius Bab am 12.2.1955 in Washington Heights, New York City, starb, war er gleich vielen anderen deutschen Intellektuellen, die während des Nationalsozialismus ins Exil getrieben oder ermordet wurden, fast vergessen. Nur wenige Feuilletons veröffentlichten einen Nachruf auf den in Kaiserreich und Weimarer Republik so bedeutenden Kritiker, Dramaturgen, Vortragskünstler und Kulturhistoriker Julius Bab. Sein Vermächtnis vom „Leben und Tod des deutschen Judentums" lag lange Jahre im Archiv der Akademie der Künste in Berlin, erst 1988 hat Klaus Siebenhaar das bis dahin unveröffentlichte Manuskript herausgegeben.

Alfred Kerr

Mehr als drei Jahrzehnte lang begleiteten Alfred Kerrs streitbare Kritiken die Bühnenereignisse der Theatermetropole Berlin. Von 1909 bis 1919 erschienen Kerrs Kritiken beim „Tag", einer für die „vornehmere Bourgeoisie" herausgegebenen Tageszeitung August Scherls. Außerdem gab Alfred Kerr zwischen 1912 und 1915 die kuturelle Wochenzeitschrift „Pan" heraus. In den Jahren 1919 bis 1933 avancierte Alfred Kerr zum Starkritiker des „Berliner Tageblatt" und wurde zu einer Art Berliner Institution.

„Wenn man ihn im Theater in einer der ersten Parkettreihen sah, stehend, um sich herblickend, das kleine Schnurrbärtchen kräuselnd, kokett aus seinem sinnlich frischen Gesicht lächelnd, das ein dichter brauner Vollbart umrahmte, in einem Anzug mit karierten Hosen, einer bunten Weste und

---
5 Julius Bab: Leben und Tod des deutschen Judentums, Klaus Siebenhaar (Hrsg.), Berlin 1988, S. 141
6 ebd., S. 145

einer Art Gehrock, so hatte er etwas Affiges, gewollt Stilisiertes in seiner komischen Eleganz...Verwechseln konnte man ihn nicht... Er war – das merkte man – stolz auf seine Eigenart". [7] So, in stolzer dandyhafter Pose, hat Lovis Corinth den 40jährigen 1907 fast lebensgroß in Öl porträtiert.

Als Kritiker war Kerr stets streitlustig, polemisch und provokativ; er hatte eine ungewöhnliche Begabung, seine subjektiven Eindrücke auf die knappste, treffsicherste Formel zu bringen und diesen ihm eigenen Stil zu perfektionieren. Aber schon früh ließ Alfred Kerr seine Leser auch wissen, daß er mehr als nur Kritiken schreiben wollte. In der Einleitung der 1904 erschienenen „Davidsbündler"-Kritiken bemerkte er, daß er „Schleuder und Harfe" handhaben wolle und die Schleuder ihm unversehens zur Harfe werde, und damit Kritik zur Dichtung. Neben die drei klassischen literarischen Kunstformen setzte Kerr als vierte die Kritik. Über die Bedeutung des Theaterkritikers Alfred Kerr bemerkte später Egon Erwin Kisch anläßlich einer Kerrschen Exilpublikation:

„Wer – und wäre er ein Nazi – wer kann über Literatur und Theater des letzten halben Jahrhunderts sprechen, ohne zu zitieren oder zu plagiieren, oder gegen das zu polemisieren, was Alfred Kerr brillant (und vielleicht allzubrillant), jugendlich (und vielleicht allzujugendlich), locker (und vielleicht allzulocker), eigenwillig (und vielleicht allzueigenwillig) darüber geurteilt hat..." [8]

Neben den Kritiken verfaßte Alfred Kerr Tagebuchnotizen und Reisebücher. Jedes Jahr verließ er Berlin für mindestens drei Monate und zog in die Ferne: Reiseimpressionen unter anderem aus Paris, Venedig, „New York und London", „O Spanien" und Korsika wurden veröffentlicht. Auf den häufigen Reisen suchte Kerr Entspannung vom manchmal allzu hektischen Theatertreiben in Berlin.

„*Ich bin mit Berlin versöhnt, seit ich draußen wohne",* verkündete Alfred Kerr 1924 in einer Festschrift des „Grunewald-Echo". Um das Jahr 1905 war er aus der Gleditschstraße 5 in Schöneberg nach „draußen" in die *Trabener Straße* und von dort 1912 in die *Gneiststraße 9* in Grunewald gezogen. Kerrs Junggesellenwohnung beschrieb der Mitherausgeber des „Pan" Wilhelm Herzog:

„Als ich ihn das erste Mal in Grunewald besuchte, in seiner Wohnung – ich glaube es war in der Trabenerstraße –, hatte ich den Eindruck, daß er trotz seiner vielen Bekanntschaften sehr einsam lebte. Von seinen Reisen,...über die er mit Vorliebe mitten in den Theaterkritiken berichtete, hatte er kostbare

---

[7] Wilhelm Herzog: Alfred Kerr, in: Menschen, denen ich begegnete, Bern/München 1959, S. 393
[8] Egon Erwin Kisch, zit. nach: Exil in der Tschechoslowakei, in Großbritannien, Skandinavien und Palästina, Leipzig 1980, S. 105

Teppiche, seltenes Getier und allerhand Schnickschnack mitgebracht, das seine Wohnung so sonderbar verzierte wie der Bart sein Gesicht. ... Sehr modernes Biedermeier. Etwas wirres, exotisches Durcheinander. ... ein ausgestopfter Seehund oder so etwas ähnliches, dazwischen Bilder von der Duse und Gerhart Hauptmann." [9]

Zwischen 1921 und 1929 wohnte Alfred Kerr mit seiner zweiten Frau Julia in der *Höhmannstraße 6*, danach zogen die Kerrs mit den Kindern Michael und Judith in die eigene Villa *Douglasstraße 10*. In Grunewald ging Alfred Kerr seinen Intimfeinden und Nachbarn Maximilian Harden („Schminkeles") und Hermann Sudermann aus dem Weg und pflegte freundschaftliche Beziehungen zu Walther Rathenau, dessen Biographie er 1935 schrieb, zu den Bankiersfamilien Mendelssohn und Fürstenberg und besonders zu seinem Lieblingsautor Gerhart Hauptmann. An das erste Zusammentreffen mit dem Dramatiker erinnerte Alfred Kerr 1927 in seinen Tagebuchaufzeichnungen:

„Ich ging, noch nicht zwanzig, nach Berlin; wohne seitdem hier; zum Glück mit steter Unterbrechung durch häufige Reisen...seit über zwanzig Jahren im Grunewald... Den Schlesier Gerhart Hauptmann traf ich erst hier an der Spree. Die Verbundenheit mit ihm blieb eine der großen Freuden meines Lebens." [10]

Nur wenige Jahre, nachdem Alfred Kerr diese Zeilen schrieb, wurde er durch Hauptmanns wankelmütige Haltung zum Nationalsozialismus bitter enttäuscht.

Aus der geliebten Grunewaldvilla in der Douglasstraße mußte der 65jährige Alfred Kerr, der lange vor 1933 in Rundfunkbeiträgen zur Einigung der Linken gegen die NS-Diktatur aufgerufen hatte und den Nazis verhaßt war, völlig überstürzt und grippekrank in der Nacht vom 15. zum 16. Februar 1933 vor der „Diktatur des Hausknechts" fliehen. Im Tagebuch hat er festgehalten:

Ich lag *„im Grunewald mit Grippe zu Bett. Ein Telefonanruf teilte mit: Der Pass wird mir entzogen. Trotz 39 Grad Fieber raus aus dem Bett, nur einen Rucksack über, mit dem Allernötigsten. Nach dreieinhalb Stunden war ich in der Tschechoslowakei. Ich empfand an diesem Abend das tiefe Glück, jenseits der deutschen Grenze zu sein – und trank erleichtert ein grosses, grosses Glas Pilsener Bier."* [11]

---

9 Wilhelm Herzog 1959, S. 394f
10 Lebenslauf, in: Joseph Chapiro (Hrsg.), Für Alfred Kerr. Ein Buch der Freundschaft, Berlin 1928, zit. nach: Hermann Haarmann/Klaus Siebenhaar/Thomas Wölk (Hrsg.): Alfred Kerr. Lesebuch zu Leben und Werk, Berlin 1987, S. 27
11 Alfred Kerr, zit. nach: ebd., S. 159

Alfred Kerr mit seiner Frau Julia in Nizza
(Foto Akademie der Künste Berlin)

Die überstürzte Flucht und die anschließende Exilzeit hat außerdem Kerrs Tochter Judith in einem Roman für Kinder ausführlich geschildert.[12] Alfred Kerr stand auf der ersten Ausbürgerungsliste des Dritten Reichs, seine Bücher wurden am 10. Mai 1933 wegen „Verhunzung der deutschen Sprache" verbrannt. Nach der Flucht über Prag und Lugano verbrachten die Kerrs ihre Exiljahre zunächst in Paris, später in London. Der Entzug der muttersprachlichen Umgebung hat den „Sprachartisten" Alfred Kerr schwer getroffen. Zunächst hatte sich Kerrs ehemaliger Arbeitgeber, die Rudolf-Mosse-Stiftung GmbH unter dem Mosse-Schwiegersohn Lachmann-Mosse, bereiterklärt, im „Berliner Tageblatt" vorerst Kerrs Reiseberichte statt seiner Rezensionen zu publizieren. Doch nach Kerrs Flucht schickte die Redaktion ihrem prominenten Mitarbeiter die umgehende Kündigung, um sich durch Unterwerfung das Überleben im nationalsozialistischem Regime vorläufig zu sichern.

Obwohl er seiner Existenzgrundlage weitgehend beraubt war, hat Alfred Kerr auch im Exil nicht geschwiegen. In England, wo er sich seit 1935 aufhielt, wurde er im Dezember 1939 zum Präsidenten des „Freien Deutschen Kulturbundes" neben Oskar Kokoschka, Berthold Viertel und Stefan Zweig gewählt, 1941 übernahm er die Präsidentschaft des PEN-Zentrums deutschsprachiger Autoren im Ausland. Als Alfred Kerr 1948 zum ersten Mal auf eine längere Erkundungsreise nach Deutschland zurückkehrte, starb er am 12. Oktober in Hamburg an den Folgen eines Schlaganfalls.

Albert Bassermann

Albert Bassermann entstammte einer alten deutschen Bürgerfamilie, deren Wurzeln sich bis zum dreißigjährigen Krieg zurückverfolgen lassen und deren Nachkommen seit Generationen erfolgreiche Kaufleute, Bankiers, Politiker und später auch Künstler hervorbrachten. Das weitverzweigte Geschlecht der Bassermanns inspirierte den Historiker Lothar Gall, die Entwicklung des deutschen Bürgertums am repräsentativen Einzelfall nachzuzeichnen, an dessen Ende das Porträt des Schauspielers Albert Bassermann steht. In dessen Persönlichkeit und Zivilcourage gegenüber den nationalsozialistischen Machthabern begegneten sich die bürgerlichen Ideale selbstbestimmten und verantwortlichen Handelns in hervorragender Weise.[13] Albert Bassermann wurde 1867 in Mannheim als Sohn des angesehenen Nähmaschinenfabrikanten Wilhelm Bassermann und seiner Ehefrau Anna geboren. Er absolvierte ein wenig geliebtes Chemiestudium und trat 1886 als Chemiker in eine Zellstoffabrik ein. Bald darauf verließ er die si-

---
12 Vgl.: Judith Kerr. Als Hitler das rosa Kaninchen stahl, Ravensburg 1975
13 Vgl.: Lothar Gall: Bürgertum in Deutschland, Berlin 1989

Albert Bassermann
(Foto Akademie der Künste Berlin)

chere Position wieder, um den lange geplanten Absprung ans Theater durchzusetzen. Albert Bassermanns Volontärzeit am Mannheimer Hof- und Nationaltheater 1887 folgte eine achtjährige Lehrzeit an den verschiedensten deutschen Provinzbühnen. Am Herzoglich-Sächsischen Hoftheater in Meiningen machte Otto Brahm, der in Berlin gerade das Ensemble für sein naturalistisch gedachtes „Deutsches Theater" zusammenstellte, dem jungen Schauspieler Bassermann 1890 ein Angebot, das der aber noch ablehnte. Erst 1895 kam Albert Bassermann als Charakterdarsteller an das „Berliner Theater" unter Alois Prasch in die Hauptstadt und startete seinen Siegeszug als Schauspieler. Otto Brahm holte ihn dann 1900 doch in sein naturalistisches Ensemble, bis Albert Bassermann wegen der Enge des Brahmschen Repertoires neun Jahre später ausbrach und ans „Deutsche Theater" wechselte, das unter der Leitung Max Reinhardts stand, seit Brahm 1904 zum „Lessingtheater" gezogen war. Trotz der Triumphe, die er bei Brahm hatte feiern können, schrieb Albert Bassermann:

„...*die Brahmjahre waren ein neunjähriger Verzicht auf klassische Rollen, auf die allergrößten Aufgaben der Schauspielkunst jeder Zeit gewesen. Aber jetzt sollte ich reich entschädigt werden. Meine schönsten Jahre begannen: ich kam zu Reinhardt.*"[14]

Bei Max Reinhardt fand Bassermanns Talent die ihm gemäßen Rollen. Er übernahm nur noch große Aufgaben: Othello, Hamlet, Wallenstein, Lear, Mephisto oder Nathan standen auf seinem Spielplan. Doch auch Max Reinhardt konnte auf Dauer die Rollenwünsche Bassermanns nicht erfüllen, und nach einem Engagement am Lessingtheater (1915-1918) unter Victor Barnowsky band sich Albert Bassermann überhaupt nicht mehr für längere Zeit an ein bestimmtes Theater, sondern verpflichtete sich nur noch zu Gastspielen. Zu dieser Zeit wohnte Albert Bassermann in der *Douglasstraße 30* in Grunewald. Die letzte Wohnung vor der Emigration hatten Albert Bassermann und seine Frau Else Schiff in der *Joachim-Friedrich-Straße 54* in Halensee.

1933 ging Albert Bassermann mit „Konflikt" von Max Alsberg in Österreich und der Schweiz auf Tournee, nachdem das Stück im März 1933 im Berliner Theater an der Stresemannstraße (heute Hebbeltheater) boykottiert worden war, weil der Autor und Bassermanns Frau, die Schauspielerin Else Schiff, jüdischer Herkunft waren.[15] In Deutschland schloß Bassermann daraufhin keine Engagements mehr ab, um aus Rücksicht gegen seine Frau und aus Solidarität mit jüdischen Kollegen die politische Entwicklung abzuwarten. 1934 dann trat Bassermann aus Protest gegen den Boykott, der jüdische

---

14 Albert Bassermann erzählt. Dreißig Jahre Berliner Theater, in: Uhu, Zeitschrift des Ullstein-Verlages Berlin, Jan. 1925, H. 4. S. 48, zit. nach: Inge Richter-Haaser: Die Schauspielkunst Albert Bassermanns. Dargestellt an seinen Rollenbüchern, Berlin 1964, S. 16
15 Vgl.: ebd., S. 18

Schauspieler traf, aus der „Genossenschaft Deutscher Bühnenangehöriger" aus und sagte sein seit 1909 zur Tradition gewordenes Leipziger Gastspiel ab, da seiner Frau die Teilnahme verweigert worden war:

„*Sie werden begreifen, daß ich trotz der Sorgen um meine Leipziger Kollegen und trotz der inständigen Bitten meiner Frau, das Gastspiel ohne sie zu absolvieren, mich dazu nicht entschließen konnte. Meiner Frau Vorschlag, sich von mir scheiden zu lassen, um das Gastspiel zu ermöglichen, kommt natürlich überhaupt nicht in Frage. Und Sie, meine Herren, und die deutsche Regierung müßten mich als einen traurigen Charakter einschätzen, wenn ich unter diesen Umständen nicht die Konsequenzen zöge. Ich melde hiermit unseren Austritt aus der Genossenschaft Deutscher Bühnenangehöriger an und lege damit selbstverständlich auch meine Ehrenmitgliedschaft nieder.*" [16]

Die Bassermanns blieben daraufhin in Wien, wo sie kurze Zeit darauf der Schauspieler Emil Jannings im persönlichen Auftrag von Joseph Goebbels besuchte. Doch trotz eines in Aussicht gestellten „Ehren-Arier-Passes" für Frau Bassermann ließ sich das Schauspieler-Ehepaar nicht korrumpieren. Die Bassermanns blieben bis zum „Anschluß" Österreichs an Deutschland 1938 in Wien und entschlossen sich nach einem kurzfristigen Aufenthalt zu Filmarbeiten in Paris zur Emigration in die USA. Von 1939 bis 1946 war Albert Bassermann in Hollywood ausschließlich als Filmschauspieler tätig. Nach dem Krieg reiste er wiederholt zu Gastspielen nach Europa, auch nach Deutschland. Als sich der Gesundheitszustand des mittlerweile fast 85jährigen verschlechterte, wollte Albert Bassermann von New York noch einmal nach Europa reisen. Er starb am 15. Mai 1952 während des Fluges nach Zürich. „*Armes Deutschland, das sich um die Ehre gebracht hat, den Lebensabend eines seiner besten Söhne zu betreuen!*" [17], schrieb Julius Bab in seinem Nachruf auf den unbeugsamen Schauspieler. Nach der Einäscherung in Zürich wurde Albert Bassermann in einem Ehrengrab seiner Vaterstadt Mannheim beigesetzt.

Max Reinhardt

Max Reinhardt wurde 1873 als ungarischer Staatsbürger Max Goldmann in Baden bei Wien geboren und ging als 17jähriger zum Theater. Am Salzburger Stadttheater entdeckte Otto Brahm den gerade 21jährigen, als er den alten Oberst Schwarze in Sudermanns „Heimat" spielte. Brahm war beeindruckt und engagierte den jungen Schauspieler sofort ans „Deutsche Thea-

---
16 Albert Bassermann, in: Neues Wiener Journal, 4.5.1934 und Neue Züricher Zeitung, Nr. 817, 7.5.1934, zit. nach: ebd., S. 22
17 Julius Bab: Der Genius Albert Bassermann, in: New Yorker Staats-Zeitung und Harold. 25.5.1952, hier nach: ders.: Über den Tag hinaus. Kritische Betrachtungen. Ausgewählt und herausgegeben von Harry Bergholz, Heidelberg/Darmstadt 1960, S. 286

ter" in Berlin. Der junge Max Reinhardt wurde ein hervorragender Darsteller alter Männer. In seinen besonderen Fähigkeiten als Episodenspieler lagen aber auch die Grenzen seiner allgemeinen darstellerischen Begabung, die in „tragenden" Rollen schwach blieb. Dies erkannte der junge Schauspieler schnell, und hinter der Begrenzung entdeckte er sein wahres Talent, die schwierigen Rollen doch vorzüglich zu fühlen und zu verstehen. So wurde er zum großen Regisseur, der die Rollen, die er selbst nicht spielen konnte, in anderen Schauspielern hervorragend zu gestalten verstand. 1901 gründete Max Reinhardt das literarische Kabarett „Schall und Rauch", das er später als „Kleines Theater" Unter den Linden führte. Im „Neues Theater" am Schiffbauerdamm wurden Reinhardts erneuernde Inszenierungen der „Minna von Barnhelm" oder des „Sommernachtstraum" zu Meilensteinen seines wachsenden Erfolgs. Zu Beginn seiner großen Karriere wohnte Max Reinhardt in der Grunewalder *Fontanestraße 8*. Um 1905 gewann er den Nachbarn Engelbert Humperdinck als Komponisten für seine Bühnenmusik. Als berühmter Theaterregisseur verließ Max Reinhardt 1906 seine Wohnung in der Fontanestraße und zog – gegen den Strom der Berliner Gesellschaft – vom Neuen in den Alten Westen, in ein großzügiges Palais im Tiergartenviertel.

Nach einem kurzen Intermezzo Paul Lindaus wurde Max Reinhardt 1906 der Nachfolger Otto Brahms am Deutschen Theater und erlangte als großer Theaterreformer bald internationales Ansehen. Reinhardt setzte gegen die verstaubte Tradition der Hof- und Stadttheater und die nüchterne Beschränkung naturalistischer Bühnenkunst die Idee des Theaters als Gesamtkunstwerk: Bühnenbild, Musik und Beleuchtung wurden unter seiner Regie zum ersten Mal zu einer gestalterischen Einheit vervollkommnet. Statt der gewöhnlichen Theatermaler beschäftigte Max Reinhardt bildende Künstler von Rang, ebenso bemühte er sich um die Zusammenarbeit namhafter Komponisten. Der große Bühnenkünstler erhielt bald den Beinamen „der Zauberer". Die Bezeichnung „Reinhardt-Schauspieler" galt als besondere Auszeichnung und hat bis heute einen magischen Klang. Namen wie Adele Sandrock, Alexander Moissi, Tilla Durieux, Paul Wegener, Gertrud Eysoldt, Albert Bassermann u.a. erinnern an das berühmte Ensemble. Den Nachwuchs für sein Theater lieferte Max Reinhardt die eigene Schauspielschule, die z.B. Alexander Granach und der junge Friedrich-Wilhelm Plumpe, der sich später Murnau nannte, besuchten. 1924 übernahm Max Reinhardt das „Theater in der Josefstadt" in Wien und eröffnete das „Theater am Kurfürstendamm". Der geschäftliche Verwalter seines Theaterimperiums war Reinhardts Bruder Edmund, dessen organisatorisches Geschick Max Reinhardt finanziell unabhängig machte. Seine Bühnen waren Privatunternehmen.

Max Reinhardt
(Foto Akademie der Künste Berlin)

Ende 1932 hielt sich Max Reinhardt auf einer USA-Reise auf, von der er 1933 nicht wieder nach Deutschland zurückkehrte. Als Emigrant lebte er zunächst in Frankreich. Am 7. April 1933 beschloß das preußische Kultusministerium, daß Max Reinhardt von der künstlerischen Leitung des Deutschen Theaters auszuschließen sei, um künftig den Erfordernissen der deutschen Kultur Rechnung zu tragen. Dazu bemerkte die „Vossische Zeitung":
„*Wenn die Direktion...sich jetzt dafür verbürgt, daß das Deutsche Theater den Erfordernissen der deutschen Kultur künftig Rechnung tragen wird, so will sie mit diesen Worten gewiß keinen Gegensatz zu Max Reinhardts bisherigem Berliner Wirken andeuten. Denn daß dieser Bühnenkünstler das Ansehen der deutschen Bühnenkunst in der ganzen Welt gefördert hat, ist unbestreitbar.*"[18]
Diese Bemerkung des noch nicht gleichgeschalteten Ullstein-Blattes zitierte im April 1933 die „Jüdische Rundschau" und kommentierte illusionslos:
„*Die „Vossische Zeitung" irrt. Es ist kein Zweifel, daß die in der Mitteilung gewählte Formel andeuten soll, daß Max Reinhardt als Jude die Erfordernisse der deutschen Kultur nicht zu erfüllen vermag. Sie ist gewissermaßen das Aburteil über sein ganzes Lebenswerk.*"[19]
Max Reinhardt emigrierte 1938 aus Frankreich in die USA und wurde als Regisseur aller dramatischen Gattungen weltberühmt. Er starb Ende Oktober 1943 in New York.

Bertolt Brecht und Helene Weigel

„*Ich freue mich sehr auf Berlin und die Spichernstraße*"[20] schrieb der junge Dramatiker Bertolt Brecht am 18. Juni 1924 von einer Italienreise an die Schauspielerin Helene Weigel. In Italien war Brecht noch mit seiner damaligen Ehefrau Marianne Zoff unterwegs – nur wenige Wochen später übersiedelte er von München nach Berlin in die *Spichernstraße 16*, wo Helene Weigel seit 1922 das Dachatelier eines großen Mietshauses bewohnte. Als im November 1924 der gemeinsame Sohn Stefan geboren wurde, bat Brecht Helene Weigel, sich eine andere Wohnung zu nehmen, da der Säugling dem Vater die Ruhe zum Arbeiten raubte. Der guten Beziehung tat diese Bitte keinen Abbruch, bereitwillig räumte die Weigel ihr schönes Domizil und zog mit dem Sohn in die nahe gelegene *Babelsberger Straße 52*. Den schwieri-

---

18 Vossische Zeitung, zit., nach: Jüdische Rundschau, Nr. 28/29, 7.4.1933, S. 145, zit. nach: Max Reinhardt als Leiter des Deutschen Theaters entlassen, in: Juden in Berlin. 1671-1945. Ein Lesebuch. Mit Beiträgen von Annegret Ehmann u.a., Berlin 1988, S. 261
19 Jüdische Rundschau, Nr. 28/29, 7.4.1933, S. 145, zit. nach: ebd.
20 Bertolt Brecht: Briefe 1913-1956, Berlin/Weimar 1983, Bd. I, S. 99

*Bertolt Brecht mit Elisabeth Hauptmann in der Wohnung Spichernstraße 16
(Foto Brecht-Zentrum Berlin)*

gen Zugang zur Wilmersdorfer Dachwohnung hat der Brecht-Mitarbeiter Bernhard Reich beschrieben:
„*Man mußte vier beschwerliche Etagen hinaufsteigen, dann über ein schmales Brett hinwegjonglieren, sich durch einen dunklen Raum hindurchtappen und eine schwere Eisentür aufstoßen, bevor man in Brechts Behausung stand. Es war eine Atelierwohnung.*"[21]
Als Brecht dort im Dezember 1927 vom Finanzamt Wilmersdorf schriftlich aufgefordert wurde, endlich die säumige Steuererklärung abzugeben, antwortete der in seinen Lebensansprüchen nicht eben bescheidene Dramatiker am 6.12.1927:
„*Ich schreibe Theaterstücke und lebe, von einigen äußerst schlecht bezahlten Nebenarbeiten abgesehen, ausschließlich von Vorschüssen der Verlage, die in der Form von Darlehen an mich gegeben werden. Da ich mit den Stücken vorläufig beinahe nichts einnehme, bin ich bis über den Hals meinen Verlagen gegenüber in Schulden geraten. Ich wohne in einem kleinen Atelier in der Spichernstraße 16 und bitte Sie, wenn Sie Reichtümer bei mir vermuten, mich zu besuchen.*"[22]
Der große Erfolg der „Dreigroschenoper", die am 31. August 1928 im Theater am Schiffbauerdamm uraufgeführt wurde, sanierte das Brechtsche Budget und ermöglichte den Umzug in eine größere Wohnung in der Hardenbergstraße 1A (heute Ernst-Reuter-Platz), wo endlich die ganze Familie Brecht-Weigel ausreichend Platz fand.
Die gebürtige Wienerin Helene Weigel wurde von Leopold Jessner 1922 aus Frankfurt an das Staatstheater in Berlin geholt. Bei der Bühnenarbeit lernte sie Bert Brecht kennen. Auf Anhieb traute Brecht ihr nicht das nötige Gewicht für die Rollen seiner Stücke zu, die sie später unter seiner Regie spielte. Zunächst blieb er ihrer Schauspielkunst gegenüber skeptisch, wie der Kritiker Norbert Falk, der noch 1928 urteilte, daß „*das begabte Fräulein Weigel*" darauf Wert lege „*die lärmendste Schauspielerin Berlins zu sein*".[23]
In der Zusammenarbeit mit Brecht lernte die Weigel, ihr Temperament kontrolliert und mit nüchterner Genauigkeit einzusetzen. Das Zusammentreffen und den Beginn ihrer Beziehung zu Brecht, der einen Wendepunkt in ihrem Leben markierte, bagatellisierte die burschikose Helene Weigel später stets in dem Nebensatz: „*Als ich mich mit Brecht zusammenschmiß...*"[24]

---

21 Bernard Reich: Im Wettlauf mit der Zeit. Erinnerungen aus fünf Jahrzehnten deutscher Theatergeschichte, Berlin 1970, S. 279
22 Brecht: Briefe Bd. I., S. 124
23 Norbert Falk, in: BZ am Mittag, 1.1.1928, zit. nach: Werner Hecht, Rede beim Anbringen einer Gedenktafel an das Haus Spichernstraße 16, am 6.5.1989, veröffentlicht in: Die Weltbühne 84 (1989) 32, S. 994
24 zit. nach: ebd.

Helene Weigels Toleranz gegenüber Brechts Dominanz und den zahllosen Liebesaffairen zu seinen Mitarbeiterinnen ermöglichten ein gemeinsames Leben und fruchtbare Arbeitsbeziehungen. Helene Weigels Hartnäckigkeit und ihr Organisationstalent bewährten sich besonders während der langen gemeinsamen Exiljahre, als ihr Schauspieltalent in fremdsprachiger Umgebung zwangsweise brachliegen mußte. Brecht schrieb für sie im Exil die Rolle der stummen Kattrin in der „Mutter Courage", die sie dann doch nicht spielen konnte.

Am Morgen nach dem Reichstagsbrand waren Helene Weigel und Bert Brecht aus ihrer Wohnung in der Hardenbergstraße nach Prag geflohen: *„Ich mußte Deutschland im Februar 1933, einen Tag nach dem Reichstagsbrand, verlassen. Ein Exodus von Schriftstellern und Künstlern begann, wie ihn die Welt noch nicht gesehen hatte"*, begann Brecht seine Verteidigungsrede vor dem „Committee on Unamerican Activities" (Kongreß für antiamerikanische Betätigungen). Dem Exodus waren auch Heinrich Mann, Lion Feuchtwanger, Walter Benjamin und viele andere Freunde aus der Berliner Zeit gefolgt, mit denen Brecht und seine Frau im Exil häufig zusammentrafen. Zunächst räumte Brecht dem nationalsozialistischen Regime nur kurze Überlebensdauer ein und wählte seine Exilorte „möglichst nahe den Grenzen", um nach Hitlers bald erwartetem Sturz schnell wieder zu Hause zu sein. Über die Tschechoslowakei, Österreich und die Schweiz flohen Helene Weigel und Bertolt Brecht nach Dänemark, wo sie nur fünfzig Kilometer von der deutschen Küste entfernt sich auf der Insel Fünen niederließen. Nach der Besetzung Dänemarks durch deutsche Truppen 1940 floh die Familie weiter nach Schweden und über Finnland in die USA. Sechs Jahre lang lebte das Ehepaar Brecht-Weigel mit seinen beiden Kindern im kalifornischen Santa Monica, ganz in der Nähe von Heinrich Mann und Lion Feuchtwanger. Im Exil entstanden Dramen wie „Leben des Galilei", „Der gute Mensch von Sezuan" und die „Mutter Courage", die in Kopenhagen, Paris oder New York uraufgeführt wurden. Stets hatte die Weigel dafür gesorgt, daß Brecht auf allen Exilstationen ein Zimmer für sich hatte, in dem er ungestört arbeiten konnte. Trotzdem wurde Bert Brecht in Amerika nicht heimisch, den Praktiken der Filmindustrie à la Hollywood und der Dominanz kühler Geschäftsinteressen vor allen anderen künstlerischen Beziehungen war er nicht gewachsen. Die Vorladung vor das „Committee on Unamerican Activities" und die Schauprozesse der McCarthy-Ära gegen vermeintliche und wirkliche Kommunisten desillusionierten Brecht endgültig über seine langjährige Wahlheimat.

1948 kehrten Helene Weigel und Bert Brecht mit tschechischem Paß über Prag nach Ost-Berlin zurück. Die Westalliierten hatten die Einreise über die Westzonen verweigert. Später erwarben Brecht und Helene Weigel die österreichische Staatsbürgerschaft, da sie gegenüber dem DDR-Regime auf kritische Distanz hielten.

1949 gründeten Bert Brecht und Helene Weigel das „Berliner Ensemble", dessen Intendantin Helene Weigel wurde. Nach Brechts Tod 1956 leitete sie das Theater noch über 20 Jahre lang, ab 1954 im eigenen Haus im Theater am Schiffbauerdamm. Nach ihrem Tod am 6. Mai 1971 wurde Helene Weigel auf dem Dorotheenstädtischen Friedhof im Grab neben Bert Brecht beigesetzt. In der alten Ost-Berliner Wohnung Chausseestraße 125 befindet sich heute das Brecht-Zentrum mit dem Brecht-Weigel-Museum und einer Buchhandlung. Im Kellerrestaurant wird nach Originalrezepten der passionierten Köchin und Pilzsammlerin Helene Weigel gekocht.

Helene Weigel, um 1926
(Foto Brecht-Zentrum Berlin)

Maximilian Harden und Walther Rathenau

Im Sommer 1922 erschütterten zwei Mordanschläge die Ruhe der stillen Villenkolonie im Grunewald: Innerhalb von nur 9 Tagen wurden hier der Reichsaußenminister Walther Rathenau und sein langjähriger früherer Freund, der Publizist Maximilian Harden, Opfer von Attentaten aus der völkisch-nationalistischen Terrorszene um die Geheim-Organisation „Consul".
Beide Anschläge waren die letzten einer Folge „großer" politischer Attentate aus völkisch-antisemitischen Kreisen, die die junge Republik bedrohten und denen Rosa Luxemburg, Karl Liebknecht, der bayerische Ministerpräsident Kurt Eisner, Gustav Landauer, Leo Jogiches und Eugen Leviné zum Opfer fielen.
Walther Rathenau starb am 24. Juni 1922 in der Nähe seiner Wohnung in der Koenigsallee/Ecke Wallotstraße, wo ihm seine Mörder auflauerten und ihn im offenen Wagen erschossen. Nur wenige Tage später, am 3. Juli 1922, wurde Maximilian Harden spätabends unweit seiner Wohnung *Wernerstraße 16* von gedungenen Tätern überfallen und mit einer Eisenstange mehrfach brutal niedergeschlagen. Harden überlebte trotz schwerer Kopfwunden – aber nach dem Attentat, von dem er sich nie wieder erholte, wurde es still um den Mann in Grunewald, der über 30 Jahre der umstrittenste und bestinformierte Journalist in Deutschland und der schärfste und couragierteste Kritiker Kaiser Wilhelms II war. Sein Lebenswerk, die politische Wochenzeitung „Die Zukunft", mußte Harden nach dem Mordanschlag einstellen.
Mehr als zwei Jahrzehnte lang lebte der Publizist und Kritiker Maximilian Harden in der kleinen ockerfarbenen Villa, die der Architekt des Wertheim-Kaufhauses Alfred Messel für Lily und Heinrich Braun in der Wernerstraße erbaut hatte. Als das Sozialistenehepaar sich den aufwendigen Haushalt nicht mehr leisten konnte, kaufte Maximilian Harden das „Häuschen", wie er die spitzgiebelige, einstöckige Villa liebevoll nannte. Mit seiner Lebensgefährtin und späten Ehefrau Selma Frontheim-Harden sowie der gemeinsamen Tochter Maximiliane bezog Harden 1901 das kleine Landhaus und gab von hier aus in Alleinarbeit seine 1892 gegründete Wochenschrift „Die Zukunft" heraus. Als 17jähriger besuchte dort um 1901 der spätere „Pan"-Mitherausgeber Wilhelm Herzog sein publizistisches Vorbild:
„Das bürgerlich eingerichtete Haus war mit Büchern vollgestopft. Ich wurde zu ihm auf eine Veranda geführt, die unmittelbar an sein Arbeitszimmer stieß. Er empfing mich mit einer grünen Samtjoppe, das Gesicht schien mir sehr ermüdet wie von langer Nachtarbeit... Trotz der momentanen Ermüdung machte er einen ungewöhnlich jugendlichen Eindruck. ... In der Veranda befand sich ein kleines Sofa, auf das der Besucher zu sitzen kam,

und der angestammte Sessel des Hausherrn. In einer Ecke hing das Porträt des von Harden am höchsten geschätzten Staatsmannes, dessen Freundschaft er sich rühmte: Bismarcks. (...) Wir nannten ihn (Harden) *damals den ‚Einsamen vom Grunewald'.*"[1]

Harden pflegte die Tage von Montag bis Mittwoch, an denen er für niemanden zu sprechen war und sein Arbeitszimmer kaum verließ, um Material zu sammeln, Texte zu skizzieren und Manuskripte zu ordnen, als seine „Galeerentage" zu bezeichnen. Er war stolz auf seine Disziplin, die es ihm ermöglichte, in „wüstenhafter Einsamkeit" das pünktliche Erscheinen der „Zukunft" an jedem Freitag (in der Weimarer Republik Samstag) zu garantieren. Trotz spartanischer Lebensgewohnheiten war Harden persönlich sehr eitel. Er hatte einen auffallend gepflegten Künstlerkopf, aus dessen dunkler Lockenfülle er eine Locke stets kunstvoll in die Stirn drapierte.[2] Wegen dieser Eitelkeit mußte Harden den Spott seines Widersachers Alfred Kerr ertragen, der wie Harden den Ruf des besten Berliner Theaterkritikers für sich beanspruchte und dem Konkurrenten die Beinamen „Schauspielerin Harden" oder „Schminkeles" gab.

Maximilian Harden hatte seine berufliche Karriere tatsächlich als Schauspieler begonnen. 1861 wurde er unter dem Namen Felix Ernst Witkowski als Sohn des gebildeten und liberalen jüdischen Seidenhändlers Arnold Witkowski geboren. Eine Alterspsychose des Vaters verdüsterte jedoch später das Leben seiner Angehörigen, und der erst vierzehnjährige Felix Ernst, den der Vater gegen seinen Willen vom Gymnasium genommen hatte, flüchtete sich zu einem Wandertheater, um Schauspieler zu werden. Hier nahm er den Künstlernamen Maximilian Harden an und konvertierte als Sechzehnjähriger zum Protestantismus, um den Bruch mit dem Vater endgültig zu vollziehen. Sein Bildungshunger trieb den jungen Künstler nach Berlin zurück, wo er als Gasthörer germanistische und historische Vorlesungen bei Hermann Grimm, Ernst Curtius u.a. hörte. Ende der achtziger Jahre fand er Anschluß an den jungen Naturalismus und begann seine Journalistenkarriere als Theaterkritiker der neuen Richtung. Harden gehörte 1889 zu den Mitbegründern der „Freie Bühne", von der er sich aber bald wieder trennte, um zum erstenmal seine satirischen und zeitkritischen Feuilletons in Theodor Zollings „Gegenwart" zu veröffentlichen, die dann 1892 in zwei Sammelbänden unter dem Signum „Apostata" (d.i. der Abtrünnige) erschienen und seinen Ruhm begründeten. Im selben Jahr erschien die Nummer 1 der „Zukunft", die Harden vor allem der Verteidigung des zwei Jahre zuvor entlassenen Reichsgründers und Kanzlers Bismarck widmete. Gleichzeitig veröffentlichte er bissige publizistische Attacken gegen Kaiser Wilhelm II

---

1 Wilhelm Herzog: Maximilian Harden, in: ders., Menschen...1959, S. 71ff
2 Vgl.: Theodor Lessing: Maximilian Harden, in: Der jüdische Selbsthass, München 1984, S. 169

Maximilian Harden vor seinem Haus Wernerstraße 16
(Foto Landesbildstelle Berlin)

und die ihn beherrschende „Hofkamarilla", die keiner Kontrolle unterlag und einen unüberschaubaren Einfluß auf die Reichsregierung gewonnen hatte.

„Die Zukunft" wurde zum politischen Spiegel des Kaiserreichs, der fast ausschließlich die publizistische Arbeit eines Einzigen, nämlich die des Herausgebers selbst, reflektierte. Harden erwies sich als unglaublich geschickt im Anknüpfen von Verbindungen und dem Erschließen neuer Informationsquellen, was ihn in den Ruf des bestunterrichteten Mannes ganz Deutschlands brachte. Gerade im Ausland war Hardens Ansehen groß, und „Die Zukunft" war Pflichtlektüre für alle, die nach der Schattenseite des prunksüchtigen und säbelrasselnden Deutschlands suchten. Im Inland war „Die Zukunft" das Organ gebildeter Intellektueller aus dem liberalen Bürgertum, das seine Opposition weniger parteipolitisch artikulierte, als ein allgemeines Unbehagen am gesamten geistigen Klima und dem reaktionären Regierungsstil seiner Führung äußerte.

Die langjährige komplizierte Freundschaft Maximilian Hardens zu Walther Rathenau begann, als dieser ihm 1896 sein Manuskript „Höre Israel", ein flammendes Plädoyer für die Assimiliationsbereitschaft der deutschen Juden an die preußisch-deutsche Oberschicht, zusandte. Später bereute Walther Rathenau diesen Aufruf, der die Juden praktisch zur Massentaufe auffordern sollte, und verlangte stattdessen eine veränderte Politik, um die Juden vom „sozialen Makel" zu befreien, der z.B. ihm selbst die ersehnte Offizierskarriere verbaut hatte. Alfred Kerr vermutete, daß Rathenaus Aufruf „Höre Israel" keine Auseinandersetzung *„mit dem Judentum, sondern mit den Geschäftsfreunden seines Vaters war".*[3] Nach 1896 veröffentlichte Walther Rathenau noch mehrere Essays in der „Zukunft", die zumeist unter dem Pseudonym W. Hartenau erschienen. Walther Rathenau wohnte im Tiergartener Villenviertel in der Victoriastraße, bevor er 1909 das Schloß Freienwalde bei Berlin erwarb und mit dem Bau seines „schlichten Grunewalder Jagdhauses" an der *Koenigsallee 65* begann.

„Es war beileibe weder schlicht noch ein Jagdhaus – sondern barg im Innern, was das Herz begehrte. Und wie eine moslimische Moschee, von außen sehr schmucklos, nur innen allerlei Schönheit hißt: so trog die märkisch-unscheinbare Front dieses betont einfachen Landhäusleins über den üppigen Inhalt. Wilhelm kam hier oft vorbei, wenn er nach Potsdam fuhr; Walthers Freunde, gelegentlich auf seinen Nachteil bedacht... schoben ihm eine höfische List unter: der Kaiser sollte beim Vorüberfahren aufmerksam werden und nach dem Besitzer dieses „Jagdhauses" fragen, das in

---

3 Alfred Kerr: Walther Rathenau. Erinnerungen eines Freundes. Amsterdam 1935, S. 111

Walther Rathenau, um 1921
(Foto Landesbildstelle Berlin)

brandenburgischem Spartanertum von den prunkreichen Villen des Grunewalds ruckartig abstach..."[4]

Walther Rathenau war der vielseitig begabte Sohn des Großindustriellen und AEG-Gründers Emil Rathenau, der den eher musisch veranlagten Jungen dann doch zur Industriellen-Karriere gedrängt hatte. Obwohl er selbst kein Anhänger des Krieges war und dem patriotischen Taumel des Jahres 1914 gegenüber skeptisch blieb, organisierte Walther Rathenau während des ersten Weltkrieges den Rohstoffnachschub für die deutsche Kriegswirtschaft, was diesen Krieg und sein massenhaftes Sterben erst ermöglichte. Trotz seiner heute moralisch eher fragwürdigen „organisatorischen Meisterleistung" während des ersten Weltkrieges wurde der Jude Walther Rathenau von den Annexionisten der Kriegsjahre später als „Vaterlandsverräter" verdächtigt. Nach dem Krieg wurde die Friedenspolitik Walther Rathenaus von Nationalisten als „Erfüllungspolitik" gegenüber den Alliierten diffamiert. Auch seine Politik des Dialogs mit der Sowjetunion – er schloß am 17.4.1922 den Rapallovertrag – fand eher die Zustimmung der überzeugten Republikaner und Kriegsgegner. Wegen seiner Arbeiterfreundlichkeit wurde Walther Rathenau von seinen Standesgenossen mit Mißtrauen betrachtet, von der Linken wurde er als Kapitalist abgelehnt.

Auch der später überzeugte Pazifist Maximilian Harden erwies sich zu Beginn des Krieges als anfällig für die allgemeine nationale Euphorie. Aber schon im Herbst 1915 kündigte sich, angesichts des ungeheuren Blutzolls, den der Krieg forderte, eine Wandlung in seiner Stellung zum Kriege an, und Harden appellierte für einen Waffenstillstandsvertrag. In der „Zukunft" begann er, eine Nachkriegsutopie für die Schaffung eines Völkerbundes und ein modernes geeintes Europa zu entwerfen. In der Weimarer Republik kritisierte Harden die zaudernde Haltung der rechten Sozialdemokratie, die nicht entschieden genug die konterrevolutionären Kräfte und geheimen Verschwörer gegen die junge Republik bekämpfte. Politisch entfernte er sich allmählich von seinem ursprünglichen Leserkreis aus dem gebildeten Bürgertum und sympathisierte mit den Unabhängigen Sozialisten in der USPD. Dies wirkte sich auf den Absatz seiner Zeitung aus, deren Auflagenhöhe in der Weimarer Republik rapide zu sinken begann. Um 1920 war die Auflage der „Zukunft" auf gerade 1000 verkaufte Exemplare zurückgegangen.

Währenddessen wurde Hardens Freund Walther Rathenau von den Sozialdemokraten zum Außenminister ernannt. Die zu dieser Zeit wegen der Kompliziertheit und Verletzlichkeit beider Charaktere ohnehin schon anfällige und brüchige Freundschaft zerbrach im Jahre 1920 endgültig. Harden mißtraute sowohl Walther Rathenaus Wandlung vom Monarchisten zum

---

[4] ebd., S. 25f

Republikaner, als auch seinem politischen Talent. Ein gewisser Neid auf Rathenaus politische Ämter, die Harden selbst versagt blieben, mögen das Zerbrechen der Freundschaft begünstigt haben.

Der Mord an Walther Rathenau rief große Empörung beim demokratisch gesinnten Teil der deutschen Öffentlichkeit hervor. Am Tag vor Rathenaus Ermordung, dem 23. Juni, hatte der deutschnationale Abgeornete Karl Helfferich im Reichstag gegen die Erfüllungs- und Entspannungspolitik Walther Rathenaus gehetzt. Unter dem Eindruck des Mordes an ihrem Außenminister wurde Helfferich von den Abgeordneten der demokratischen Parteien aus dem Saal getrieben und als Mörder bezichtigt. Der Reichskanzler Dr. Wirth beendete seine Rede an diesem Tag mit dem berühmt gewordenen Satz: *„Da steht (nach rechts) der Feind, der sein Gift in die Wunden eines Volkes träufelt. – Da steht der Feind – und darüber ist kein Zweifel: dieser Feind steht rechts!"* [5]

Als Zeuge des Attentats verfaßte der Dramatiker Hermann Sudermann, der mit Rathenau befreundet war, am 24. Juni 1922 folgenden Tagebucheintrag: *„Dann um 11 mit Claire zur Stadt. Straßenbahnschaffner sagt uns, ein Schupo habe ihn nach einem Auto mit 3 in Leder gekleideten Männern gefragt, in der Erdener Straße sei ein Mord geschehen, wahrscheinlich ein politischer. Und an der Ecke stehen Gruppen erregter Maurer. Gehen zu Friedländer und gehen um 12 gemächlich zurück. In der Trabenerstraße sagt ein Schupo, von einem Mord in der Erdener Straße wisse er nicht, aber er habe zwei Frauen sagen hören, der „Präsident" Rathenau sei ermordet. Ich, eiskalt vor Entsetzen und hoffend, es sei nicht wahr, renne die paar Schritte zu Rathenaus Haus... Der Diener packt losweinend meine Hand. Und dann gehen wir ins Arbeitszimmer. Da liegt vorm Schreibtisch auf der Erde, mit weißem Laken bedeckt, ein längliches Etwas. Schlage das Laken zurück: Sein Gesicht – der rechte Unterkiefer durch eine drei Finger breit klaffende Wunde gespalten, der weißgewordene Spitzbart durch darüber geronnenes Blut wieder braun. ... Unser bester Mann – nun haben sie ihn zur Strecke gebracht. –"* [6]

Die Verhandlung im Mordfall Walther Rathenau ist eines der wenigen Beispiele, in denen der Staatsgerichtshof der Weimarer Republik zumindest bemüht war, zum Schutze der Republik zu agieren. In anderen politischen Prozessen gegen Rechtsradikale standen eher die Opfer, wie im Fall Harden, denn die Täter, die man als „Ehrenmänner" behandelte, vor Gericht. Da die beiden Hauptattentäter bei ihrer Verhaftung ums Leben kamen, blieben für die Verhandlung vor dem Staatsgerichtshof nur die Helfer und Begünstiger

---

[5] Zit.nach: Heinrich und Elisabeth Hannover: Politische Justiz 1918-1933, Frankfurt/M. 1969, S. 112
[6] Hermann Sudermann: Tagebucheintrag vom 24.6.1922, Blatt 455f., Hermann-Sudermann-Archiv

des Rathenau-Attentats übrig. Sie boten ihren Richtern das Bild blutjunger Leute aus gutem Hause. Alle bekannten sich freimütig zu ihrer Tat, verschwiegen aber hartnäckig ihre Hintermänner und Geldgeber. Der Staatsgerichtshof erkannte zwar den Antisemitismus als Tatmotiv, versäumte aber, der gleichzeitig republikfeindlichen Motivation der Täter nachzugehen und das gefährliche Treiben der Organisation „Consul" zu entlarven. So konnten nach dem Prozeß rechtsnationale Kreise triumphieren und in der „Deutschen Zeitung" verkünden, daß die *„ruchlose Hetze gegen rechts...erbärmlich zusammengebrochen"* sei.[7]

Der Prozeß gegen die Täter des Mordanschlages auf Maximilian Harden demonstriert die fatale republikfeindliche Stimmung unter den Richtern der Weimarer Republik. In den Attentätern sah man die Mitglieder der guten Gesellschaft, die die Richter zu schützen verpflichtet schienen, im Opfer aber den unbequemen und ungeliebten jüdischen „Enthüllungsjournalisten", den man gar als „Schädling des deutschen Volkes" im Verdacht hatte. Als Prozeßbeobachter war Kurt Tucholsky nach Moabit gefahren und urteilte empört in der „Weltbühne":

„Das muß man gesehen haben. Da muß man hineingetreten sein. Diese Schmach muß man drei Tage an sich haben vorüberziehen lassen: dieses Land, diese Mörder, diese Justiz."[8] (...)

„Dieser stille Vorwurf, daß er (Harden) *noch am Leben sei, diese Frechheit, ein Opfer zu „beleuchten", wo es sich um eine bezahlte Mordtat politischer Tröpfe handelte, diese vollkommene Vernachlässigung der Interessen des Nebenklägers und damit der Gerechtigkeit – das war mein Moabit..."*[9]

Als Nebenkläger des Prozesses gegen seine Attentäter wandte sich Maximilian Harden zum letzten Mal an die deutsche Öffentlichkeit und *„es sprach unser letzter Europäer von Ruf"* (Tucholsky).

„Ihr Deutsche geht zugrunde durch eure Solidarität mit euren Mördern!", rief Harden den Geschworenen entgegen. *„Gemietete Mordversucher wurden gestreichelt, und ihr Opfer soll im Kot gesudelt werden. Das ist deutsche Justiz! (...) Der Kern der ganzen Geschichte ist doch der: Wenn diese beiden* (die Attentäter) *Blumenstock und Veilchenfeld hießen und wenn der, der überfallen wurde, einen urgermanischen treudeutschen Namen hätte – sagen wir Max Klante..., glauben Sie, daß es dann genauso wäre?... Ich bin als blutjunger Mensch zum Christenglauben übergetreten. Das war eine Zeit, in der man von Rassenantisemitismus in Deutschland nichts wußte; sonst wäre es wohl eine Apostasie gewesen, und ich hätte es nicht getan. (...) Wenn Sie mich, weil ich als Judenknabe auf die Welt gekommen bin, nicht*

---

7 H. u. E. Hannover: Politische Justiz, Frankfurt/M. 1969, S. 124
8 Kurt Tucholsky: Prozeß Harden, in: Kurt Tucholsky. Ausgewählte Werke, Bd. 2, Berlin 1964, S. 494
9 ebd.: S. 501

haben wollen, dann nicht! Ich habe auch Rathenau oft gesagt: Warum schreiben und sagen Sie immer „wir" Deutsche? Man will die Juden doch nicht zu den Deutschen rechnen. Ich liebe den deutschen Menschen, aber ich dränge mich ihm nicht auf. Die Art, wie er seine Rechtsgeschäfte ordnet, mag er vor sich, vor seinen Kindern und vor dem, was ich das Weltgewissen genannt habe, verantworten." [10]

Der bezahlte Mordversuch an Maximilian Harden wurde vor Gericht nur als „Körperverletzung" gewertet, die Attentäter zu niedrigen Freiheitsstrafen verurteilt. Die Aufdeckung der Hintermänner unterblieb vollständig, obwohl umfangreiches schriftliches Beweismaterial vorlag. Nach dem Attentat blieben Harden noch fünf Jahre, die er wegen seiner angegriffenen Gesundheit meistens in Schweizer Sanatorien verbrachte. Er starb am 30. Oktober 1927 in Montana in der Schweiz im Beisein Franz Pfemferts, mit dem er die Wiederherausgabe der „Zukunft" besprechen wollte. Der Leichnam Maximilian Hardens wurde im Krematorium Wilmersdorf eingeäschert. Max Reinhardt richtete die Totenfeier aus. Danach wurde die Urne auf dem Friedhof Heerstraße beigesetzt. Hardens Witwe, Selma Frontheim-Harden, nahm sich kurz nach seinem Tod das Leben. Die Tochter Maximiliane Harden trat 1933 demonstrativ zum Judentum über, das ihr Vater einst verlassen hatte.

---

10 Maximilian Harden: Rede vor den Geschworenen im Prozeß gegen seine Attentäter, Dezember 1922, in: Ders.: Kaiserpanorama. Literarische und politische Publizistik. Herausgegeben und mit einem Nachwort von Ruth Greuner, Berlin (Ost) 1983, S. 317ff

Kurt Tucholsky, 1928 in Paris
(Foto Akademie der Künste Berlin)

Mahner und Moralisten

Kurt Tucholsky

Der „kleine, dicke Berliner, der mit seiner Schreibmaschine eine Katastrophe aufhalten wollte" (Erich Kästner), wurde im Januar 1890 in Berlin-Moabit, Lübecker Straße 13, geboren. Zu der Zeit, als dort die angesehene Kaufmannsfamilie Tucholsky wohnte, war das Quartier um die Lübecker Straße noch ein gediegenes Wohnviertel gutbürgerlichen Zuschnitts. Nach dem Abitur im Frühjahr 1909 begann Kurt Tucholsky mit dem Jurastudium, das er 1915 mit der Promotion abschloß. Dies befähigte den späteren Journalisten Dr. jur. Kurt Tucholsky, ein brillanter Justizkritiker zu werden. Bereits während seiner Schul- und Studienjahre hatte Tucholsky sich schriftstellerisch betätigt: 1907 erschien seine erste Veröffentlichung, das „Märchen", im „Ulk", der satirischen Beilage des Berliner Tageblatts aus dem Mosse-Verlag, und 1912 wurde er mit dem Kurzroman „Rheinsberg" schlagartig berühmt. In diesem Jahr bezog der Student Kurt Tucholsky eine Wohnung in der *Nachodstraße 12* und eröffnete seine „Bücherbar" am Kurfürstendamm, was die Hüter der bürgerlichen Kultur als typische Dekadenzerscheinung des Berliner Westens beschimpften. Ein Jahr darauf, zu Kurt Tucholskys 23. Geburtstag, am 9. Januar 1913, erschien seine erste Arbeit in der damaligen „Schaubühne" (der späteren „Weltbühne") Siegfried Jacobsohns. Bald entwickelte sich eine enge, freundschaftliche Beziehung zu dem Herausgeber, und mit 5 PS, den Pseudonymen Peter Panther, Theobald Tiger, Ignaz Wrobel, Kaspar Hauser, sowie unter dem eigenen Namen Kurt Tucholsky, wurde der junge Autor der berühmteste und wichtigste Mitarbeiter Siegfried Jacobsohns. Nach seiner Promotion 1915 wurde Kurt Tucholsky zum Kriegsdienst einberufen und an die Ostfront geschickt. Aus dem Krieg zurückgekehrt, wurde er zum überzeugten und engagierten Pazifisten, der 1919 mit Carl von Ossietzky in der „Deutschen Friedensgesellschaft" den Slogan „Nie wieder Krieg" prägte. Zwischen 1918 und 1920 übernahm Kurt Tucholsky neben seiner Tätigkeit für die „Weltbühne" die Chefredaktion des „Ulk", die Theodor Wolff, der Herausgeber des „Berliner Tageblatt", ihm angeboten hatte. Da er 1920 die Ärztin Else Weil heiratete, suchte Kurt Tucholsky im selben Jahr nach einer größeren Unterkunft. Sein „Traumhaus" beschrieb der von der Wohnungssuche Geplagte am 18.6.1920 in einem Beitrag des Berliner Tageblatts, unter dem Titel „Kaiserallee 150":
„.... das Haus, in dem die Wohnung frei ist, liegt auf der Grenze zwischen Wilmersdorf und Friedenau. In der Kaiserallee. Kaiserallee 150. Sie sehen das Haus schon, wenn sie vom Kaiserplatz kommen und unter der Bahn-

überführung hindurchgehen... Es ist ein großer gelber Kasten – ... Es ist ganz schmucklos und einfach und hat nicht einmal Stuckverzierung aufzuweisen..., ein paar große Bäume stehen davor – aber nicht so, daß dadurch die Aussicht aus den Fenstern gehemmt oder daß die Zimmer etwa dunkel wären. ... Eine schöne, ruhige Fünfzimmerwohnung, mit Bad und Zentralheizung... Die Türen schließen, die Wände sind so dick, daß sie in einem Zimmer nicht hören, was im anderen gesprochen wird; die Badewasserleitung funktioniert, die Wanne ist ganz... Im dritten Stock wohnt der Wirt... Ja – es ist ein berliner Wirt... und trotzdem hat er die Mieten noch nicht weiter gesteigert, als die allgemeinen Vorschriften besagen. Das Mieteinigungsamt hat da noch keiner angerufen. Es ist auch gar nicht nötig. Der Mann läßt alle Reparaturen freiwillig ausführen, ohne Prozeß und Quengelei. ... Teppiche werden nur freitags und sonnabends geklopft... Papageien kreischen nicht. Dienstmädchen klatschen nicht. So ein Haus ist das." [1]

Heute heißt die Straße, an der Tucholskys „Traumhaus" stand, Bundesallee. Doch nach einer Nummer 150 sucht man auch heute vergeblich, denn leider gab es dieses Haus gar nicht, wie Kurt Tucholsky seine verblüfften Leser zum Schluß des Artikels aufklärte. Solche Traumwohnungen waren in Berlin auch um 1920 rar. Dennoch verlief die Wohnungssuche des Ehepaars Tucholsky-Weil erfolgreich. Nur kurze Zeit später bezogen Kurt Tucholsky und seine Frau eine Wohnung in der Kaiserallee 79 in Friedenau, ganz in der Nähe von Tucholskys „Traumhaus".

Wegen akuten Geldmangels – die Inflation fraß seine Honorare auf – trat Kurt Tucholsky 1923 in das Berliner Bankhaus Bett, Simon & Co ein. Kurz darauf wurde der tüchtige Tucholsky zum Privatsekretär des Bankiers Hugo Simon befördert. Tucholsky kündigte diese Stellung zwar bald wieder, hatte aber aus dem Milieu des Bankhauses seine berühmte literarische „Wendriner"-Figur gewonnen. Nach der Scheidung von Else Weil und der Heirat mit Mary Gerold im Jahre 1924 verließ Kurt Tucholsky die Friedenauer Wohnung und Berlin, um sich in Paris niederzulassen. In Deutschland hatte Tucholsky seit diesem Jahr nie wieder einen festen Wohnsitz, der große Moralist war deutschlandmüde geworden. Schon früh hatte er vor der Bedrohung der Weimarer Republik durch rechtsnationalistische Kreise gewarnt und als Justizkritiker die Rolle der Weimarer Richter im Zerstörungsprozeß der Republik nachgewiesen.

Die Witwe des Weltbühnenherausgebers Siegfried Jacobsohn rief Kurt Tucholsky nach Jacobsohns Tod am 3. Dezember 1926 nach Berlin zurück. Tucholsky eilte aus Paris herbei, um die Chefredaktion der „Weltbühne" vor-

---

[1] Kaiserallee 150, in: Berliner Tageblatt, Nr. 276, 18.6.1920, zit. nach: Kurt Tucholsky: Deutsches Tempo, Reinbek 1990, S. 196ff

übergehend, als Vorgänger Carl von Ossietzkys, zu übernehmen. In Briefen an seine Frau Mary schilderte Tucholsky die Schwierigkeiten, in Berlin wieder eine angemessene Bleibe zu finden:
„...*nun bin ich also umgezogen, ... Wohnt* (sic!) *jetzt Duisburgerstr. 16"* informierte Kurt Tucholsky seine Frau am 11.3.1927 über sein provisorisches Wilmersdorfer Domizil. In Aussicht hat er „*drei kleine, saubere Zimmer... Dies kostet auch 250, ist aber viel reinlicher"* [2] als die offensichtlich schmuddelige Unterkunft in der Duisburger Straße.
Wenige Tage später, am 20. März, ergänzte Tucholsky beunruhigt: „*Heute hat Frau Hesterberg angerufen, die hier einmal in der vierten Etage gewohnt hat, sie warne mich: die Wirtsleute seien Diebe. In der Tat ist die Atmosphäre höchst merkwürdig – ein schwachsinniger Mann, eine Frau, die auf mich von Anfang an einen etwas eigentümlichen Eindruck gemacht hat."* [3] „*Ich werde wohl hier rausmachen, denn die Warnung der Hesterberg ist mir mächtig in die Knochen geschlagen"* [4], beschloß Kurt Tucholsky tags darauf und teilte am 29. März 1927 seiner Frau die neue Adresse in der Kantstraße 152 mit.
Als Carl von Ossietzky sich in die Chefredaktion der „Weltbühne" eingearbeitet hatte, kehrte Tucholsky nach Paris zurück. Nach der Trennung von seiner Frau Mary verließ er 1929 Frankreich und nahm seinen Wohnsitz bewußt im neutralen Schweden – in Hindas –, denn der Pazifist Tucholsky verurteilte den französischen oder englischen Militarismus ebenso wie den deutschen. Im Sommer 1931 trafen sich die Freunde Walter Hasenclever und Kurt Tucholsky in London, denn Tucholsky wollte sein lange geplantes Buchprojekt über Christoph Kolumbus mit Hilfe des erfahrenen Bühnenautors verwirklichen. 1932 besuchte Walter Hasenclever den Freund noch einmal in Schweden, und unter allerlei Schwierigkeiten – denn beide Autoren waren krank – entstand die Kommödie „Christoph Kolumbus oder Die Entdeckung Amerikas". Bei der Uraufführung in Leipzig fiel das Stück vor einem empörten Kleinbürgerpublikum durch und wurde nur zweimal aufgeführt. Fortan veröffentlichte Kurt Tucholsky nichts mehr.
Im Mai 1932 mußte der Weltbühnen-Herausgeber Carl von Ossietzky eine Gefängnisstrafe in Tegel antreten. Er war aufgrund der Veröffentlichung des Tucholsky-Artikels „Windiges aus der deutschen Luftfahrt", in dem der Autor Deutschlands heimliche Aufrüstung anprangerte, wegen Landesverrat verurteilt worden. Carl von Ossietzky wurde am 22. Dezember 1932 amnestiert, bevor ihn die Nazis Anfang 1933 erneut einkerkerten. Im schwedischen Exil machte sich Tucholsky später heftige Vorwürfe, daß er nicht zum

---

2 Kurt Tucholsky: Unser ungelebtes Leben. Briefe an Mary, Fritz J. Raddatz (Hrsg.), Frankfurt/M. 1983 (Lizensausgabe), Brief Nr. 17, S. 455
3 ebd.: Brief Nr. 20, S. 460
4 ebd.: Brief Nr. 21, S. 462

Ossietzky-Prozeß nach Berlin gereist war. Andererseits war Tucholsky hellsichtig genug, nicht wie Carl von Ossietzky unter Lebensgefahr in Deutschland auszuharren. Ab 1934 setzte sich Kurt Tucholsky in vielen Briefen und Petitionen für die Verleihung des Friedensnobelpreises an den in Deutschland eingekerkerten Pazifisten ein, damit er international bekannt und deshalb besser geschützt würde.

Nachdem er lange Monate von heftigen Depressionen gequält war, nahm sich Kurt Tucholsky am 21.12.1935 mit einer Überdosis Schlaftabletten in seinem Haus in Hindas das Leben. Seine Urne wurde im schwedischen Mariefred beigesetzt.

Walter Hasenclever

Zwischen den Jahren 1909 und 1914, als in Berlin die ersten Hefte von Herwarth Waldens „Sturm" und Franz Pfemferts „Aktion" erschienen, hielt sich der 1890 in Aachen geborene Schriftsteller Walter Hasenclever in Leipzig auf, wo er in einer der Ursprungszellen des literarischen Expressionismus verkehrte. Dort kamen Max Brod, Johannes R. Becher, Paul Zech, Alfred Wolfenstein, Else Lasker-Schüler sowie Franz Blei und René Schickele zusammen, in deren Zeitschrift „Die weißen Blätter" Walter Hasenclever 1913 zum erstenmal sein expressionistisches Drama „Der Sohn" veröffentlichte. Mit diesem epochemachenden Stück, das den Generationenkonflikt einer aufbegehrenden Jugend gegen ihre Väter thematisierte, setzte Walter Hasenclever seinem eigenen tyrannischen Vater ein unrühmliches literarisches Denkmal.

Zum Kriegsdienst meldete sich Walter Hasenclever 1915 zunächst freiwillig und wurde durch diese Erfahrung, wie viele seiner Zeitgenossen, zum überzeugten Kriegsgegner. Nach der „Sohn"-Premiere, die 1916 nur als geschlossene Aufführung in Dresden stattfinden konnte, beschloß er, nicht mehr an die Front zurückzukehren. Bis 1917 war er Patient im Lazarett-Sanatorium in Dresden-Loschwitz, wo es ihm gelang, eine Psychose vorzutäuschen, indem er die Rolle des reumütigen „Sohnes", der glaubte, den eigenen Vater ermordet zu haben, nach der Vorlage seines eigenen Dramas konsequent weiterspielte. Für seine im Sanatorium geschriebene Anti-Kriegstragödie „Antigone" erhielt der junge Dramatiker 1917 den Kleistpreis.

Zur Novemberrevolution 1918 reiste Walter Hasenclever zum ersten Mal nach Berlin, wo er sich zunächst im Hotel Koschel in der Motzstraße 7 einquartierte. Das Hotel war ein beliebter Aufenthaltsort von Schriftstellern und bot damals auch Else Lasker-Schüler, Theodor Däubler, Albert Ehrenstein und Ernst Rowohlt Unterkunft. In den nächsten Jahren wechselten sich Hasenclevers häufige Berlin-Reisen mit Aufenthalten in Dresden ab, wo Walter Hasenclever zwischen 1917 und 1924 seinen festen Wohnsitz hatte. Ab 1920

Walter Hasenclever, um 1933
(Foto Schiller-Nationalmuseum Marbach a. N.)

mietete er für seine regelmäßigen Berlin-Besuche ein Zimmer in der *Albrecht-Achilles-Straße 85* in Wilmersdorf. Von hier aus reiste er 1924 nach Paris, wo er durch Vermittlung seines Freundes Karl Pinthus bis 1928 als Korrespondent des Berliner „8-Uhr-Abendblatt" tätig war. Die Pariser Zeit inspirierte den Dramatiker zur Komödie: 1927 entstand „Ein besserer Herr". Das 1928 geschriebene Stück „Ehen werden im Himmel geschlossen", in dem der liebe Gott liebenswürdig aber hilflos in der Maske Gerhart Hauptmanns auftritt, brachte Walter Hasenclever eine Anzeige wegen Gotteslästerung ein. Der berühmte Strafverteidiger Max Alsberg, der selbst Dramatiker war, schrieb ein Gutachten für Walter Hasenclever, so daß die Staatsanwaltschaft in Berlin, Frankfurt und Weimar ein Strafverfahren schließlich ablehnte. Der außergewöhnliche Erfolg des Stückes in Berlin zog dennoch einen jahrelangen Kampf der katholischen und protestantischen Kirche nach sich, und in Wien, wo Max Reinhardt bereits mit den Proben begonnen hatte, kam es im April 1929 doch noch zum Prozeß. Während das Hasenclever-Verfahren noch schwebte, hat Max Alsberg selbst seine Prozeßerfahrung in dem Anklagestück „Die Voruntersuchung" literarisch verwertet.[5]

Nach vier Jahren in Paris, wo er Freundschaft mit dem schon lange berlinmüden Kurt Tucholsky schloß, überkam Walter Hasenclever die Sehnsucht nach der Spreemetropole, der er 1928 eine Liebeserklärung schrieb: *„Ich lebe seit Jahren in Paris, habe manches erzählt, was mir dort sehr gefallen hat. Aber wenn ich drei Monate die Luft der Boulevards geatmet habe, wo die Männer noch Zeit haben, die Frauen zu lieben, bekomme ich plötzlich Sehnsucht nach Berlin. Ich weiß nicht warum. Ich möchte auf der Brükke in Halensee stehen, die grünen Vorortbäume sehen, den Lindenduft im Grunewald atmen, am Alexanderplatz Zeitungen lesen. Ich möchte durch märkische Wälder fahren, nachts auf dem Wannsee rudern, im Wellenbad familiär sein. Ich möchte fünfzigmal am Tage angerufen werden und keine Nacht schlafen. Schlagt mich tot. Ich liebe Berlin."*[6]

1930 gab Walter Hasenclever seiner Sehnsucht nach und mietete eine Wohnung in der Künstlerkolonie am *Laubenheimer Platz 2* (heute *Ludwig-Barnay-Platz*). Dort war er dann aber nur selten anzutreffen, da ihn häufige Reisen nach Marokko, nach Hollywood, wo er ein Drehbuch für Greta Garbo ausarbeitete, oder mit Freund Tucholsky nach London oder Schweden führten.

Walter Hasenclever hatte in seinen Dramen den Faschismus und Nazismus verhöhnt und war sich deshalb wie sein Freund Kurt Tucholsky der Gefahr

---

5 Vgl.: Kurt Pinthus: Walter Hasenclever. Leben und Werk (Vorwort), in: Walter Hasenclever: Gedichte, Dramen, Prosa, Reinbek 1963, S. 41ff
6 Walter Hasenclever, zit. nach: Karl Voß: Reiseführer für Literaturfreunde. Berlin. Vom Alex bis zum Kudamm, Frankfurt/M. 1986, S. 403

bewußt, der er sich im nationalsozialistischen Deutschland aussetzen würde. Beim Machtantritt der Nazis hielt er sich außerhalb der deutschen Grenzen auf. Von einer Marokko-Reise Ende 1932 kehrte Hasenclever nicht mehr nach Berlin zurück, sondern verharrte als Emigrant in Nizza. 1937 kaufte sich der Dramatiker einen Landsitz in der Nähe von Florenz, wo er am 28. April 1938, während des Hitler-Besuches bei Mussolini, verhaftet wurde. Diese Verhaftung löste bei Walter Hasenclever einen Schock aus. Nie mehr wurde er die Furcht los, von der Gestapo verhaftet und zu Tode gefoltert zu werden. Er verließ seinen italienischen Besitz und ließ sich wieder in Frankreich, in Cargnes-sur-mer, nieder. Um 1939/40, nach dem Tod der Freunde Kurt Tucholsky und Ernst Toller, erwog Walter Hasenclever die Auswanderung nach Amerika, um sich dort in Sicherheit zu bringen. Er fühlte sich dann aber der erneuten Emigration nicht mehr gewachsen. Als deutsche Truppen im Frühjahr 1940 Frankreich überfielen, wurde Walter Hasenclever, wie alle anderen deutschen Emigranten, interniert. Er saß mehrere Monate lang im Lager Les Milles, einer alten Ziegelei in der Nähe von Aix en Provence. Als die Deutschen näherrückten, versprach der Lagerkommandant von Les Milles die Ankunft eines Eisenbahnzuges, der von der Gestapo gesuchte Häftlinge in Sicherheit bringen würde. Das lange Warten zermürbte Walter Hasenclever. Während seine Lagerkameraden Alfred Kantorowicz, Lion Feuchtwanger und Franz Schoenberger ihre Sachen zusammenpackten, um reisefertig zu sein, schluckte er in der Nacht zum 21.6.1940 eine Überdosis Veronal, da er die Hoffnung für sich verloren hatte. Er starb tags darauf, am 21. Juni, als der Zug in Les Milles eintraf. Walter Hasenclever liegt auf dem Friedhof von Aix-en-Provence in Südfrankreich begraben.

Ernst Toller

Nach der Niederschlagung der bayerischen Räteregierung, die als „Revolution der Dichter" begonnen hatte, wurde der Dramatiker und Räterepublikaner Ernst Toller zu fünf Jahren Festungshaft in der bayerischen Strafanstalt Niederschönenfeld verurteilt. Nur der internationale Protest und Fürspruch von Thomas Mann, Romain Rolland, Carl Hauptmann, Max Halbe und anderen, der Linkslastigkeit unverdächtigen Schriftstellern, bewahrte den Dramatiker vor dem Todesurteil. Nach Verbüßung der Haftstrafe wurde Ernst Toller der bayerischen Landesgrenzen verwiesen und fand zunächst Unterkunft in Berlin-Charlottenburg, in der Wohnung seines Freundes, des ehemaligen Räterepublikaners und Mithäftlings Ernst Niekisch, in der Pestalozzistraße 61.
Durch die während seiner Haftzeit geschriebenen Theaterstücke „Masse Mensch" (1919), „Die Maschinenstürmer" (1921), „Hinkemann" (1922) war Ernst Toller zum berühmtesten und umstrittensten Dramatiker der Weimarer

Republik geworden. Zu seinen Verehrerinnen, die seine Stücke bewunderten, zählte die Frau des Warenhausbesitzers Hermann Tietz. Damit er sich von den Strapazen seiner Haft erholen könne, stellte Frau Tietz dem Dramatiker ihre Villa an der *Kaiserallee/Ecke Berliner Straße* für einige Wochen zur Verfügung, währenddessen sie mit ihrem Mann auf Reisen weilte. Da Ernst Toller sich in dem riesigen herrschaftlichen Haus bald einsam fühlte, lud er seinen Freund Walter Hasenclever ein, die großzügige Unterkunft mit ihm zu teilen. Nach der langen kargen Haftzeit zu Späßen aufgelegt, kam Ernst Toller die Idee, zusammen mit Walter Hasenclever eine Party mit Gästen aus Berlins High Society zu veranstalten, die auf Frau Tietzens persönlicher Gästeliste vermerkt waren. Auf den goldbedruckten Einladungskarten des Hauses Tietz hatten die Freunde um Abendgarderobe ausdrücklich gebeten. Am Partyabend bewirteten Ernst Toller und Walter Hasenclever die neugierig und zahlreich erschienenen Gäste mit „Henckell trocken" und Kartoffelpuffern. Die originelle Zusammenstellung amüsierte die Berliner Gesellschaft, und man verspeiste das simple Gericht mit gutem Appetit. Doch nur eine halbe Stunde später zeitigte das schlichte Mahl unangenehme, höchst peinliche Folgen: Etwa hundert Gäste mußten plötzlich zur Toilette, denn Toller und Hasenclever hatten die Puffer in Rhizinusöl ausgebacken. Bei nur drei Toiletten im Haus blieb vielen Gästen nur die Flucht in den Garten. Am nächsten Morgen verbreiteten die Männer von der Berliner Müllabfuhr die Nachricht, daß „Berlins Bonzen verscheißert" wurden, während die bürgerliche Presse den peinlichen Durchfall verschwieg.[7] In den kommenden Jahren hielt Ernst Toller sich häufig auf Auslandsreisen in Palästina, England, Österreich, Skandinavien, der Sowjetunion und Frankreich zu politischen Vorträgen, Diskussionen und Lesungen auf. Als im Frühsommer 1927 Erwin Piscator mit den Proben zu Tollers neuem Stück „Hoppla, wir leben!" begann, reiste Ernst Toller nach Berlin und bezog das Gärtnerhaus des Anwesens *Koenigsallee 45-47*, das Verwandte der Verleger-Familie Fischer ihm vermietet hatten. Im Dachgeschoß der Villa wohnte zur selben Zeit die Schriftstellerin Vicki Baum. Mit der Premiere von „Hoppla, wir leben!" eröffnete Erwin Piscator am 3. September 1927 sein Theater am Nollendorfplatz. 1931 erhielten Ernst Toller und Walter Hasenclever den Auftrag, für Metro-Goldwyn-Mayer in Hollywood die deutsche Fassung des Filmes „Big House" zu erarbeiten, die in Deutschland unter dem Titel „Menschen hinter Gittern" in die Kinos kam.
Nach dem Reichstagsbrand am 27. Februar 1933 durchwühlte SA Ernst Tollers Wohnung in der Lietzenburger Straße 8. Der Dramatiker entging seiner Verhaftung, weil er sich zu einem Radiovortrag in der Schweiz aufhielt. Am

---

7 Vgl.: Jürgen Serke: Ernst Toller. Opfergang für die Vision vom gütigen Menschen, in: Ders.: Die verbrannten Dichter, Weinheim 1977, S. 19f

Ernst Toller, 1927
(Foto Landesbildstelle Berlin)

23. August 1933 stand Ernst Tollers Name auf der ersten Ausbürgerungsliste des Dritten Reiches. Die ersten Exilmonate verbrachte Toller in Jugoslawien, England, der Sowjetunion und der Schweiz. Von 1934 bis 1936 lebte er in London. Im Oktober 1936 kam Toller zu einer ausgedehnten Vortragsreise durch die USA im Hafen von New York an. Auf vielen Massenveranstaltungen quer durch Amerika warnte Ernst Toller vor Hitler und dem drohenden Krieg. 1938 reiste er durch Spanien und wurde von Barcelona mit dem Flugzeug in das von faschistischen Truppen belagerte Madrid gebracht. Erschüttert von der Not der Zivilbevölkerung bat Toller in einem Radioaufruf den amerikanischen Präsidenten Roosevelt um Hilfe für das hungernde Spanien. In Frankreich leitete er dann eine internationale Aktion für die Spanien-Hilfe ein und unternahm, nach seiner Rückkehr in die USA, wo er im Weißen Haus empfangen wurde, eine Werbereise für sein Spanien-Projekt quer durch Europa. Nach dem Sieg der Franco-Truppen über die spanische Republik und der internationalen Anerkennung des Franco-Regimes, nach dem Tod seiner Freunde Carl von Ossietzky, Erich Mühsam und vieler anderer, die in deutschen Konzentrationslagern ermordet wurden, erhängte sich Ernst Toller am 22.5.1939 in seinem Zimmer im New Yorker Hotel „Mayflower". Im Gefühl der Ohnmacht gegenüber einer der Barbarei verfallenden Welt war Ernst Toller lebensmüde geworden.

Chronisten der Großstadt

Georg Hermann

„Hundertmal im Jahr gedenke ich seiner dankbar! In jenen vielen, vielen Fällen, da man sich des Glückes bewußt wird, in Berlin leben zu dürfen, in dieser ruppigen und schönen Stadt, die noch in den Flegeljahren ist..."[1]
– erinnere er sich Georg Hermanns, bekannte Jan Altenburg in der „Weltbühne" vom August 1921, im fünfzigsten Lebensjahr des damals berühmten Berliner Schriftstellers.
Heute kennen nur noch wenige das Werk des einst so beliebten Autors und Chronisten der Stadt Berlin. Durch seinen Erfolgsroman „Jettchen Gebert" (1906) wurde Georg Hermann als vorzüglicher Kenner des jüdischen Berliner Bürgertums der Biedermeierzeit bekannt. Das Etikett „Biedermeier-Autor" haftete Georg Hermann an, wenn man sich später mit seinem Werk beschäftigte. Aber Georg Hermann betrachtete die Biedermeierzeit weniger verklärt nostalgisch, sondern eher als eine „eminent politische Periode". Als sein für die Kunstgeschichte bahnbrechendes Werk „Das Biedermeier im Spiegel seiner Zeit" (zuerst 1913) 1965 in einer Neuausgabe erschien, wurden Hermanns politische Texte herausgestrichen oder gekürzt, so daß der Akzent des Buches sich auf das „harmlos Biedermeierliche" verschob.
Vor allem anderen ist Georg Hermann ein hervorragender Zeuge Berlins um 1900: Als um die Jahrhundertwende Berlins Neuer Westen entstand, war er der literarische Chronist der schnell wachsenden Vororte Schöneberg, Charlottenburg und Wilmersdorf. Hermanns Berlin-Bücher waren nicht den herrschaftlichen Bauten und protzig-preußischen Denkmälern der Metropole gewidmet, sondern den nüchternen, schlichten Straßen des Neuen Westens sowie den vielen kleinen Leuten, den Dienstmädchen und Barbieren, fleißigen Kaufleuten und schüchternen Privatgelehrten, die die neuen Stadtviertel lebendig machten. Georg Hermann betrachtete die emsige Bevölkerung seiner Heimatstadt mit so viel wachem Witz und feiner Ironie, *„daß man nicht mehr an der Gedächtniskirche vorbeigehen oder einen Wortwechsel auf der Elektrischen belauschen kann, ohne gleichsam mit Augen und Ohren Georg Hermanns zu sehen und zu hören"*[2], schrieb Hermanns Zeitgenosse Jan Altenburg.

---

[1] Jan Altenburg: Georg Hermann, in: Die Weltbühne, 17. Jg., Bd. III, Nr. 32 (August) 1921, S. 147
[2] ebd., S. 148

Von den „echten" Heimatdichtern trennte Georg Hermann aber die kritische Distanz zu seinen Zeitgenossen und zu seiner Stadt, sowie die Übernationalität seines Geistes.

Georg Hermanns Geburtshaus stand in Friedenau, das damals zur Gemeinde Wilmersdorf gehörte, an der Heiliggeist-/Ecke Friedrichstraße, wo er im Oktober 1871, als jüngster Sohn des wohlhabenden Kaufmanns Hermann Borchardt und dessen aus großbürgerlich jüdischem Hause stammenden Frau Berta geborene Levin, zur Welt kam. Die guten Tage im Elternhaus hat Georg Hermann nicht mehr bewußt erlebt, denn nur wenige Jahre nach seiner Geburt, mitten im Wirtschaftsboom der Gründerzeit, mußte der Vater Bankrott anmelden. Nach dem geschäftlichen Zusammenbruch zogen die Borchardts in den Alten Westen, in das Haus Bülow-/Ecke Frobenstraße, dessen Fassade ein „Luisenmedaillon" ziert. Hier erlebte Georg Hermann die Besuche der Gerichtsvollzieher, die Schuldhaft des Vaters und die Pfändung des gesamten Mobiliars. Sein Leben lang wohnte Georg Hermann *„zwischen Möbeln, die hinten die letzten Spuren der abgekratzten Siegel tragen"*.[3] Nach dem finanziellen Ruin erlitt Hermann Borchardt einen Schlaganfall, von dem er sich nicht wieder erholte. Er starb 1890 als gebrochener Mann. Nicht zufällig veröffentlichte Georg Hermann sein Werk, das den Schwachen und Erfolglosen gewidmet war, unter dem Vornamen seines Vaters. Dessen geschäftlichem Scheitern verdanke er die Zähigkeit, mit der er seinen eigenen Berufswunsch verwirklicht habe.

Des literarisch gebildeten Vaters *„Lieblingsschriftsteller war Börne. Am Tage seines Todes bat er nochmals um ein Buch zum Lesen; aber nicht den Börne, den könne er auswendig. Ich bin meinem Vater heute noch unendlich dankbar, daß er das Martyrium eines bald zwanzigjährigen Elends zu meinem Besten auf sich genommen hat. Denn hätte er das nicht getan und sich nicht in der Gründerzeit in Häusern verspekuliert, sondern im Gegenteil zu jener Gruppe gehört, die damals noch reicher geworden sind, ich wäre heute gewiß ein Frauenarzt am Kurfürstendamm (durchs Gymnasium hätte man mich schon mit einem Stab von Hauslehrern rechtzeitig hindurchgepreßt), oder ich wäre ein gesicherter anständiger Bürger..., mit versumpfter Sehnsucht und verkümmertem Menschentum; und ich wäre genau so von meiner Würde und Wichtigkeit überzeugt, wie ich es heute nicht bin."*[4]

Nachdem er seine Schulzeit am Gymnasium „abgesessen" hatte, wurde Georg Hermann Lehrling in einem Krawattengeschäft und studierte nach der Militärzeit an der Heidelberger Universität Kunstgeschichte. Bereits während der Militärzeit schrieb Georg Hermann seinen autobiographischen

---

3 Georg Hermann. Meine Eltern, in: Die Reise nach Massow. Erzählungen und Skizzen, hrsg. von Bernhard Kaufhold, Berlin (Ost) 1973, S. 287
4 ebd.: S. 288f

Georg Hermann
(Foto Akademie der Künste Berlin)

Erstling „Spielkinder", der 1896 veröffentlicht wurde. Nach dem Studium arbeitete er als Kunstkritiker bei Ullstein. In der „Vossischen Zeitung" erschien 1906 der Erfolgsroman „Jettchen Gebert", der bis in die dreißiger Jahre hinein ein Bestseller war. Für diesen Roman hatte Georg Hermann in Sammlungen und Museen intensive Quellenstudien betrieben, um das Kolorit der Biedermeierzeit stilgerecht zu treffen. Auch zu Hause, in der eigenen Wohnung *Trabener Straße 19*, hatte sich der leidenschaftliche Kunstsammler mit allerlei Gebrauchsgegenständen, Möbeln und Porzellanfiguren aus Jettchen Geberts Epoche eingerichtet. Georg Hermanns Tochter Hilde schrieb 1933 über die Wohnung ihrer Eltern, die sie später im Roman wiederentdeckte:
„Es sind alle Biedermeiermöbel da, die im „Jettchen Gebert" beschrieben sind, selbst das Pappkästchen, von dem es im Buch heißt: „... und auf der niederen Servante das zierliche goldene Pappkästlein von kunstvoll durchbrochenen Wänden..." [5]
Als wohlhabender, etablierter Schriftsteller zog Georg Hermann dann selbstironisch Bilanz:
„Fazit: dreiundvierzig Jahre. Dilettant in allem. – Entwicklung: keine. Bis achtundzwanzig: im bürgerlichen Sinne verlorener Mensch. Bis fünfunddreißig: Sorgen und kleinliche Kämpfe. Bis dreiundvierzig: äußerlich Bourgeois, scheinbar ausgesöhnt mit dem Leben, seelisch, geistig und körperlich verfettet. In jeder Beziehung stubenrein. Grunewald. ‚Der Dichter in seinem Heim!'" [6]
Nur wenig später verließ Georg Hermann das Grunewaldheim und Berlin und siedelte sich in Neckargemünd bei Heidelberg an. Kurz nach seinem Umzug brach der erste Weltkrieg aus, und Georg Hermann mußte wegen Geldmangel die Berliner Wohnung endgültig aufgeben. Trotz häufiger Reisen nach Berlin hatte er hier bis 1931 keinen festen Wohnsitz mehr.
Georg Hermann war einer der wenigen, die in das patriotische Kriegsgeschrei von 1914 nicht mit einstimmten. Zwischen 1914 und 1917 legte er in Tagebuchnotizen seine Gedanken zum Krieg dar, die 1919 unter dem Titel „Randbemerkungen" erschienen. Darin schreibt er: *„Die ganze Grausigkeit des Krieges sieht man an dem einen Wort, das wir sinnlos hinsprechen. Dem Wort: Schlachtfeld!"* [7] und an anderer Stelle: *„ Welch ein Wahnsinn, daß bei einem Dutzend Menschen in Europa das Recht liegt, 150 Millionen Menschen vor die Kanonen und 15 Millionen in den Tod zu jagen."* [8]

---

5   Hilde Hansen, in: Allgemeen Handelsblad, 22.4.1933, zit. nach: C.G. van Liere: Georg Hermann. Materialien zur Kenntnis seines Lebens und seines Werks, Amsterdam 1974, S. 30f
6   Georg Hermann: Im Spiegel, in.: Die Reise nach Massow 1973, S. 309
7   Georg Hermann: Randbemerkungen (1914-1917), Berlin 1919, S. 12
8   ebd. S. 23f

Sein überzeugter Pazifismus machte Georg Hermann den Nationalsozialisten verhaßt. Der „Völkische Beobachter" veröffentlichte am 7.10.1931 einen Hetzartikel gegen Georg Hermann, und schon während der Heidelberger Zeit drohte der dortige Naziobmann, „*ihm die Kehle durchzuschneiden*". [9]
1931, nach dem Tod seiner zweiten Frau, kehrte Georg Hermann nach Berlin zurück und bezog mit zweien seiner Töchter eine Wohnung in der Künstlerkolonie am Laubenheimer Platz, in der *Laubenheimer Straße 2* (heute *Kreuznacher Straße 28*). In der Nacht nach dem Reichstagsbrand entschloß sich Georg Hermann zur Emigration in die Niederlande, wo seine Bücher fast genauso beliebt wie in Deutschland waren. Bereits seit 1921 berichtete er für „Het Allgemeen Handelsblad" über literarische Neuerscheinungen in Deutschland.
Im Exil, im holländischen Laren und Hilversum, entstanden die Romane „Eine Zeit stirbt", „Ruths schwere Stunde" und „Rosenemil". Nach der deutschen Besetzung Hollands mußte sich Georg Hermann Anfang 1943, zusammen mit allen in Hilversum lebenden Juden, ins Ghetto Amsterdam begeben. Danach wurde er mit seiner jüngsten Tochter und dem Enkelsohn ins Durchgangslager Westerbork deportiert. Einer Schwägerin Georg Hermanns und seinem Schwiegersohn gelang es, mit einer großen Geldsumme die Tochter und den Enkel Georg Hermanns freizukaufen. Für Georg Hermann selbst kamen die Palästina-Zertifikate zu spät. Am 16. November 1943 wurde der 72-jährige herz- und zuckerkranke Schriftsteller nach Auschwitz verschleppt. Es ist nicht bekannt, ob er lebend dort ankam. Das holländische Rote Kreuz nennt den 19. November 1943 als „offizielles" Todesdatum – das „Kalendarium der Ereignisse im K.Z. Auschwitz „Birkenau"" enthält folgenden Eintrag:
„*17.11.1943 RSHA-Transport, 995 Juden aus dem Lager Westerbork: 166 Kinder, 281 Männer und 291 Frauen unter 50 Jahren und 257 Personen im Alter von über 50 Jahren. Nach einer Selektion lieferte man 275 Männer als Häftlinge ins Lager ein. Sie bekamen die Nr. 163798-164072; 189 Frauen bekamen die Nr. 68724-68912. Die restlichen Personen wurden vergast.*" [10]

Erich Kästner

Wie Georg Hermann ein Chronist Berlins um 1900 war, wurde Erich Kästner zum Chronisten der Stadt in den späten zwanziger Jahren. 1927 hatte sich der junge Journalist seinen brennenden Wunsch erfüllt und war aus Leipzig

---
9 Vgl.: Van Liere: Georg Hermann 1974, S. 46
10 Zit. nach: ebd., S. 56

nach Berlin gezogen. Aus seinem möblierten Zimmer in der *Prager Straße 17* in Wilmersdorf erstattete er seiner Mutter in Dresden nun fast täglich Bericht über sein neues Leben in der Metropole. Das pulsierende Großstadttreiben in Kästners Wohnquartier im Neuen Westen lieferte dem jungen Autor den Hintergrund für seinen nachmals berühmtesten und beliebtesten Kinderroman „Emil und die Detektive". Nachdem das Buch 1927 erschienen war, erreichten Kästner zahllose Briefe seiner begeisterten jungen Leser, die berichteten, die Straßen der spannenden Handlung entlanggelaufen zu sein. Erich Kästner war es mit seinem Jugendbuch zum ersten Mal gelungen, auch für Kinder die Großstadt als spannend und erlebnisreich zu schildern.

In Werner Fincks Kabarett „Katakombe" arbeitete Erich Kästner mit Ernst Busch, Kate Kühl und Ursula Herking zusammen, für die er Texte und Chansons schrieb. Kästners Verse und Gedichte, die in den auflagenstarken Sammelbänden „Lärm im Spiegel", „Herz auf Taille", und „Ein Mann gibt Auskunft" erschienen, waren vorher in Zeitschriften und Zeitungen abgedruckt worden und daher Tausenden von Lesern bekannt. Kästner schrieb böse Strophen gegen „Das Land, wo die Kanonen blüh'n" und auch gegen manche seiner Zeitgenossen:

Es ist nicht leicht, sie ohne Haß zu schildern,
Und ganz unmöglich geht es ohne Hohn.
Sie haben Köpfe wie auf Abziehbildern
und, wo das Herz sein müßte, Telephon.

„Lackierte Kinderbällchen" mit wenig politischer Schlagkraft – resumierte Walter Benjamin in einer Rezension von Kästners Gedichten. Der „linken Melancholie" und dem Radikalismus der Lyrik Erich Kästners, Kurt Tucholskys oder Walter Mehrings entspreche keinerlei politische Aktion mehr, da sie „links vom Möglichen überhaupt" stünden.[11] Der Kritiker Julius Bab, der sich dem Ideal einer verbindlichen Volkskultur verpflichtet hatte, schätzte dagegen die Kästnersche „Gebrauchspoesie". Die Popularität dieser Gedichte wertete Bab als Beweis, daß ein *„neuer Erfolg wertvoller Lyrik in unserer Epoche möglich wird".*[12]

1931 schrieb Erich Kästner den Roman „Fabian – die Geschichte eines Moralisten". Kästner führte seinen Romanhelden zu einem Rundgang durch das Berlin der endzwanziger Jahre und dokumentierte den Zerfall und den Un-

---

11 Vgl.: Walter Benjamin: Linke Melancholie. Zu Erich Kästners neuem Gedichtbuch, in: Gesammelte Schriften Bd. III, Frankfurt/M. 1972, S. 279-283
12 Julius Bab: Gebrauchslyrik. Mehring und Kästner, in: Die Hilfe, Bd. 27, H. 25, 20.6.1931, hier nach: Julius Bab: Über den Tag hinaus, Heidelberg/Darmstadt 1960, S. 120

Erich Kästner, um 1925
(Foto Landesbildstelle Berlin)

tergang der Weimarer Gesellschaft. Auf seinen Streifzügen durch die Stadt ließ Kästner den Moralisten Fabian ausrufen:
„... *Soweit diese riesige Stadt aus Stein besteht, ist sie fast noch wie einst. Hinsichtlich der Bewohner gleicht sie längst einem Irrenhaus. Im Osten residiert das Verbrechen, im Zentrum die Gaunerei, im Norden das Elend, im Westen die Unzucht, und in allen Himmelsrichtungen wohnt der Untergang.*"[13]
Als erfolgreicher Schriftsteller gab Erich Kästner 1931 sein möbliertes Zimmer in der Prager Straße auf und bezog eine „richtige" Wohnung in der Roscherstraße 16 in Charlottenburg. Seine Bücher schrieb er weiterhin am liebsten im Caféhaus. In seinem Stammcafé, dem Léon am Lehniner Platz, war stets ein kleiner Marmortisch für den Schriftsteller reserviert. Hier richteten Erich Kästner und der Chefredakteur des „Berliner Tageblatt", Theodor Wolff, 1931 einen Mittagstisch für Notleidende ein.
Die Nazis haßten den „Asphaltliteraten" Erich Kästner und machten ihn zum Angriffsziel ihres „Kulturkampfes":
„*Die Zivilordner machen einen kleinen Abstecher in das Roman(t)ische Café hinein: Sie sehen die Herren Münzenberg und Toller und Mühsam und Feuchtwanger und Kästner und Loew und Mandelbaum, und wenn einer von denen nicht persönlich anwesend ist, sehen sie doch ihre unsauberen Geister herumsitzen...*"[14]
Bei der Verbrennung seiner Bücher am 10. Mai 1933 auf dem Berliner Opernplatz war der Autor selbst als Augenzeuge zugegen, bis der Ausruf einer Frau, „Dort steht ja der Kästner" – ihn verlaßte, schleunigst zu verschwinden.[15] Nach dem Reichstagsbrand am 27. Februar war Kästner, der sich zuvor in der Schweiz aufgehalten hatte, entgegen der dringenden Warnung seiner Freunde nach Berlin zurückgekehrt. Der reisescheue Literat fürchtete die Emigration, nicht zuletzt wohl auch aus Sorge um die Mutter in Dresden, der Kästner zeitlebens eng verbunden war. Obwohl er zweimal zum Gestapo-Verhör in die Prinz-Albrecht-Straße geladen und seine Wohnung durchsucht wurde, entging Kästner einer Inhaftierung. Er erhielt stattdessen Publikationsverbot in Deutschland, konnte aber im Ausland bis zum Kriegsbeginn weiterpublizieren. Der Auftrag, für den Ufa-Spielfilm „Münchhausen" das Drehbuch zu schreiben, kam für Kästner völlig überraschend. Er durfte jedoch nicht unter seinem eigenen Namen arbeiten, sondern mußte für dieses Projekt das Pseudonym Berthold Bürger annehmen. Kästners Mitarbeit am Münchhausen-Film ist heute moralisch umstritten.

---

13 Erich Kästner: Fabian. Geschichte eines Moralisten, Frankfurt/M. 1989 (Lizenzausgabe), S. 116
14 Wilfried Bade: Die SA erobert Berlin, München 1934, S. 88, zit. nach: Frank Hörnigk: Nationalsozialistischer „Kulturkampf" um Berlin (1926-1933), in: Literarisches Leben in Berlin 1871-1933, Bd. II, Berlin (Ost) 1987, S. 261
15 Vgl.: Rudolf Walter Leonhardt (Hrsg.): Kästner für Erwachsene, Frankfurt/M. 1966, S. 435

Einerseits spann er in seine Dialoge viele verbale Angriffe gegen das NS-Regime mit ein, half aber andererseits der NS-Propagandamaschinerie, die mit dem aufwendigen und anspruchsvollen Filmprojekt über die wirkliche Lage Deutschlands im Jahre 1943 hinwegtäuschen wollte. Nach Abschluß der Drehbucharbeiten wurde Kästner per Beschluß der „Reichsschrifttumskammer" am 14. Januar 1943 mit totalem Schreibverbot belegt.
Als Kästners Wohnung in der Roscherstraße im Januar 1944 ausgebombt wurde, zog er zu seiner Lebensgefährtin und Biographin Luiselotte Enderle in die Sybelstraße. Nach 1945 wurde Erich Kästner Leiter der Feuilletonbeilage der „Neuen Zeitung", für die er als ersten Mitarbeiter Alfred Kerr gewann, der ihm aus London sein Manuskript „Alte Blätter in der Kiste" zuschickte. In der Bundesrepublik wurde Erich Kästner Präsident des deutschen PEN-Clubs und engagierter Streiter gegen die atomare Aufrüstung. Er starb am 19. Juli 1974 in seinem Wohnort München.

Lion Feuchtwanger auf der Terrasse seines Hauses Mahlerstraße 8 (heute Regerstraße 8) (Foto Akademie der Künste Berlin)

Repräsentanten Europas

Lion Feuchtwanger

Wie nahezu alle deutschen Schriftsteller von Bedeutung war Lion Feuchtwanger Mitte der zwanziger Jahre aus München nach Berlin übergesiedelt. Der junge Bert Brecht, dessen Freund und Mentor Lion Feuchtwanger war, lebte bereits hier; Feuchtwangers Vorbild und älterer Freund Heinrich Mann folgte wenig später. Seit der unbeschwerten Schwabinger Bohèmezeit hatte sich das liberale geistige Klima der bayerischen Kulturmetropole gewandelt und war nach der Niederschlagung der Münchener Räterepublik bereits präfaschistisch geworden. Das wache und tolerante Berlin hatte indessen München als deutsche Kulturmetropole abgelöst und bot – für einige Jahre noch – vielen Intellektuellen und Schriftstellern Zuflucht.
Nach dem Umzug wohnte Lion Feuchtwanger zunächst bei seiner Schwester Franziska in Berlin, und im Frühjahr 1927 zog er mit seiner Frau Marta in eine Etagenwohnung am Fehrbelliner Platz, am *Hohenzollerndamm 34*: *„Eigentlich hatten wir nur ein und ein halbes Zimmer mit Küche, und das für sehr viel Geld. Dafür gab es eine weite Sicht, und unten entdeckte ich Tennisplätze, die im Winter in Eislaufflächen verwandelt wurden."* [1]
Als Lion Feuchtwanger nach Berlin kam, hatte sein historischer Roman „Jud Süß" (1925) seinen Weltruhm als Schriftsteller bereits begründet. Die Erzählung der Lebensgeschichte des Hofjuden Joseph Süß Oppenheimer reflektierte die Vorurteile, den Aberglauben und die Exzesse gegen die Juden im vergangenen 18. Jahrhundert und – aus der Sicht von 1925 – in der nahen Zukunft. (Das antisemitische Film-Machwerk Veit Harlans, für das die Nazis den Titel stahlen, hat mit Feuchtwangers Roman außer der historischen Vorlage nichts gemein.) Über die politische Hellsichtigkeit des Meisters historischer Romane überlieferte Alfred Kantorowicz die Anekdote, daß Lion Feuchtwanger bereits 1930 im Kreise von Freunden geäußert habe, Berlin sei *„eine Stadt voll von künftigen Emigranten".* [2] Der Schriftsteller handelte aber nicht nach dieser Erkenntnis, sondern erwarb 1931 eine Grunewaldvilla im Rohbau, die er für sich und seine Frau Marta mit viel Komfort und einer riesigen, kostbaren Bibliothek als Heimstatt auf Lebenszeit einrichtete. Als ihn Alfred Kantorowicz im Exil später daran erinnerte, *„kam ein Lächeln*

---
1 Marta Feuchtwanger: Nur eine Frau, München/Wien 1983, S. 176
2 Zit. nach: Alfred Kantorowicz: Lion Feuchtwanger, in: Die Geächteten der Republik, Berlin 1977, S. 128

in seine klugen Augen hinter den dicken Brillengläsern und über sein runzeliges Eulengesicht, und mit einem fast unhörbaren, nach innen gekehrten Glucksen antwortete er: „Was wollen sie – so ist der Mensch.""[3]
Zur Begrüßung der Feuchtwangers in Grunewald organisierte ihr neuer Nachbar Emil Herz, der Direktor der literarischen Abteilung im Ullstein-Verlag, ein großes Festessen. Erich Maria Remarque, Vicki Baum und ihr Mann Richard Lert, Arnolt Bronnen und Bert Brecht waren dabei, wie Marta Feuchtwanger berichtete. Wenige Tage später, als Heinrich Mann seinen Antrittsbesuch angesagt hatte und nicht erschienen war, fand Marta Feuchtwanger eine Postkarte mit folgender Notiz vor: *„Mein Taxi hat das Haus nicht gefunden. Wie wäre es, wenn man sich in einem Café träfe?"*[4] Das nächste Mal holte Marta Feuchtwanger Heinrich Mann vorsichtshalber persönlich ab.
Die mit viel Liebe eingerichtete Villa in der damaligen *Mahlerstraße 8* (seit 1935 *Regerstraße 8*) war nur ein Jahr lang das Zuhause von Lion und Marta Feuchtwanger. Schon Anfang 1933, während Lion Feuchtwanger auf einer Vortragsreise in den USA unterwegs war, brach ein SA-Trupp in sein Berliner Haus ein, mißhandelte den Hausdiener und verwüstete die wertvolle Bibliothek. Zerstört wurde auch der zweite Teil des Manuskripts des zunächst zweibändig geplanten Romans über Flavius Josephus, den Feuchtwanger als dreibändiges Werk im Exil völlig neu schreiben mußte. Sein Auslandsaufenthalt rettete Lion Feuchtwanger vor dem Zugriff der Nazis, die seinen Namen auf eine ihrer ersten Ausbürgerungslisten gesetzt hatten.
1933 siedelten sich Lion und Marta Feuchtwanger im südfranzösichen Sanary an. In der Villa Valmer versammelten sich bald viele der Schriftsteller und Wissenschaftler, die die Gastfreundschaft der Feuchtwangers schon in München-Schwabing und Berlin-Wilmersdorf genossen hatten. Regelmäßig vorbei schauten Heinrich und Nelly Mann, Alfred und Friedel Kantorowicz, Ernst Toller, Arthur Koestler sowie Franz Hessel, der ehemalige Herausgeber der „Weißen Blätter", René Schickele, Franz Werfel und seine Frau Alma Mahler – die Witwe des Komponisten, nach dem die Wohnstraße der Feuchtwangers im Grunewald benannt war.
Aus dem französischen Exilort Sanary schrieb Lion Feuchtwanger 1935 einen bitter-sarkastischen „offenen Brief an den Bewohner meines Hauses Mahlerstraße 8 in Berlin", den die Nationalsozialisten dort einquartiert hatten. Die schmale Straße am Rande des Grunewalds wurde später von den Nazis „arisiert". Als Namensgeber wurde an die Stelle des jüdischen Komponisten Gustav Mahler der „arische" Musiker Max Reger gesetzt. Nach ihm heißt die Straße noch heute.

---

3 Zit. nach: Alfred Kantorowicz: Lion Feuchtwanger, in: Die Geächteten der Republik, Berlin 1977, S. 128
4 Marta Feuchtwanger 1983, S. 221

Im Mai 1940 wurde Lion Feuchtwanger zusammen mit den Freunden Walter Hasenclever und Alfred Kantorowicz im südfranzösischen Lager „Les Milles" als „feindlicher Ausländer" interniert. Sein Schicksalsgefährte und Mithäftling Alfred Kantorowicz berichtete von Feuchtwangers Haltung im Internierungslager, *„die ihn trotz seiner Scheu, öffentlich zu repräsentieren, zu einem Mittelpunkt der Bedrängten und Hilfesuchenden des Lagers machte. Seine Selbstbeherrschung war vorbildlich. An seiner nach außen hin gewahrten Ruhe, seinem leisen Rat und Zuspruch richteten sich Hunderte von Verzweifelten auch in Stunden der Panik immer wieder auf."* [5] Lion Feuchtwanger harrte bis zuletzt bei seinem sterbenden Freund Walter Hasenclever aus und sicherte nicht nur dessen Einlieferung ins Krankenhaus von Aix-en-Provence, sondern sorgte auch für den Austausch der Papiere des Freundes, damit seine Identität unbekannt bliebe und er auf keinen Fall den heranrückenden SS-Divisionen in die Hände fiele. Lion Feuchtwanger und seiner Frau Marta gelang später die Flucht durch Spanien und Portugal in die USA. Sie gingen dieselbe Fluchtroute über die Pyrenäen wie Heinrich Mann und Walter Benjamin. Am 5. Oktober 1940 kamen Lion und Marta Feuchtwanger im Hafen von New York an. 1943 erwarben sie die Villa Aurora am Paseo Miramar 520 in Pacific Palisades/Santa Monica. Zum dritten Mal baute sich der bibliophile Feuchtwanger eine kostbare Privatbibliothek auf und versammelte die Spitzen der deutschen Exilliteratur in seinem Haus: Bert Brecht, Heinrich und Thomas Mann blieben eng verbundene Freunde im Exil. 1948 beantragte Lion Feuchtwanger die amerikanische Staatsbürgerschaft, die ihm im politischen Klima des beginnenden Kalten Krieges verweigert wurde. Wegen seiner Moskau-Reise vom Winter 1937 war er als „Kommunistenfreund" verdächtig. Aus Furcht, daß man seine Wiedereinreise in die USA verhindern würde, kehrte Lion Feuchtwanger nach dem Krieg nie wieder nach Deutschland zurück. Er starb am 21. Dezember 1958 in einem Krankenhaus bei Los Angeles. Seine Witwe vermachte die Villa Aurora samt Feuchtwangers Nachlaß und der kostbaren Bibliothek nach ihrem Tod der Universität von Los Angeles. Da diese sich die Sanierung des inzwischen baufälligen Gebäudes nicht leisten konnte, drohte Lion Feuchtwangers Erbe unter den Hammer zu kommen. Jetzt soll die Villa Aurora mit deutschen Lotto-Geldern erworben und als Forschungs- und Gedenkstätte für Lion Feuchtwanger und die deutsche Exil-Literatur erhalten werden.

---

5 Alfred Kantorowicz: Lion Feuchtwanger, in: Die Geächteten 1977, S. 132

Heinrich Mann

Nach Bert Brecht und Lion Feuchtwanger kehrte auch Heinrich Mann der Stadt München den Rücken und folgte den Freunden Ende der zwanziger Jahre nach Berlin. Seine ersten Berlin-Eindrücke hatte Heinrich Mann bereits zwischen 1890 und 1892 gewonnen, als der etwa Zwanzigjährige als Volontär beim S. Fischer Verlag arbeitete. In seinem 1900 geschriebenen Roman „Im Schlaraffenland" karikierte er das Berliner Börsen- und Journalistentreiben dieser Zeit.

Ende der zwanziger Jahre hatte Heinrich Mann zunächst häufig wechselnde Wohnsitze im Neuen Westen der Stadt. Im Januar 1930 bezog er die Pension Olivia in der *Uhlandstraße 126*, 1931 wohnte er *Schaperstraße 2-3*, danach, ab 1932, als Nachbar von George Grosz, in der *Trautenaustraße 12*. 1931 war Heinrich Mann von der Preußischen Akademie der Künste in Berlin zum Präsidenten der Sektion Dichtkunst berufen worden. Da diese Tätigkeit nach Seßhaftigkeit verlangte, bezog Heinrich Mann im Dezember 1932 eine neue Wohnung in der *Fasanenstraße 61*. Die für sich und seine Frau Nelly als längerfristige Heimstatt eingerichtete Wohnung mußte der international geachtete Schriftsteller und Essayist schon drei Monate später wieder verlassen. Heinrich Mann hatte entschieden für ein Einheitsfrontbündnis der Linken und aller Demokraten gegen die Nationalsozialisten gestritten. Anfang Februar 1933 hatte er sich mit Bert Brecht, Johannes R. Becher, Hermann Kesten, Ernst Gläser und Leonhard Frank bei Bernard von Brentano in dessen Wohnung *Schaperstraße 22* getroffen, um zu beraten, was zu tun sei. Im Februar 1933 wurde Heinrich Mann aus Deutschland in die Emigration getrieben. Die letzte Warnung und Mahnung, Deutschland zu verlassen, erhielt er vom französischen Botschafter André Francois-Poncet. Heinrich Mann nahm sich noch „*die Zeit, meine Arbeiten zu ordnen im Hinblick auf ihre Fortsetzung anderswo. Das Reisegeld war auf der Bank noch erhältlich. Ich sei unter den ersten, hatte man mir gesagt, denen der Paß abgenommen werden sollte. ... Das Haus, in dem ich mir unklugerweise eine Wohnung neu eingerichtet hatte, wurde ständig bewacht... Als ich am nächsten Tage, dem 21. Februar, wirklich abreiste, hätten Gepäck, Wagen und andere Anzeichen des versuchten Entkommens mich ohne weiteres ausgeliefert. Indessen trug ich nichts als einen Regenschirm...*"[6]

Noch während der letzten Wochen in Berlin hatte Heinrich Mann mit der Arbeit an seinem großen Geschichtsroman über Jugend und Vollendung des Königs Henri Quatre, das „wohlausgereifte Werk meiner späten Zeit" (Heinrich Mann) begonnen, das er dann in Frankreich vollendete. Als Schriftstel-

---

6 Heinrich Mann: Die deutsche Republik, in: Ein Zeitalter wird besichtigt, Reinbek 1976, S. 240

Fasanenstraße 61 mit der Gedenktafel für Heinrich Mann
(Foto Landesbildstelle Berlin)

ler war Heinrich Mann nie so erfolgreich gewesen wie in den Wochen und Monaten, die dem trüben Februartag seiner Flucht vorausgingen: Bereits 1926 wurde er in die Berliner Akademie gewählt und nur kurz nach seiner endgültigen Übersiedlung nach Berlin zum Präsidenten der Literaturklasse berufen. Durch Fritz Sternbergs Verfilmung seines 1905 geschriebenen Romans „Professor Unrat" wurde Heinrich Mann einem breiten Publikum bekannt, auch solchem, das sich normalerweise nicht mit Literatur beschäftigte. Heinrich Manns Kommentar zum Kino-Erfolg des Blauen Engel (1930): *„Mein Kopf und die Beine von Marlene Dietrich!"* Trotzdem zählen die während Heinrich Manns Berliner Zeit geschriebenen Romane nicht zu seinen großen Leistungen. Die beiden Berlin-Romane „Die große Sache" (1930) und „Ein ernstes Leben" (1932) sind eher kolportagehaft überzeichnet und zeigen die Unruhe ihres Schriftstellers in einer unsicheren Zeit. Sein großes episches Meisterwerk, den Henry Quatre, konnte er dann den Jahren in der französischen Emigration abgewinnen. Kaum ein zweiter Schriftsteller in Deutschland hatte solch enge Bindungen an Frankreich erworben, aus dessen literarischer Tradition Heinrich Mann seine politischen Essays schrieb. Er nannte *„französische Bücher meine Erzieher"* und seine Bildung *„französisch wie deutsch"*. Noch während des ersten Weltkrieges verkündete Heinrich Mann die Notwendigkeit der Aussöhnung mit Frankreich, dem „zweiten Geburtsland des Europäers", und nach dem Krieg galt er dort als inoffizieller Botschafter und Repräsentant des geistigen und fortschrittlichen Deutschlands. Das eigentliche Exil begann für den Europäer Heinrich Mann erst siebeneinhalb Jahre nach seiner Flucht aus Berlin, mit der Verbannung aus Europa:

„Meine Frau löste in Nice unsere Einrichtung auf. Im gleichen Augenblick meldete das Finanzamt seine Forderung an, ich beglich sie gern. Den Staat Hitlers, der mein Guthaben stahl, hatte ich freiwillig nicht beschenkt. ... Sieben und ein halbes Jahr früher hatte ich es weniger abenteuerlich gefunden, unsere Berliner Wohnung zu verlassen, als ginge ich in das nächste Café. Das erste Exil enthüllte viel später, was es war. Dem Lande, das ich damals aufgab, hatte ich einiges vorzuwerfen. Diesem hier – nichts. Als dieses Land mich nicht mehr schützen konnte, bekam mein alter Gang durch Berliner Straßen, Februar 1933, endlich sein wahres Gesicht. Die Verbannung aus Europa war es, sie hatte ich damals angetreten."[7]

Und rückschauend schrieb Heinrich Mann im März 1943 an Alfred Kantorowicz: *„Mir hat Frankreich mein Leben lang Gutes gegeben. Ich liebe es als geschichtliche Erscheinung bis in seine vorletzten Tage."*[8]

---

[7] Heinrich Mann. Abschied von Europa, in: ebd., S. 304f
[8] Zit. nach: Alfred Kantorowicz: Heinrich Manns Tod, in: Die Geächteten 1977, S. 102

Heinrich Mann, um 1932
(Foto Landesbildstelle Berlin)

Gemeinsam mit dem Freund Lion Feuchtwanger bereitete Heinrich Mann die Flucht über die Pyrenäen vor, die der fast Siebzigjährige dann zu Fuß in Begleitung seiner Frau Nelly und seines Neffen Golo antrat. Eine amerikanische Qäker-Organisation hatte das USA-Einreisevisum für Heinrich Mann erwirkt – im Hafen von Lissabon nahm er seinen „Abschied von Europa". Im kalifornischen Exilort Santa Monica lebten Heinrich Mann und seine Frau manchmal *„von vier Dollar, manchmal von zwei die Woche...*" In letzter Minute gelang es Freunden, Heinrich Manns Bibliothek auszulösen, die er aus Geldmangel in New York zurücklassen mußte. Nach dem Tod seiner Frau Nelly, die den Strapazen des Exils nicht mehr gewachsen war und sich 1944 das Leben nahm, wurde Heinrich Mann menschenscheu. Nach 1945 war er im westlichen Teil Deutschlands für lange Jahre nahezu vergessen, man überließ ihn der einseitigen Vereinnahmung aus dem Osten. Erst acht Jahre nach Heinrich Manns Tod wurden bundesdeutsche Leser mit dem großen Werk seiner Exilzeit, dem Henri Quatre, bekanntgemacht. 1949 wurde Heinrich Mann aus Ost-Berlin zum Präsidenten der neu zu gründenden Deutschen Akademie der Künste berufen. Sein Tod verhinderte die Übernahme dieses Amtes. Heinrich Mann starb vor seiner geplanten Rückkehr nach Deutschland am 12.3.1950 in seiner Wohnung in Santa Monica. In seinem Nachruf auf Heinrich Mann fragte sich Alfred Kantorowicz, *„ob sein Tod nicht die gnädigste Lösung ist? Hätte er heimkommen sollen, um hier zu sterben?"*[9] – Und weiter: Heinrich Manns *„Heimkunft... wäre die letzte und äußerste Enttäuschung seines Lebens geworden. ... Denn im östlichen Teil Deutschlands hätte er den Mann am Schalthebel der Macht vorgefunden, mit dem er sich seit der ersten Begegnung in Paris 1937 nie mehr an einen Tisch setzen wollte: Ulbricht ... Seinem Widerwillen gegen den dummdreisten Rabulisten hat er, der sonst Nachsichtige und Versöhnliche, mehrfach Ausdruck gegeben."*[10]
Alfred Kantorowicz betreute bis zu seinem Fortgang aus der DDR 1959 das Heinrich-Mann-Archiv in Berlin. Die Urne mit Heinrich Manns Asche wurde 1961 auf dem Dorotheenstädtischen Friedhof zu Berlin beigesetzt.

---

9 Zit. nach: Alfred Kantorowicz: Heinrich Manns Tod, in: Die Geächteten 1977, S. 99
10 ebd., S. 104

Nachbarn in der Künstlerkolonie

Ernst Bloch, Alfred Kantorowicz, Ernst Busch

Ende der zwanziger Jahre enstanden rund um den ehemaligen *Laubenheimer Platz* (heute *Ludwig-Barnay-Platz*) drei Wohnblocks in schlichter Ziegelbauweise, die der Schriftsteller-Schutzverband und die Bühnengenossenschaft für ihre Mitglieder errichten ließen. Die Wohnungen waren preiswert und klein, aber nicht unkomfortabel. In manchen Häusern gab es Dachateliers, um Arbeitsräume für Künstler zu schaffen.

"Arrivierte und Verkannte, Obenstehende und Abgerutschte... und andere, die es hier „nur aushalten", bis sie prominent sind oder, als Dichter den Anschluß an Mosse, Ullstein oder Scherl gefunden, einige Kurzromane zusammengeschmiert und sich aus dem Erlös eine Villa im Grunewald gekauft haben."

So verspottete unter dem Pseudonym F.F. am 1.11.1928 die „Rote Fahne" das angeblich bohèmehafte Treiben der Künstler-Kolonisten und verkannte, daß es hier recht bürgerlich und nur auf den ersten Blick idyllisch zuging. Viele Bewohner waren arbeitslos oder lebten von Gelegenheitsarbeiten und freuten sich, eine bezahlbare Wohnung gefunden zu haben. Nur *"zuweilen hörte man aus offenen Fenstern Musizieren oder die Stimme einer Schauspielerin ohne Engagement, die Zunge und Kehle mit Sprechübungen geschmeidig hielt".*[1]

Die Biographie der engagiertesten Bewohner des „Roten Blocks", wie die Kolonie im Volksmund genannt wurde, endete keineswegs in der Grunewaldvilla, wie die „Rote Fahne" gemutmaßt hatte, sondern führte ab 1933 ins Exil: Georg Hermann, Walter Hasenclever, Johannes R. Becher, Arthur Koestler, Gustav Regler, Manès Sperber, Susanne Leonhardt mit Sohn Wolfgang, Walter Zadek, Alfred Sohn-Rethel, Leonhard Steckel, Jo Mihaly, Mary Gerold-Tucholsky, Erich Engel und Axel Eggebrecht lebten hier in Nachbarschaft Ernst und Karola Blochs, Alfred und Friedel Kantorowicz' und Ernst und Eva Buschs, bevor sie von den Nazis verfolgt, verhaftet oder vertrieben wurden. Viele der Künstler, Schriftsteller und Intellektuellen, die in den 30er Jahren am Laubenheimer Platz wohnten, hatten versucht, sich gegen den braunen Terror zur Wehr zu setzen. Nachdem bei den Parlamentswahlen vom 14. September 1930 die NSDAP zur zweitstärksten Kraft geworden war, gründeten die Bewohner der Kolonie, ob Demokraten,

---
1 Axel Eggebrecht: Volk ans Gewehr. Chronik eines Berliner Hauses. 1930-1934, Frankfurt/M. 1959, S. 201

Kommunisten, katholische Zentrumswähler oder Parteilose, einen Selbstschutz, denn wer im „Roten Block" lebte, war durch den Straßenterror der SA gefährdet. Axel Eggebrecht erinnerte sich:
„Schon während des Wahlkampfs wurde klar, daß wir eine kleine Insel inmitten einer Flut von Hakenkreuz und Schwarz-Weiß-Rot bildeten, die Steglitz und Friedenau überschwemmte. Rings um unseren Laubenheimer Platz sah man nur die Farben der Republik und das revolutionäre Rot. Und es blieb nicht nur beim Flaggenstreit. SA zog provozierend durch unser Viertel." [2]
In dieser Situation entschloß sich die Architekturstudentin Karola Piotrkowska, die spätere Frau Ernst Blochs, der KPD beizutreten, in der sie die entschiedenste Kraft gegen den Nationalsozialismus sah. Die sogenannte KPD-Straßenzelle des Roten Blocks tagte in der Parterrewohnung von Alfred Kantorowicz. Karola und Ernst Bloch lebten damals nur zwei Häuser weiter, in der *Kreuznacher Straße 52*. In ihren Memoiren schilderte Karola Bloch die Lage in ihrem Wohnviertel seit dem Mai 1932:
„Inzwischen hatte sich die Front der Nazis verstärkt, die Situation des „Roten Blocks" wurde immer prekärer. Abends kam es zu Überfällen der Braunhemden auf Genossen, es gab blutige Schlägereien. Wir verstärkten unsere Verteidigung, man verschaffte sich Waffen. Unsere Propaganda verlief auf Hochtouren. Wir marschierten in Gruppen (sie nannten sich Agit Prop) in benachbarte Bezirke, diskutierten mit den Bewohnern in den Höfen, spielten kurze Theaterstücke, sangen revolutionäre Lieder und fanden durchaus Zuhörer, vor allem unter den Arbeitern. ... Nie habe ich mich einsam gefühlt, auch wenn Ernst nicht da war. Und er war öfters in Ludwigshafen... Das Berlin der damaligen Tage war ihm zu turbulent." [3]
Die politische Agitation in der Agit-Prop-Gruppe, deren Leiter Arthur Koestler war, überließ der Philosoph seiner mutigen Frau Karola. Er selbst hatte während der Berliner Jahre zwischen 1930 und 1933 mit der Arbeit an seinem Buch „Erbschaft dieser Zeit" begonnen, in dem er die zwanziger Jahre als „Zeit des Übergangs" in den Faschismus reflektierte. Er schrieb darin über die schnell wachsende Metropole Berlin, die ihm unter allen Städten mit dem Geist der Zeit und den ökonomischen Verhältnissen nach dem ersten Weltkrieg am ehesten identisch war:
„Dieser Ort zog zuerst wieder frische Luft ein. Arbeitete mit geliehenem Geld, füllte sich die geflickte Tasche. Berlin hat in Deutschland den Krieg gewonnen, die Stadt liegt spätbürgerlich ganz vorn. Sie hat wenig ungleichzeitige Züge... Berlin scheint vielmehr außerordentlich ‚gleichzeitig', eine stets

---

[2] Axel Eggebrecht: Der halbe Weg. Zwischenbilanz einer Epoche, Reinbek 1975, S. 257
[3] Karola Bloch: Aus meinem Leben, Pfullingen 1981, S. 75

*Ernst Bloch, 1965
(Foto Landesbildstelle Berlin)*

neue Stadt, eine hohl gebaute, an der nicht einmal der Kalk recht fest wird oder ist." [4]

In der Künstlerkolonie wohnten die Blochs Tür an Tür mit dem Lyriker Peter Huchel und seiner Frau Dora. Ernst und Karola Bloch schätzten bei ihren Nachbarn die angenehme „Bohèmeatmosphäre", wenn Peter Huchel, oder Piese, wie seine Freunde ihn nannten, in der Abenddämmerung mit „seiner schönen ruhigen Stimme" ein neues Gedicht vorlas. Auf Huchels Speicher hatten die Blochs eine mittelalterliche Holzplastik, eine Madonna mit Kind, deponiert, die bald ihrem Ruf als Schutzpatronin gerecht werden sollte. Als am 27. Februar 1933 der Reichstag brannte, läutete Johannes R. Becher an der Wohnungstür, um Ernst und Karola Bloch zu warnen. Da der Philosoph sich zur Arbeit in der Pfalz aufhielt, schaffte Karola Bloch allein mit Hilfe zweier Nachbarn alle politisch „verdächtigen" Bücher und Manuskripte ihres Mannes auf den häuslichen Speicher. Noch in derselben Nacht wurde ihre Wohnung von Polizei und SA-Leuten durchsucht. Karola Bloch berichtete:

„... ein Polizist und ein SA-Mann standen draußen. Wir müssen Ihre Wohnung durchsuchen! Sie gingen an jeden Schrank, an jedes Regal. Gottlob waren die verdächtigen Bücher weg... Die Männer nahmen alle Wäschestücke heraus, suchten Verdächtiges... fanden nichts." [5]

Gerade als Karola Bloch schon aufatmen wollte, verlangte der SA-Mann nach dem Speicher zu sehen:

„Die Stufen, die ich nach oben stieg, waren die Stufen aufs Schafott... Da fiel mir ein, daß an meinem Schlüsselbund auch der Schlüssel von Peter Huchel hing. ... Ruhig öffnete ich das Vorhängeschloß an Pieses Bodentür. Ich wußte, daß er, unpolitisch wie er war, nichts Verdächtiges bei sich hatte – und die Madonna mit dem Kind lächelte uns heiter entgegen. Die Männer verabschiedeten sich sogleich, die Manuskripte waren zunächst gerettet, ich auch. ‚Madonna hat geholfen', schrieb Ernst später in einem Aufsatz!" [6]

Anfang März 1933 emigrierten Ernst und Karola Bloch über Zürich, Wien, Paris und, nach einem zweijährigen Aufenthalt in Prag, 1938 an die amerikanische Ostküste nach Cambridge, wo die Architektin Karola Bloch eine ihr gemäße Arbeit fand. Im Exil schrieb Ernst Bloch „Das Prinzip Hoffnung", das in den Vereinigten Staaten keinen Verleger fand und 1939 zum ersten Mal in Mexiko in spanischer Übersetzung herausgegeben wurde. 1948 erhielt Ernst Bloch einen Ruf an den Lehrstuhl für Philosophie in Leipzig, dem er 1949 folgte. Mit Frau und Sohn siedelte er in die sächsische Universitätsstadt über.

---

[4] Ernst Bloch: Erbschaft dieser Zeit, Frankfurt/M. 1985, S. 212
[5] Karola Bloch: Aus meinem Leben 1981, S. 81
[6] ebd.

Ernst und Karola Bloch hatten sich Ende der zwanziger Jahre in Berlin durch den gemeinsamen Freund Alfred Kantorowicz kennengelernt. Er und Ernst Bloch kannten sich schon seit 1924, als der junge Journalist Kantorowicz den 40-jährigen Philosophen während eines Sommeraufenthaltes in dem „Felsennest" Positano am Golf von Salerno traf und zum ersten Mal *„die Übermacht seines Geistes erfuhr".* [7] Als Redakteur in Mannheim sah Kantorowicz den gebürtigen Ludwigshafener Ernst Bloch wieder, der damals gern über die Rheinbrücke kam. In der Zwischenzeit ging Alfred Kantorowicz als Kulturkorrespondent für Ullstein und Nachfolger Kurt Tucholskys sowie Vorgänger Arthur Koestlers 1928/29 nach Paris und war ab 1931 schließlich Nachbar der Blochs in der Künstlerkolonie. Bis dahin beschrieb Axel Eggebrecht (damals *Bonner Straße 12*) in Kürze Alfred Kantorowicz' Lebenslauf: *„ ‚Kanto' gehörte gleich mir zum Jahrgang 1899, meldete sich als braver Bürgersohn 1917 freiwillig, nach dem Krieg studierte er, machte seinen Doktor, nun war er Kulturredakteur der Vossischen Zeitung; 1931 trat er in die KPD ein und stand am Beginn eines Weges, den ich hinter mir hatte."* [8]
Alfred Kantorowicz' Weg in die KDP war nicht das Ergebnis einer geradlinigen Entwicklung, sondern die Entscheidung für den organisierten Widerstand gegen den Nationalsozialimus. 1931 wurde er von seinem Gefährten und Nachbarn Gustav Regler in die KPD aufgenommen. Ab 1932 war er politischer Leiter der Parteizelle in der Künstlerkolonie und machte seine Wohnung zum Treffpunkt engagierter und kritisch gestimmter Leute. Kanto verließ Berlin Mitte März 1933 und ging nach Paris ins Exil. Bereits kurz nach der Machtergreifung der Nazis hatte er seine Kleinwohnung in der Künstlerkolonie verlassen und sich tagsüber bei Freunden verbergen müssen, da gegen ihn als „rührigen Häuptling des Roten Blocks" Haftbefehl erlassen worden war. In Paris bezog Alfred Kantorowicz eine Dachkammer im selben Hotel, in dem er schon als Ullstein-Korrespondent gewohnt hatte. Am 10. März 1934, dem Jahrestag der Bücherverbrennungen in Deutschland, übernahm er die Leitung der Bibliothek der verbrannten Bücher, die von den Exilierten kurz „Deutsche Freiheitsbibliothek" genannt wurde. Außerdem schrieb er für verschiedene Exilzeitschriften, unter anderem für „Die Sammlung" von Klaus Mann und für das Moskauer Blatt „Das Wort", das von Lion Feuchtwanger und Bert Brecht herausgegeben wurde. 1936 meldete sich Alfred Kantorowicz freiwillig als Soldat für das republikanische Spanien, mit ihm viele ehemalige Nachbarn aus der Künstlerkolonie wie Gustav Regler, Erich Weinert, Arthur Koestler und Johannes R. Becher. Wegen seiner Teilnahme am Bürgerkrieg stand Kanto nicht nur auf den Suchlisten der

---
7 Alfred Kantorowicz: Ernst Bloch 90, in: Die Geächteten 1977, S. 72
8 Axel Eggebrecht: Der halbe Weg 1975, S. 252 f

Gestapo, sondern später auch auf den Listen der Sicherheitsorgane der Franco-Regierung und durfte deshalb nicht wagen, wie seine Freunde Heinrich Mann und Lion Feuchtwanger die Pyrenäengrenze zu passieren, um über Spanien den Hafen von Lissabon zu erreichen. Nach seiner Flucht aus dem Konzentrationslager Les Milles, wo er zusammen mit Walter Hasenclever, Lion Feuchtwanger und Golo Mann interniert war, lebte er für einige Zeit illegal in Marseille. 1941 gelangte er schließlich in Begleitung seiner Frau Friedel nach New York, wo nach eigenem Bekunden die sorgloseste Zeit ihres gemeinsamen Exils begann. Zu den Freunden Ernst und Karola Bloch war es nicht weit, und Bert Brecht rief an, wenn er besuchsweise nach New York kam. Trotz seiner Parteizugehörigkeit fand Alfred Kantorowicz eine Anstellung als Radioreporter bei CBS; zuletzt arbeite er dort als leitender Direktor des Auslandsnachrichtendienstes.

Schon Ende 1946, drei Jahre vor Ernst Bloch, kehrte Alfred Kantorowicz nach Deutschland zurück. Er bemühte sich – vergebens – um eine Professur in der englischen Besatzungszone und zog dann von Bremen nach Berlin-Zehlendorf, von wo er unter Lizenz der sowjetischen Militärregierung die Zeitschrift „Ost und West" herausgab. Die amerikanische Administration hatte die Genehmigung des Blattes verweigert. Kantorowicz widmete seine Zeitschrift neben bedeutenden Autoren des Auslandes den deutschsprachigen Exilschriftstellern sowie den Autoren, die die Nazi-Barbarei nicht überlebt hatten. Der Titel des Blattes „Ost UND West" war programmatisch gedacht und äußerte die Hoffnung auf die kulturelle Einheit Deutschlands, das zur „Brücke" und nicht zum „Zankapfel" zwischen den Mächten werden möge. Der Kalte Krieg zerschlug diese Hoffnung bald – durch Währungsreform und Berlin-Blockade verlor Kantorowicz' Zeitung die meisten ihrer westlichen Abonnenten und mußte ihr Erscheinen 1949 einstellen. 1950 erhielt Alfred Kantorowicz einen Ruf auf den Lehrstuhl für Neueste Deutsche Literatur an der Humboldt-Universität in Berlin und wurde außerdem Leiter des Heinrich-Mann-Archivs. In seiner wissenschaftlichen Etablierung sah er die Chance, den politischen Kontroversen zu entgehen und *„auf anständige Art auszuharren im – Elfenbeinturm der Wissenschaft".*[9] Die Reglementierung geistiger Arbeit in der DDR verhinderte diesen Rückzug – die gewaltsame Niederschlagung des Ungarn-Aufstandes und Kantorowicz' Weigerung, die obligate Unterschrift zur Ungarn-Resolution des DDR-Schriftstellerverbandes zu leisten, brachten schließlich die Entscheidung, in West-Berlin um politisches Asyl zu bitten. Bis 1962 lebte Alfred Kantorowicz in München, wo ihm die bayerischen Behörden die Anerkennung als Verfolgter des NS-Regimes versagten. Als „Gnadenakt" erhielt er lediglich eine kleine Sonderrente. Die Hoffnung auf einen Lehrstuhl in der Bundesrepu-

---

9 Alfred Kantorowicz: Deutsches Tagebuch, Bd. 1, München 1959, S. 668

BERLINER GEDENKTAFEL

In diesem Haus der ehemaligen Künstlerkolonie
lebte von 1931 bis 1933

ALFRED KANTOROWICZ
12. 8. 1899 – 27. 3. 1979

Literaturwissenschaftler und Schriftsteller,
emigrierte 1933 über Frankreich in die USA.
Mitbegründer der Exilorganisation
»Schutzverband Deutscher Schriftsteller«,
seit 1946 in Berlin (Ost).
1947 bis 1949 Herausgeber der Zeitschrift »Ost und West«,
seit 1957 in der Bundesrepublik Deutschland.

Gedenktafel am Wohnhaus Kreuznacher Straße 48
(Foto Landesbildstelle Berlin)

blik erfüllte sich nicht mehr. 1962 zog Alfred Kantorowicz nach Hamburg, wo er 1965 in die Akademie der Künste aufgenommen und 1966 als politischer Flüchtling anerkannt wurde. Er starb am 27. März 1979 in Hamburg. Im gleichen Jahr, als Alfred Kantorowicz in die Bundesrepublik übersiedelte, wurde Ernst Bloch unter Drohungen von seinem Leipziger Lehrstuhl vertrieben. Noch 1955 hatte der Philosoph den Nationalpreis der DDR erhalten, bevor er – wie der Gefährte Alfred Kantorowicz – wegen seiner Solidarisierung mit den Aufständischen in Polen und Ungarn beim Ulbricht-Regime in Ungnade fiel. 1960 lud die Universität Tübingen Ernst Bloch zu einer Gastprofessur ein, die er 1961 annahm, als ihn während einer Sommerreise durch die Bundesrepublik der Bau der Mauer überraschte. Ernst und Karola Bloch mußten ihre gesamte Habe in Leipzig zurücklassen; unter Preisgabe seiner Bibliothek, seiner Manuskripte und seiner Notizen fing der 76-jährige als ordentlicher Professor in Tübingen noch einmal von vorn an. Seine phänomenale Geisteskraft blieb bis ins hohe Alter ungebrochen, 1968 stand er an der Seite der studentischen Protestbewegung. Ernst Bloch starb am 4.8.1977 in Tübingen im Alter von 92 Jahren.

„Im Nachbarhaus, Wand an Wand mit mir, studierte Ernst Busch seine Kampfgesänge ein, durch Klopfen signalisierte ich ihm Beifall oder Kritik" [10] berichtete Axel Eggebrecht über den populären Sänger und Schauspieler, der seit Beginn der dreißiger Jahre in der Künstlerkolonie wohnte. Der gelernte Maschinenschlosser aus Kiel hatte ab 1920 Schauspiel- und Gesangsunterricht genommen und debütierte 1921, als Einundzwanzigjähriger, auf der Bühne des Kieler Stadttheaters. Nach Engagements an verschiedenen deutschen Bühnen und einer Italienreise, die er sich durch Singen finanzierte, zog es Ernst Busch Ende 1926 nach Berlin. Dort wirkte er mit an der Eröffnungspremiere der Piscator-Bühne am Nollendorfplatz in Ernst Tollers Stück „Hoppla wir leben". Außerdem schloß er sich Alexander Granachs „Novemberstudio" an und spielte im Ensemble von Rosa Valettis Kabarett „Larifari" sowie in Werner Fincks „Katakombe". Zusammen mit Erich Kästner verfaßte Ernst Busch zahlreiche Rundfunksendungen. Bei den Proben zu der Piscator-Inszenierung von Walter Mehrings „Kaufmann von Berlin" (1929/30) begegnete Ernst Busch zum ersten Mal dem Komponisten Hanns Eisler, der für das Stück die Musik geschrieben hatte. Damals begann die jahrelange Freundschaft und künstlerische Beziehung, während derer Hanns Eisler für seinen Freund unzählige Lieder mit Texten Bert Brechts oder Kurt Tucholskys vertonte. Seit den dreißiger Jahren zog das Duo Busch/Eisler durch Berliner Fabriken und trug auf Arbeiterbühnen Lieder wie „Roter Wedding", das „Seifenlied" oder das „Stempellied" vor.

---

10 Alfred Eggebrecht: Der halbe Weg 1975, S. 252

> Hier lebte von 1931 bis 1933
> und von 1945 bis 1946
> **ERNST BUSCH**
> 22.1.1900 – 8.6.1980
> Schauspieler und Regisseur,
> Sänger politischer Lieder: »Barrikaden-Tauber«.
> Emigrierte 1933. Von 1943 bis 1945 in Gestapo-Haft.
> Seit 1950 Mitglied des »Berliner Ensemble«.

Gedenktafel Bonner Straße 11
(Foto Bezirksamt Wilmersdorf)

Sein kämpferischer und engagierter politischer Gesang brachte Ernst Busch den Spitznamen „Barrikadentauber" ein. Bis 1930 wohnte Ernst Busch gemeinsam mit Hanns Eisler, den er bei sich aufgenommen hatte, in einem möblierten Zimmer in der Sebastianstraße. Nach seiner Heirat mit der Schauspielerin Eva Zimmermann überließ Ernst Busch dem Freund die Junggesellenbude und zog mit seiner Frau Eva in eine Wohnung im „Roten Block", in der *Bonner Straße 11*.

In der Nacht des Reichstagsbrandes fuhr Ernst Busch nach einem Theaterauftritt in Magdeburg mit dem Zug nach Berlin zurück. Da seine Frau an diesem Abend auch eine Vorstellung hatte, holte er sie vom Theater ab und traf sich später noch mit Freunden im Romanischen Café. Erst als sie in den frühen Morgenstunden nach Hause kamen, erfuhren Ernst und Eva Busch von den Haussuchungen in der Künstlerkolonie. Trotzdem fanden die beiden ihre Wohnung unversehrt vor, da die SA die Buschs längst im Ausland vermutete.[11] Nach mehreren Warnungen verließ Ernst Busch seine Wohnung und verbarg sich bei Ruth Ledermann, einer Freundin Werner Fincks, in der Charlottenburger Bleibtreustraße. Als er dort am 9. März 1933 in der „Berliner Illustrierten Nachtausgabe" die versteckte Drohung las: *„ Wußten Sie schon..., daß Ernst Busch, ...der ‚Barrikaden-Tauber'"*, sich noch in Berlin aufhält, entschied sich Ernst Busch, schleunigst aus Berlin zu verschwinden. Noch in derselben Nacht passierte Ernst Busch mit dem Zug die deutsche Grenze. Er und seine Frau befanden sich bereits seit einer Woche in Holland, als die Nazis in einer großangelegten Razzia viele der verbliebenen Bewohner des „Roten Blocks" verhafteten. Unter ihnen waren der Journalist Walter Zadek, der Schriftsteller Manès Sperber und der Schauspieler Günter Ruschin. Nach Gastspielreisen durch Belgien, Frankreich, die Schweiz, Österreich und die Sowjetunion ging Ernst Busch 1937 als Sänger zu den Internationalen Brigaden im Spanischen Bürgerkrieg. Im Juli 1939 kehrte er über Paris nach Belgien zurück. Dort wurde er nach dem Überfall deutscher Truppen im Mai 1940 gefangengenommen und als feindlicher Ausländer im Lager St. Cyprien interniert und später in das berüchtigte Pyrenäenlager Camp de Gurs verlegt. Nach drei Jahren Lagerhaft entschloß sich Ernst Busch zur Flucht. Kurz vor dem Erreichen der Schweizer Grenze fiel er Soldaten der französischen Vichy-Regierung in die Hände, die ihn an die deutsche Gestapo auslieferten. 1943 wurde Ernst Busch vor dem Volksgerichtshof in Berlin wegen Hochverrats angeklagt, da er durch „Gesangsvorträge den Kommunismus in Europa" verbreitet habe. Hilfe erfuhr Ernst Busch durch Gustav Gründgens, der für ihn einflußreiche Anwälte engagierte und bezahlte. Bei einem Bombenangriff am 22. November 1943 auf

---

11 Vgl.: Ludwig Hoffmann/Karl Siebig: Ernst Busch. Eine Biographie in Texten, Bildern und Dokumenten, Berlin 1987, S. 148

das Untersuchungsgefängnis in Berlin-Moabit erlitt Ernst Busch so schwere Kopfverletzungen, daß seine linke Gesichtshälfte gelähmt blieb. Da er seinen Beruf als Sänger in Zukunft sowieso nicht mehr ausüben könne – so die zynische Begründung der Richter –, wurde die drohende Todesstrafe in eine vierjährige Zuchthausstrafe gemildert. Im Zuchthaus Brandenburg erlebte Ernst Busch am 27.4.1945 die Befreiung durch russische Soldaten. Auf dem Weg nach Berlin drohte ihm und seinen Gefährten die erneute Festnahme durch eine Patrouille von Rotarmisten, die an der Identität der ehemaligen Häftlinge zweifelte. Da begann Ernst Busch das Solidaritätslied auf russisch zu singen, und ein Offizier, der den Sänger bei einem Gastspiel in Moskau selbst gehört hatte, erkannte ihn und schickte die Gruppe mit Lebensmitteln versorgt nach Hause. Dort, in der *Bonner Straße 11*, kam Ernst Busch am 1. Mai 1945 an und fand sein ehemaliges Wohnhaus nahezu unversehrt vor. Das Wiedersehen mit seiner früheren Frau Eva wurde von der zufällig anwesenden Fotografin Eva Kemlein im Bild dokumentiert.
Bis zum 10. Mai 1945 wurden in ganz Berlin neue Bezirksverwaltungen geschaffen, die als erste darangingen, das kulturelle Leben der Stadt neu zu initiieren. Besonders aktiv war die junge Bürgermeisterei in Wilmersdorf, die in wenigen Wochen ein ganzes „Kunstamt" auf die Beine gestellt hatte. Da er wegen seiner schmerzenden Gesichtsverletzungen selbst noch nicht auftreten konnte, stellte sich Ernst Busch der Stadtverwaltung von Berlin-Wilmersdorf am 16.5.1945 als Kulturdezernent zur Verfügung. Im Winter 1945/46 zog Ernst Busch zu seiner neuen Lebensgefährtin Margarete Körting nach Berlin-Dahlem. 1950 holten Bert Brecht und Helene Weigel den Schauspieler an ihr neugegründetes „Berliner Ensemble". Für den SED-Staat blieb Ernst Busch eine sperrige Persönlichkeit, die sich nicht vereinnahmen ließ. In Vorbereitung der Weltjugendfestspiele 1951 sollten in der DDR Schallplattenaufnahmen mit den Nationalhymnen der Teilnehmerstaaten gemacht werden. Ernst Busch weigerte sich aber, die Hymne des faschistischen Spanien zu singen. Seine Teilnahme an der Brigada Internacional war damals in der DDR keine politische Auszeichnung mehr, sondern machte ihn dem stalinistischen Regime verdächtig. Viele ehemalige Spanienkämpfer wurden in Stalins Lagern umgebracht. 1953 zerriß Ernst Busch bei einem innerparteilichen Verhör seinen Parteiausweis, der ihm erst 1973, nach Ulbrichts Tod, neu ausgehändigt wurde. Ernst Busch starb am 8. Juni 1980 in Ost-Berlin. In seinem letzten Wohnhaus in Berlin-Pankow, Leonhard-Frank-Straße 11, wurde anläßlich seines 90. Geburtstages 1990 eine Gedenkstätte für ihn eingerichtet.

Anna Seghers mit Lion Feuchtwanger (Mitte) und Bodo Uhse in Prag, 1935
(Foto Akademie der Künste Berlin)

Proletarisch revolutionäre Schriftsteller

Anna Seghers

Die promovierte Kunsthistorikerin und Sinologin Netty Radványi folgte 1928 ihrem Ehemann, dem ungarischen Emigranten Laszló Radványi nach Berlin, der dort seit 1926 die Marxistische Arbeiterschule (MASCH) leitete. Im gleichen Jahr, als das Ehepaar die Wohnung in der *Helmstedter Straße 24* bezog, schrieb Netty Radványi unter dem Pseudonym ‚Seghers' – dem sie erst später den Vornamen Anna beifügte – die Erzählung „Aufstand der Fischer von St. Barbara". Noch im Jahr des Erscheinens erhielt die junge Autorin für diese Erzählung den Kleist-Preis.

Durch die 1925 geschlossene Ehe mit Laszló Radványi – dessen Parteideckname später Johann-Lorenz Schmidt lautete – löste sich die am 19.11.1900 in Mainz geborene Netty Reiling von ihrer Herkunft aus einer großbürgerlichen jüdischen Familie. 1928 trat sie der KPD bei und arbeitete seit 1929 mit im „Bund Proletarisch-Revolutionärer Schriftsteller", der sich um Abgrenzung von der bürgerlichen Literatur bemühte. Bevor Anna Seghers – verfolgt als Jüdin und als Proletarisch-Revolutionäre Schriftstellerin – 1933 aus Deutschland floh, war sie bereits kurzfristig verhaftet und von der Gestapo verhört worden. In der Schweiz fand sie zunächst Zuflucht bei dem Mitherausgeber der „Linkskurve" Kurt Kläber, der sie und Bert Brecht für einige Zeit bei sich aufnahm. Noch 1933 verlegte Anna Seghers ihren Wohnsitz nach Paris. Bis 1933 war sie neben Oskar Maria Graf und Wieland Herzfelde Mitherausgeberin der Exil-Zeitschrift „Neue deutsche Blätter", die u.a. in Prag und Zürich erschien. 1937 nahm die Schriftstellerin am zweiten Internationalen Schriftstellerkongreß in Madrid teil, wo sie den Interbrigadisten Egon Erwin Kisch, Alfred Kantorowicz, Johannes R. Becher und anderen begegnete.

Im Pariser Exil, wo sie seit der deutschen Besetzung 1940 illegal und in großer materieller Not lebte, schrieb Anna Seghers den berühmt gewordenen und später verfilmten Roman „Das siebte Kreuz". Wie ihr Held befand sich Anna Seghers auf der Flucht – zusammen mit ihren beiden Kindern und auf der Spur ihres Mannes, der im südfranzösischen Lager Le Vernet inhaftiert war. Im September 1940 brachte dann Jeanne Stern ihre Freundin Anna Seghers und die Kinder über die Demarkationslinie in den unbesetzten Landesteil, wo sie sich *„mit der ungebrochenen Energie einer Familienmut-*

ter"[1] nach Le Vernet durchschlug, um Verbindung mit ihrem internierten Mann aufzunehmen.

Im Hafen von Marseille bestieg Anna Seghers am 20. oder 21. März 1941 das Transportschiff, das sie und ihre Angehörigen über San Domingo und Ellis Island nach Mexiko brachte. Von ihrer Exilerfahrung berichtete Anna Seghers in ihrem zweiten großen Roman „Transit", den sie 1943 in Mexiko-City vollendete.

1947 kehrte die Schriftstellerin nach Berlin (Ost) zurück und war dort Gründungsmitglied der Akademie der Künste. Zwischen 1950 und 1978 war sie Präsidentin des Schriftstellerverbandes der DDR; und viele ihrer ehemaligen Kollegen haben ein ambivalentes Verhältnis zu ihrer einstigen Vorsitzenden, die vor den politischen Zwängen des SED-Regimes weitgehend kapitulierte. Im jüngst wieder viel diskutierten Schau-Prozeß (Juli 1957) gegen den Verleger und Schriftsteller Walter Janka schwieg die in der DDR hochgeachtete und unantastbare Schriftstellerin wider besseres Wissen und unternahm nichts, um den einstigen Gefährten der Exiljahre vom Vorwurf des gewaltsamen Umsturzversuches zu entlasten. Anna Seghers wurde in der DDR zu einer unangreifbaren Klassikerin der neueren deutschen Literatur, die aber wie *„viele deutschschreibende(n) Schriftsteller von Rang – von Brecht zu Seghers, von Arnold Zweig zu Ludwig Renn – ... ihre besten Erzählungen, Romane, Schauspiele"* schrieb, *„bevor sie ins Reich der Zwangsbewirtschaftung des Geistes, der Kunst, der Literatur zurückkehrte(n)".*[2]

Anna Seghers starb am 1. Juli 1983 in Ost-Berlin.

Egon Erwin Kisch

Mit seiner Reportagensammlung „Der rasende Reporter", die 1924 in Berlin erschien, hatte der fast vierzigjährige Journalist und Schriftsteller Egon Erwin Kisch endlich den ersehnten großen Erfolg. Trotzdem ist im Unrecht, wer den Buchtitel als Synonym für seinen Autor setzt. Denn entgegen diesem Image war der „Meister der literarischen Reportage" Egon Erwin Kisch *„ein fast detektivischer Spurensammler. Ein Mann der akribisch genauen Recherchen. Ein penibler Stilist, die Worte wägend, die Sätze feilend, langsam, unendlich langsam und mühevoll schreibend."*[3] Freilich hat Egon Erwin Kisch an seinem falschen Markenzeichen fleißig mitgestrickt: In den folgenden Jahren erschienen unter ähnlich marktschreierischen Titeln die Bände „Hetzjagd durch die Zeit" (1926) und „Wagnisse in aller Welt" (1927). 1928

---
1 Anna Seghers. Briefe ihrer Freunde, Berlin (Ost) 1960, S. 7
2 Alfred Kantorowicz: Egon Erwin Kisch, in: Die Geächteten 1977, S. 98
3 Hans Albert Walter: Das Entréebillet zur „hohen" Literatur, Nachwort in: Egon Erwin Kisch: Landung in Australien, Frankfurt/M. 1985, S. 411

druckte eine Berliner Illustrierte ein wohl gestelltes Foto, das den Reporter Zeitung lesend, Zigarette rauchend und kaffetrinkend mit der Bildunterschrift „*Egon Erwin Kisch im Romanischen Café in Berlin 20 Minuten vor der Abreise in die USA*"[4] präsentierte.

Egon Erwin Kisch wohnte – nach kürzerfristigen Berlin-Aufenthalten in den Jahren 1905/06 und 1913/14 – seit 1921 dauerhaft in Berlin, zunächst in der Hohenstaufenstraße 34 in Schöneberg. Ende der zwanziger Jahre zog er um in den Bezirk Wilmersdorf, *Güntzelstraße 3*, wo er bis Februar 1933 eine Wohnung hatte.

Sein schriftstellerisches Debut hatte der 1885 als Sohn deutsch-jüdischer Eltern im Prager „Bärenhaus" geborene Egon Kisch als zwanzigjähriger Lokalreporter in der Prager Zeitung „Bohemia" gegeben. Seine erste Berichterstattung über ein Großfeuer in der Prager Altstadt wurde für ihn zum Schlüsselerlebnis: Da der junge Kisch nichts als einen Großbrand sah, erfand er, um die Zeitungsspalten zu füllen, eine rührselige Geschichte von Obdachlosen und Landstreichern, die die Szenerie bereichern sollten. Am folgenden Tag wurde seine phantasievolle Erfindung mit Spannung gelesen, niemand bemerkte den Schwindel. Da begann der junge Reporter über seine Berufung nachzugrübeln:

„*Wie sollte bei einem weniger erhellten Tatbestand, wie erst bei einem auswärtigen Vorfall die Phantasie von der Realität unterschieden werden?... Gestern hatte ich zum erstenmal etwas erfunden, und alle hatten es mir geglaubt... Sollte ich also bei der Lüge bleiben? Nein. Gerade weil mir bei der ersten Jagd nach der Wahrheit die Wahrheit entgangen war, wollte ich ihr fürderhin nachspüren.*"[5]

Nachdem er sich 1914 zunächst als Kriegsfreiwilliger gemeldet hatte, wandelte sich Kisch bald zum Kriegsgegner und begann in kommunistischen Organisationen zu arbeiten. Der Titel seiner ungeschminkten Kriegsreportagen „Schreib das auf Kisch", die freilich während des ersten Weltkrieges keine Zeitung zu drucken wagte, wurde in den zwanziger Jahren zum geflügelten Wort.

Während seiner Berliner Zeit ging Egon Erwin Kisch häufig auf Entdeckungsfahrten durch Europa, Asien, Afrika und Amerika, weshalb Ernst Bloch ihn „Mann der fünf Erdteile" nannte. Spannende Reisereportagen berichteten über die USA, die Sowjetunion und China. In Berlin engagierte sich Egon Erwin Kisch wie Anna Seghers seit 1928 im „Bund Proletarisch Revolutionärer Schriftsteller", den er im gleichen Jahr mitbegründet hatte. Kischs letzter Reisebericht „China geheim" (1933) erreichte sein deutsches Leser-

---

4 Zit. nach: ebd., S. 415
5 Zit. nach: Alfred Kantorowicz: Egon Erwin Kisch, in: Die Geächteten 1977, S. 91

publikum nicht mehr. Direkt nach seinem Erscheinen wurde das Buch auf die nationalsozialistischen Scheiterhaufen geworfen.

Am 28. Februar 1933 wurde Egon Erwin Kisch in seiner Wohnung in der Motzstraße, wo er seit vier Wochen wohnte, verhaftet und am 11. März nach Prag abgeschoben. Von dort traf er am 25. Juni in Paris ein, wo er mit den anderen Exilierten Joseph Roth, Heinrich Mann, Alfred Kantorowicz, Ernst Bloch, Anna Seghers, Alfred Kerr u.a. zusammentraf. Noch 1933 unternahm Kisch seine erste Spanienreise und kehrte nach Aufenthalten in Belgien und Holland nach Versailles bei Paris zurück, wo er bis 1936 einen festen Wohnsitz hatte. Von dort aus ging er 1937 als Berichterstatter der Interbrigadisten nach Spanien und besuchte im Herbst den verwundeten Spanienkämpfer Alfred Kantorowicz in einem Feldlazarett an der Küste zwischen Barcelona und Valencia.

Nach Beginn des zweiten Weltkrieges gelangte Egon Erwin Kisch mit Hilfe eines Visums, das ihm die in den USA entstandene antifaschistische Schriftstellerorganisation „Exiled Wrighters Comitee" besorgt hatte, über die französisch-belgische Grenze und den Hafen von Antwerpen in die USA. Anfang 1940 wurde dem Kommunisten Kisch in New York die Aufenthaltsbewilligung für die Vereinigten Staaten entzogen. Nach verzweifelten Wochen erhielt er ein Visum für Mexiko. Dieses Zufluchtsland wählte Egon Erwin Kisch nicht zufällig, denn viele exilierte Schriftstellerkollegen lebten bereits hier oder sollten bald folgen. Unter ihnen waren die Freunde Ludwig Renn, Bodo Uhse und Anna Seghers, mit der Kisch im Oktober 1941 den „Heinrich-Heine-Club" gründete, der in Mexiko-City Theater-, Musik- und Literaturabende veranstaltete.

Nach dem Ende des Krieges zog es den Weltbürger Egon Erwin Kisch im Sommer 1946 in seine Vaterstadt Prag zurück. Die Gesundheit des Anfang-Sechzigjährigen war damals bereits angegriffen. Am 31. März 1948, nur zwei Jahre nach seiner Heimkehr, starb er in Prag.

> In diesem Haus wohnte einige Jahre lang
>
> bis zum 30. Januar 1933
>
> der Schriftsteller und Journalist
>
> **Egon Erwin Kisch** (1885 - 1948)

Gedenktafel Güntzelstraße 3
(Foto Bezirksamt Wilmersdorf)

Theoretiker der Moderne

Walter Benjamin

Der brillante Essayist, Philosoph und Kulturkritiker Walter Benjamin stammte aus sehr wohlhabendem, großbürgerlich jüdischem Elternhaus. Sein Vater, Emil Benjamin, war aktiver Teilhaber des damals in der Kochstraße gelegenen Kunstauktionshauses Lepke.

Die behütete Kindheit in großbürgerlichen Wohnungen des Alten und des Neuen Westens – 1892-1895 Magdeburger Platz 4, 1895-1900 Kurfürstenstraße 154, 1900-1902 Nettelbeckplatz 24 (heute An der Urania), 1902-1912 Carmerstraße 3 – beschrieb Benjamin später als Gefangenschaft im Milieu einer untergehenden Klasse:

„In meiner Kindheit war ich ein Gefangener des alten und neuen Westens. Mein Clan bewohnte diese beiden Viertel damals in einer Haltung, die gemischt war aus Verbissenheit und Selbstgefühl... In dies Quartier Besitzender blieb ich geschlossen, ohne um ein anderes zu wissen. Die Armen – für die reichen Kinder meines Alters gab es sie nur als Bettler. Und es war ein großer Fortschritt der Erkenntnis, als mir zum erstenmal die Armut in der Schmach der schlechtbezahlten Arbeit dämmerte." [1]

Daß die Atmosphäre begüterter Geborgenheit von gesellschaftlichen Umwälzungen betroffen sein würde, konnte das Kind damals nur ahnen; später widmete Walter Benjamin seine Erinnerungen an die „Berliner Kindheit um 1900" dem eigenen Sohn Stefan, wissend, daß seine Kindheitseindrücke eine vergangene Epoche reflektierten.

Walter Benjamin war Abiturient des Kaiser-Friedrich-Gymnasiums in Charlottenburg und Doktor der Philosophie mit einer Dissertation über die deutsche Romantik. Eine weitere akademische Laufbahn blieb ihm versagt, seine Habilitationsschrift über den „Ursprung des deutschen Trauerspiels" wurde 1925 von der Universität Frankfurt abgelehnt. Seine eigene literarische Produktion – bedeutende Artikel und Kritiken in der „Frankfurter Zeitung" und in der „Literarischen Welt", daneben zahlreiche Rundfunkbeiträge mit Hörspielen, einer für den Jugendfunk gedachten Serie über die Großstadt Berlin, sowie Vorträgen über Hebel, George, Brecht und Kafka – brachte selten genug ein, um sich und seine Familie zu ernähren. Wegen seiner desolaten Finanzlage war Walter Benjamin bis 1930 zumeist gezwungen, zusammen mit seiner Frau Dora und dem Sohn Stefan in der elterlichen Villa,

---

[1] Walter Benjamin: Gesammelte Schriften IV, Frankfurt/M. 1972, Bd. 1., S. 287

Delbrückstraße 23, in Grunewald zu wohnen. Von dort übermittelte Charlotte Wolff, eine Freundin Dora Benjamins, folgendes Benjamin-Porträt: *„Ich sehe Benjamin vor mir sitzen, hinter einem großen Tisch, auf dem sich Bücher und Manuskripte stapelten, die Wände seines Zimmers bis unter die Decke voll von Büchern, von einem kleinen Platz abgesehen, wo ein Bild von Paul Klee hing, ‚Angelus Novus'.*
Für ihn lebte dieses Bild, und er sprach darüber, als sei es eine Person. ... Für mich war Benjamin eine Autorität. Er war ein Mann, der sich für Ideen und ihre Praxis engagierte. Bei Gesprächen pflegte er aufgeregt zu werden und mit schnellen Bewegungen im Zimmer auf- und abzugehen. Er war so dünn, daß seine Beine aussahen wie Stöcke; sein ganzer Körper schien ohne physische Substanz zu sein, als hätte er sich von ihm befreit; nur Mund und Augen zeigten die verborgenen Leidenschaften eines sehr emotionalen Charakters. Seine großen, vollen und sehr roten Lippen, das Zeichen seiner Sinnlichkeit, verdeckte ein Schnurrbart. Dicke Brillengläser verbargen seine Augen, aber dennoch blitzte einem Erregung und Leidenschaft entgegen. Sein gewelltes schwarzes Haar über einer vollkommen geformten Stirn erinnerte mich an einen kleinen Jungen, und in mancher Hinsicht war er ein Kind mit einem Geist, der seinem Alter und seiner eigenen Zeit weit entwachsen war." [2]
Walter Benjamins wichtigste Freunde waren damals der Judaist und Kabbala-Forscher Gerschom Scholem, der Walter Benjamin vergeblich zur Übersiedlung nach Palästina zu bewegen suchte, Bert Brecht, den Benjamin 1929 durch seine Freundin Asja Lacis kennenlernte und der ihn materialistisch-marxistischen Ideen näherbrachte, sowie Theodor W. Adorno, der als erster den außerordentlichen Rang von Benjamins Arbeiten, z.B. des Kunstwerk-Aufsatzes und der Baudelaire-Studien, erkannte.
Trotz unsicherer Zukunftsaussichten realisierte Walter Benjamin 1923 seinen Wunsch, aus der elterlichen Villa in Grunewald auszuziehen, und mietete vorübergehend ein Arbeitszimmer in der *Meierottostraße 6*.
Der „neusachliche" Titelheld aus Erich Kästners Roman „Fabian" hat einen Freund, den Philosophen Stephan Labude. In ihm sind unschwer Züge Walter Benjamins zu erkennen: Labude lebte mit seinen Eltern in einer Villa im Grunewald, seine *„zweite Wohnung lag im Zentrum. Wenige wußten davon. Hierhin zog er sich zurück... und hing seinen wissenschaftlichen und sozialen Neigungen nach."* [3] Diese konzentrierten sich auf eine jahrelange Beschäftigung mit dem deutschen Trauerspiel zum Zwecke der Habilitierung, die dann scheiterte. Daneben gibt es in Kästners Buch Anspielungen auf das angespannte Verhältnis zwischen Benjamin und seinem Vater, seine

---

2 Charlotte Wolff: Innenwelt und Außenwelt, München 1971, S. 206, zit. nach: Werner Fuld: Walter Benjamin. Zwischen den Stühlen. Eine Biographie, Frankfurt/M. 1981, S. 142f
3 Erich Kästner: Fabian, Frankfurt/M. 1989, S. 55

politischen Überzeugungen und seine sozialen Beziehungen. Zu der unbarmherzigen Kolportierung seiner eigenen Erfahrungen und Gedanken nahm Benjamin zunächst bewußt nicht Stellung. Erst in seinem gnadenlosen Verriß von Kästners Gedichten in einer Rezension von 1930[4] verriet er seine Wut über dessen anmaßende Indiskretion.[5]
Im November 1928, als seine häuslichen Verhältnisse sich zugespitzt hatten, bezog Walter Benjamin vorübergehend eine gemeinsame Wohnung mit der lettischen Regisseurin Asja Lacis in der *Düsseldorfer Straße 42*, kehrte aber schon im Januar wieder in die elterliche Villa zurück. Während der Scheidung von seiner Frau Dora lebte Walter Benjamin vorübergehend bei dem befreundeten Franz Hessel in der Friedrich-Wilhelm-Straße 15. Ende 1929 zog er für einige Monate nach Paris. Nachdem sich Benjamins finanzielle Misere durch regelmäßige Publikationen als Literaturkritiker verbessert hatte, konnte der Achtunddreißigjährige im Oktober 1930 endlich eine eigene Atelierwohnung in der *Prinzregentenstraße 66* beziehen, die er von der Malerin Eva Boy übernommen hatte. Dem Freund Scholem berichtete er über sein Domizil im Berliner Westen; beziehungsweise „Berlin W.W.W.", wie Benjamin das nannte:

„also um auf das Arbeitszimmer zu kommen, so ist seine Einrichtung zwar auch nicht abgeschlossen, aber schön und bewohnbar ist es. Auch stehen nun meine ganzen Bücher und selbst in diesen Zeiten sind sie mit den Jahren von 1200 – die ich doch längst nicht alle behalten habe – auf 2000 angewachsen. Merkwürdigkeiten hat dies Arbeitszimmer: einmal besitzt es keinen Schreibtisch; im Lauf der Jahre bin ich durch eine Reihe von Umständen, nicht nur durch die Gewohnheit viel im Café zu arbeiten sondern auch durch manche Vorstellungen, die sich an die Erinnerung meines alten Schreibtisch-Schreibens anschließen, dazu gekommen, nur noch liegend zu schreiben. Von meiner Vorgängerin habe ich ein Sofa von wundervollster Beschaffenheit zum Arbeiten... übernommen... Dieses ist also die erste Merkwürdigkeit und die zweite ein sehr weiter Blick über das alte zugeschüttete Wilmersdorfer Luch, oder wie es auch hieß, den Schrammschen See..."[6]

Kurz nach der Einweihung der großen Wilmersdorfer Synagoge, die sich nur drei Häuser weiter in unmittelbarer Nachbarschaft befand, schrieb Benjamin an Scholem über die Vorteile seines Ateliers:
„Neben allen erdenklichen Vorzügen, vor allem dem der tiefsten Stille, hat es innen – wie außen – architektonisch bemerkenswerteste Nachbarschaft.

---
4 Vgl.: Walter Benjamin: Linke Melancholie, in: Gesammelte Schriften III, S. 279-283
5 Vgl.: Werner Fuld: Walter Benjamin 1981, S. 186ff
6 Walter Benjamin: Briefe 2, hrsg. und mit Anmerkungen versehen von Gerschom Scholem und Theodor W. Adorno, Frankfurt/M. 1978, S. 544

Einerseits, auf der Straße eine neue Synagoge, die ich, bis Rosch ha Schnah sie einweihte, für eine Ausgeburt protestantischen Theologengeistes im Kirchenbau hielt; andererseits, auf dem Flur, einen Vetter vor mir – Arzt – nebst seiner Frau, mit denen ich erfreuliche Beziehungen unterhalte."[7]
Im Frühjahr 1932 reiste Walter Benjamin für drei Monate auf die Baleareninsel Ibiza, die damals noch nicht vom Tourismus überrannt war. Ausschlaggebend für diese Reise waren auch finanzielle Gründe, denn auf der Insel konnte man damals wesentlich billiger leben als in Berlin. Die Rechnung ging später dennoch nicht auf, denn Walter Benjamin war in Berlin auf einen Betrüger hereingefallen. Der hatte ihm auf Ibiza ein Haus vermietet, das ihm gar nicht gehörte, und blieb seinerseits in Benjamins Wilmersdorfer Wohnung die Miete schuldig und vergriff sich außerdem an der kostbaren Bibliothek.[8]
In den Wintermonaten 1932/33 kehrte Walter Benjamin nach einem Zwischenaufenthalt in Italien noch einmal nach Berlin zurück. Er schrieb hier weiter an den kurzen Prosatexten zur „Berliner Kindheit um 1900", die er im italienischen Poveromo begonnen hatte. Gleichzeitig verschärfte sich wieder seine prekäre Finanzlage, da die neue Leitung des Berliner Rundfunks sich faschistischen Tendenzen öffnete und Benjamins Radiomanuskripte zurücksandte. Damit war er seiner letzten sicheren Einnahmequelle beraubt. Als die erste braune Terror- und Verhaftungswelle Deutschland bereits überrollt hatte, entschloß Benjamin sich – zögernd, auf Drängen Gretel Adornos – am 18. März 1933 zur Flucht. Seine Exiljahre verbrachte er vorwiegend in Paris und auf Ibiza, noch dreimal besuchte er den Freund Bert Brecht in Dänemark. Zu Benjamins kläglicher materieller Lage kam eine sich verschlimmernde Herzkrankheit, die ständige ärztliche Betreuung erforderte. Nach Bekanntwerden des Hitler-Stalin-Paktes am 21. August 1939 wurde Walter Benjamin mehrere Monate lang in einem Lager bei Nevers interniert. Als die Invasion der Nazitruppen begann, floh Walter Benjamin über Lourdes nach Marseille. Auch ohne französisches Ausreisevisum, das die Regierung Pétain nach dem Waffenstillstandsabkommen mit Deutschland politischen Flüchtlingen verweigerte, erhielt Walter Banjamin ein Transitvisum für Spanien. In Marseille berichteten Freunde Walter Benjamin von einem Fluchtweg über die Pyrenäen, auf dem man Frankreich auch ohne Ausreisegenehmigung verlassen konnte. Am frühen Morgen des 26. September begann der Aufstieg einer kleinen Emigranten-Gruppe nach dem spanischen Grenzort Port-Bou, von dem Lisa Fittko, die damals mit ihrem Mann Flüchtlinge über die Pyrenäengrenze geleitete, ausführlich berichtet

---

7 ebd., S. 517
8 Vlg.: Werner Fuld: Walter Benjamin 1981, S. 236

hat.⁹ Für den herzkranken Walter Benjamin, der sein letztes Manuskript in einer riesigen Aktentasche mitschleppte, wurde der steile und beschwerliche Weg zur Tortur. Als die Gruppe das spanische Zollhaus erreichte, war gerade an diesem Tag die Grenze gesperrt. Entgegen bisheriger Praxis verlangte die spanische Regierung nach einem französischen Ausreisevisum. Die Zöllner erlaubten der Gruppe über Nacht auszuruhen, um sie dann zur französischen Grenzstation zurückzubringen. In dieser Nacht nahm sich Walter Benjamin mit einer Überdosis Morphium das Leben. Sein Manuskript, das er vor der Gestapo in Sicherheit glaubte, ging verloren. Niemand weiß, was aus dem Werk wurde, das Benjamin wichtiger als sein Leben war. Als Hannah Arendt später dem Verbleib des Manuskriptes nachforschte, fand sie im Sterberegister nur einen Eintrag über die schwarze Ledertasche mit der Bemerkung: *„unos papeles mas de contenido descunocido"*¹⁰ – einige Papiere unbekannten Inhalts.
Walter Benjamin wurde auf dem Friedhof von Port Bou beigesetzt, in einer Grabnische, deren Mietfrist nach fünf Jahren ablief. Es gibt deshalb kein Grab mehr für Walter Benjamin in Port Bou, eine schlichte Marmortafel an der Friedhofsmauer erinnert seit einigen Jahren an den Philosophen.

Siegfried Kracauer

Als Leiter des Feuilletonbüros der „Frankfurter Zeitung" kam Siegfried Kracauer 1930 nach Berlin. Das Denken dieses scharfsinnigen Essayisten und Kulturkritikers steht in Zusammenhang mit der Philosophie Ernst Blochs, Walter Benjamins und Theodor W. Adornos, deren Berühmtheit Kracauer aber nie erreicht hat. Am bekanntesten sind heute seine filmtheoretischen Studien, etwa die „psychologische Geschichte des deutschen Films": „Von Caligari zu Hitler", die Kracauer 1947 in New York schrieb; in Vergessenheit gerieten Kracauers Schriften aus seiner Vor-Exilzeit, wie die Angestellten-Studie, die seit ihrem Erscheinen 1930 kaum etwas an Aktualität eingebüßt hat. Kracauer erforschte darin die faschistische Disposition der deklassierten Mittelschichten am Beispiel der Berliner Verhältnisse.
Siegfried Kracauer wurde am 8. Februar 1889 als Sohn einer jüdischen Kaufmannsfamilie in Frankfurt am Main geboren. Nach der Schulzeit studierte er Architektur, Philosophie und Soziologie und übte bis 1921 den ungeliebten „Brotberuf" des Architekten aus. 1920 bereitete er seinen Berufswechsel als freier Mitarbeiter bei der „Frankfurter Zeitung" vor, in deren Feuilleton-Redaktion er ein Jahr später fest angestellt wurde. Im S. Fischer Verlag erschien 1928 Kracauers autobiographisch gefärbter Roman „Ginster" ano-

---
9 Vgl.: Lisa Fittko: Mein Weg über die Pyrenäen. Erinnerungen 1940/41, München 1985
10 Zit. nach: Lisa Fittko: Der alte Benjamin, in: ebd., S. 129

nym. Um Anonymität seiner privaten und biographischen Lebensverhältnisse war er auch später bemüht. Im französischen Exil, wo Siegfried Kracauer zum Schutz der in Deutschland verbliebenen Familienangehörigen zur Aufgabe seines Namens gezwungen war, gipfelte sein Wunsch nach Anonymität schließlich im Sigle „X.X.X.".[11]
Als Berliner Feuilletonleiter der „Frankfurter Zeitung" wohnte Kracauer ab April 1930 zur Untermiete in der *Pariser Straße 24*, ab Dezember 1930 in der Lietzenburger Straße 7. Die erste eigene Wohnung in der Sybelstraße in Charlottenburg konnte Kracauer nicht mehr beziehen, da er am 28.2.1933 ins Exil getrieben wurde. In den 12 Jahren seiner Tätigkeit für die „Frankfurter Zeitung" veröffentlichte Kracauer zahllose philosophische Essays, Literatur- und Filmkritiken sowie soziologische Studien. Sein Roman „Ginster" und die soziologische Studie über „Die Angestellten" wurden hier vorabgedruckt. Außerdem hielt Kracauer die Spalten seiner Feuilletonbeilage stets frei für junge Talente und für die Beiträge seiner Freunde Walter Banjamin und Ernst Bloch.

Für eine Buchausgabe „Straßen in Berlin und anderswo" stellte Siegfried Kracauer 1963 in New York einige kurze Prosatexte zusammen, die zwischen 1925 und 1933 in der „FZ" erschienen waren. In „Stadtbildern", „Straßentexten" und „Philosophischen Miniaturen" schildert Kracauer u.a. den Lunapark in Halensee, den Kurfürstendamm und andere Straßen des schnellebigen Neuen Berliner Westens, der in seinen Mauern den Flaneur nicht mehr duldete:

„Scheinen manche Straßenzüge für die Ewigkeit geschaffen zu sein, so ist der heutige Kurfürstendamm die Verkörperung der leer hinfließenden Zeit, in der nichts zu dauern vermag." Auf der vergeblichen Suche nach einer altvertrauten Teestube, die über Nacht verschwunden war, hatte der Spaziergänger an der nächsten Straßenecke ein neues Café entdeckt: *„Vorauszuschicken ist, daß mein erster Aufenthalt in ihm zugleich mein letzter war. Der Glanz seiner Architektur erschien mir als übertrieben und steigerte noch dazu die Empfindlichkeit gegen den schlechten Geschmack seiner Getränke. Dennoch zählte das Café zu meinen bleibenden Straßeneindrükken. Ich kam hier fast jeden Abend vorbei, und mochte ich auch gerade zerstreut oder in ein Gespräch vertieft sein, so rechnete ich doch an diesem Punkt meines Weges fest mit den Lichteffekten, die das Lokal in verschwenderischer Fülle entsandte. Je heller die Lichter, desto trüber das Publikum. Eines Abends überfällt mich plötzlich eine Art Heimweh nach dem Café... Schon bin ich bei der bewußten Ecke, aber wo ist ihr Glanz? Die Ecke leuchtet nicht mehr, und an Stelle des Cafés tut sich ein verglaster Abgrund auf...*

---

11 Vgl.: Thomas Y. Levin: Siegfried Kracauer. Eine Bibliographie seiner Schriften, Marbach 1989, S. 23

Siegfried Kracauer, 1934
(Foto Schiller-National-Museum Marbach a. N.)

Nicht so als ob ich bezweifelte, daß der Kurfürstendamm ein paar Läden und Betriebe enthält, die zur Seßhaftigkeit neigen: sie verschwinden jedoch in der Menge der übrigen, die wie eine Hafenbevölkerung kommen und gehen. (...) Der immerwährende Wechsel tilgt die Erinnerung." [12]
Nur wenige Wochen nach dem Erscheinen dieses Textes im Dezember 1932 beherrschten die Sturmtruppen der Nationalsozialisten auch die Straßen des Neuen Westens der Stadt. Kracauer mußte in der Nacht des Reichstagsbrandes aus Berlin nach Paris fliehen. Von dort gelangte er 1941 über Marseille und Lissabon in die Vereinigten Staaten. In New York wurde er wissenschaftlicher Mitarbeiter der Film-Bibliothek des Metropolitan Museum of Modern Art, ab 1952 war er Direktor des Instituts für angewandte Sozialforschung an der Columbia-Universität. Nach dem Krieg kehrte Siegfried Kracauer nur noch besuchsweise nach Deutschland zurück, er starb am 26. November 1966 in New York.

---

[12] Siedfried Kracauer: Straßen in Berlin und anderswo, Berlin 1987, S. 15ff

Maler der Neuen Sachlichkeit

George Grosz

Der Maler beißender gesellschaftskritischer Satiren wurde 1893 als Gastwirtssohn Georg Ehrenfried Groß in Berlin geboren. Kindheit und Jugend verbrachte er in der hinterpommerschen Provinzstadt Stolp und im Berliner Wedding. Am 11. November 1914 meldete er sich noch freiwillig zum Kriegsdienst – ein halbes Jahr Kriegserfahrung machte ihn dann ein für alle Mal zum Gegner des Militärs und des Militarismus. Wie seine Generationsgenossen Franz Jung und Walter Hasenclever sowie die späteren Dada-Mitstreiter Ernst Ludwig Kirchner, Otto Pankok und Heinrich Vogeler ließ sich Georg Groß in eine Nervenheilanstalt einliefern und entging dadurch einer juristischen Verfolgung seiner individuellen Auflehnung.

Im Berliner Café des Westens lernte der begabte junge Zeichner 1915 die gleichgesinnten Wieland Herzfelde, Johannes R. Becher, Walter Benjamin, Else Lasker-Schüler, Franz Jung und andere kennen und begann erste Arbeiten in Franz Pfemferts radikal pazifistischer Zeitschrift „Die Aktion" zu veröffentlichen. Die Zeichnungen dieser Zeit kreisen um die Themen Großstadt, Mord, Verbrechen, Krieg. Die Motive zeigen neben Kriegsgewinnlern und dekorierten Offizieren auch die Massen, die begeistert zum befohlenen Massenmord antraten. Außerdem brach sich in dieser Zeit auch wieder Groß' einst kindliche Vorliebe für das „Traumland" Amerika Bahn. Seine erste Zeichenmappe von 1917 enthielt Lithographien mit amerikanischen Motiven, wie die „Erinnerung an New York" (1916) oder das „Texasbild für meinen Freund Chingachgook" (1916). In dieser Zeit änderte Georg Ehrenfried Groß seinen Namen und nannte sich fortan George Grosz. Während Helmut Herzfeldes Namensänderung in John Heartfield eher gegen die anti-englischen Hetzkampagnen in Deutschland gerichtet war, ist George Grosz' Umbenennung zweifellos auf seine Vorliebe für Amerika zurückzuführen. Auch in Kleidung, Habitus und Sprachgestus begann George Grosz den Amerikaner zu spielen.

Noch 1915 übernahm der junge Wieland Herzfelde eine bereits bestehende Zeitschrift, die „Neue Jugend", um neben Pfemferts „Aktion", die unter scharfer Vorzensur stand, eine alternative Publikationsmöglichkeit zu haben. Angeregt durch George Grosz gründete Wieland Herzfelde wenig später am Kurfürstendamm 76 seinen später berühmten Malik-Verlag, den er nach einem Roman Else Lasker-Schülers benannte.

Zusammen mit Richard Huelsenbeck, Raoul Hausmann, Wieland Herzfelde, John Heartfield, Erwin Piscator, Franz Jung und Johannes Baader grün-

dete George Grosz 1917 die erste Berliner Dada-Gruppe, die im Januar 1918 zum erstenmal provozierend an die Öffentlichkeit trat: Grosz verrichtete angeblich pantomimisch seine Notdurft vor Bildern Lovis Corinths und veranstaltete zusammen mit Walter Mehring ein lautmalerisches Wettrennen zwischen Näh- und Schreibmaschine.[1]
Zwischen 1921 und 1928 wohnte George Grosz am *Hohenzollerndamm 201*. 1922 schrieb Salomo Friedlaender (Mynona) ein wohlwollendes Buch über George Grosz und seine Bilder. Der nachdenkliche Philosoph warnte darin aber den Satiriker vor allzu ätzenden Angriffen:
„Weiß man doch, daß sehr giftige Antipathien instinktive Selbstkritiken sind; und daß zum Beispiel die meisten Antisemiten neidisch nach den ‚Vorteilen der Unbedenklichen' schielen. Welche Karikaturen erzeugt das Ressentiment! Welche üblen Humore und allzu bequemen Witz. Das sind Verführungen, vor denen George Grosz gewarnt sei."[2]
Die folgenden Jahre brachten George Grosz und seinem Verleger Wieland Herzfelde mehrere Prozesse wegen „Beleidigung der Reichswehr" (1921, Mappe „Gott mit uns"), „Verbreitung unzüchtiger Schriften" (1924, „Ecce Homo") und wegen Gotteslästerung ein: 1928 fertigte Grosz eine Zeichnung an, die Christus am Kreuz mit Gasmaske und Kommißstiefeln zeigte. Der zermürbende Kampf mit der Staatsmacht und seine Hoffnungslosigkeit angesichts der drohenden Faschisierung weckten in George Grosz wieder seinen amerikanischen Traum: 1932 folgte er sehr gern der Einladung zu einer Gastdozentur an der New Yorker Art Students Leage. Wie die Freunde Kurt Tucholsky, Herwarth Walden, Erich Maria Remarque, Carl Einstein und andere verließ George Grosz schon vor der Machtübernahme Deutschland. Nach seinem Amerika-Besuch kehrte er nur noch einmal kurz nach Deutschland zurück und siedelte schon Anfang Januar 1933 endgültig in die USA über. Nur wenige Wochen später wurde sein Atelier in der *Nassauischen Straße 4* und seine Wohnung in der *Trautenaustraße 12* von SA durchwühlt:
„Bald kamen Briefe, aus denen ich erfuhr, daß man in meiner nun leeren Berliner Wohnung nach mir gesucht hatte, desgleichen in meinem Atelier. Daß ich da lebend davongekommen wäre, darf ich wohl bezweifeln." [3]
In Deutschland verschwanden George Grosz' Gemälde aus den Museen, insgesamt 20 seiner Werke wurden 1937 auf der Münchener Ausstellung „Entartete Kunst" gezeigt. Bei der Verbrennung von Kunstwerken 1939 wurden zahlreiche seiner Bilder vernichtet.

---

1 Vgl.: Uwe M. Schneede: George Grosz. Der Künstler in seiner Gesellschaft, Köln 1977, S. 68
2 George Grosz. Von Mynona (Mit siebenunddreissig Netzätzungen), Dresden 1922
3 George Grosz: Ein kleines Ja und ein großes Nein, Reinbek 1955, zit. nach Schneede 1975, S. 184

George Grosz (rechts) mit Wieland Herzfelde (links) und Verteidiger Apfel im Gotteslästerungsprozeß, 1930 (Foto Akademie der Künste Berlin)

In Amerika trat der „Künstler" George Grosz in den Vordergrund. Er bemühte sich darum, ein amerikanischer Illustrator zu werden und seine Zeichnungen, Akte, Landschaften und Stilleben in angesehenen New Yorker Kunstzeitschriften unterzubringen. In Amerika hatte man aber anderes von ihm erwartet:

„...*Die Amerikaner wollen diesen zustimmenden Illustrator Grosz gar nicht, sondern den alten, den Satiriker. Wirkliche Satire braucht Haß und Liebe zugleich. Grosz bewundert Amerika und die Amerikaner, die ihm viel zu fremd sind, als daß er sie von innen heraus hassen und lieben könnte – es fehlt die Basis für Satire. (...) Grosz erleidet wie viele andere das Schicksal der Emigration, getrennt von der eigenen Tradition und Umgebung, von der Sprache, von den gesellschaftlichen Verhältnissen, von Freunden.*" [4]

George Grosz begann in den Vereinigten Staaten zu vereinsamen und sah seinen amerikanischen Traum gescheitert. Trotzdem lehnte er eine Professur, die ihm die Berliner Akademie der Künste anbot, 1947 noch ab. 1954 hielt er sich zum erstenmal besuchsweise in der Bundesrepublik auf. 1959, 26 Jahre nach seiner Emigration, kehrte er nach Berlin zurück. Nur wenige Wochen später, in der Nacht vom 5. auf den 6. Juli, fiel George Grosz nach einem Kneipenbesuch die Treppe seines Wohnhauses Savignyplatz 5 hinunter und erstickte an seinem Erbrochenen im Hausflur.

Felix Nussbaum

Felix Nussbaum wurde am 11. Dezember 1904 im westfälischen Osnabrück als Sohn einer assimilierten jüdischen Kaufmannsfamilie geboren. Die Familie unterstützte und förderte das zeichnerische Talent des Sohnes. 1922 begann Felix Nussbaum seine Ausbildung an der Staatlichen Kunstgewerbeschule in Hamburg und setzte sie 1923/24 an der privaten Levin-Funke-Kunstschule und den Vereinigten Staatsschulen für freie und angewandte Kunst in Berlin fort. Zunächst findet der junge Maler noch zu keinem eigenen Stil: Er variiert die expressive Malerei seines Vorbildes Vincent van Gogh mit Einflüssen Chiricos und Rousseaus sowie dem konservativ-klassischen Realismus Jan Hofers, bis er zu einer eigenen Variante der Neuen Sachlichkeit findet. 1929 war er schließlich so erfolgreich, daß er sich als selbständiger Maler in Berlin niederlassen konnte.

Seit 1928 besaß Felix Nussbaum ein eigenes Atelier in Kurfürstendammnähe, in der *Xantener Straße 23*. Nach ersten Ausstellungen seiner Werke erhielt er für das Jahr 1932 ein Stipendium als Studiengast an der Deutschen Akademie Villa Massimo in Rom, das nach einem wahrscheinlich antisemitisch motivierten Brandanschlag auf sein Berliner Atelier Ende 1932 für das

---

[4] Uwe M. Schneede: George Grosz. 1977, S. 188

folgende Jahr noch einmal verlängert wurde. Durch die Brandstiftung ging der größte Teil von Felix Nussbaums Frühwerk verloren. In der römischen Villa Massimo war der Bildhauer Arno Breker Felix Nussbaums Ateliernachbar. Das künftige Schicksal der beiden Künstler könnte sich krasser kaum unterscheiden: Arno Breker schuf im Dienste des NS-Staates monumentale Skulpturen und machte Karriere, während Felix Nussbaum, nachdem ihm sein Stipendium im Mai 1933 entzogen wurde, über Alassio, Rapallo und Paris ins belgische Exil ging. Nach dem Überfall der deutschen Truppen auf Belgien wurde Nussbaum im südfranzösischen Lager Saint-Cyprien interniert, aus dem ihm im Oktober 1940 die Flucht und Rückkehr nach Brüssel gelang.

„Hier entstehen die zum Teil visionären, zum Teil typisierenden und allegorisierenden Erinnerungsbilder aus dem Internierungslager, dessen Schrecken noch nicht einmal vergleichbar ist mit dem der nationalsozialistischen Vernichtungslager." [5]

Seit in Brüssel die ersten Razzien gegen Juden stattfanden, gingen Felix Nussbaum und seine Frau Felka Platek im Juni 1942 in den Untergrund. Der Speicher eines alten Brüsseler Mietshauses wurde zu ihrer letzten Zuflucht. In Nussbaums Exil-Werk dokumentiert sich die fortschreitende Auseinandersetzung mit seinem Judentum, die der objektive Geschichtsverlauf dem Künstler aufzwang. Diese Entwicklung kulminierte in seinem um 1943 bereits im Versteck entstandenen Bild „Selbstbildnis mit Judenpaß":

„In der Situation einer nächtlichen Kontrolle gibt es ein vom Suchlicht angestrahltes, nahsichtiges Porträt Nussbaums mit den Erkennungsmerkmalen des Judensterns auf dem Mantel und des Judenpasses in der Hand. ... Der Blick Nussbaums ist zugleich angstvoll und anklagend, aber auch fest und fast streng auf den Betrachter gerichtet, dem der Judenpaß entgegengehalten wird." [6]

Aufgrund einer gezielten Denunziation wurden Felix Nussbaum und Felka Platek am 31. Juli 1944 verhaftet und mit dem letzten Deportationszug aus Belgien nach Auschwitz gebracht. Das Todesdatum Felix Nussbaums wurde von den belgischen Behörden auf den 9. August 1944 festgelegt.

Entsprechend der allgemeinen Verdrängungsleistung in der sogenannten „Nachkriegszeit" wurden erst 1971 in einer „Gedächtnisausstellung für Felix Nussbaum" in der Dominikanerkirche in Osnabrück die Bilder des Künstlers der Öffentlichkeit wieder zugänglich gemacht. Nach einer großen Nussbaum-Ausstellung, die 1988 im Wilhelm-Lehmbruck-Museum, Duisburg, und in Berlin stattfand, richtete die Berlinische Galerie einen Nussbaum-Saal

---

5 Armin Schulz: Felix Nussbaum, in: Museumsjournal H. 10, Berlin 1988, S. 21
6 ebd.

ein, in dem unter anderem Felix Nussbaums Berlin-Bild, „Der tolle Platz" (1931) gezeigt wird.

> **BERLINER GEDENKTAFEL**
>
> In dem Haus, das früher hier stand,
> lebte und arbeitete von 1928 bis 1932
>
> **FELIX NUSSBAUM**
> 11.12.1904 – 9.8.1944
>
> Maler des Neuen Realismus, seit 1933
> in der Emigration, zuletzt in Belgien.
> 1944 in seinem Brüsseler Versteck
> von der Gestapo verhaftet, nach Auschwitz deportiert
> und dort ermordet.

Gedenktafel Xantener Straße 23
(Foto Bezirksamt Wilmersdorf)

Namenverzeichnis

Im folgenden sind Persönlichkeiten mit ihren Wilmersdorfer Adressen aufgeführt. Die Liste erhebt keinen Anspruch auf Vollständigkeit.

Abraham, Karl: * Bremen 3.5.1877 † Berlin 25.12.1925, Psychoanalytiker, Schleinitzstraße 6, Bismarckallee 14 (Gedenktafel)
Alsberg, Max: * Bonn 13.10.1877 † Samaden/CH 12.9.1933, Strafverteidiger, Dramatiker, Richard-Strauss-Straße 22

Bab, Julius: * Berlin 11.12.1880 † New York 12.2.1955, Schriftsteller, Dramaturg, Theaterkritiker, Bundesallee 19 (Berliner Gedenktafel), Auerbacher Straße 17
Bäumer, Gertrud: * Hohenlimburg 12.9.1873 † Gadderbaum bei Bielefeld 25.3.1954, Frauenrechtlerin, Schriftstellerin, Politikerin, Gillstraße 9 (heute Kunz-Buntschuh-Straße 7)
Bassermann, Albert: * Mannheim 7.9.1867 † Zürich 15.5.1952, Schauspieler, Douglasstraße 30, Joachim-Friedrich-Straße 54 (Berliner Gedenktafel 1991 geplant)
Baum, Vicki: * Wien 24.1.1888 † Hollywood 29.8.1960, Musikerin, Schriftstellerin, Drehbuchautorin, Koenigsallee 45-47 (Berliner Gedenktafel)
Becher, Johannes, R.: * München 22.5.1891 † Berlin (Ost) 11.10.1958, Schriftsteller, Lyriker, Kulturminister der DDR, Laubenheimer Straße 2
Behrens, Franz Richard: * Brachwitz 5.3.1895 † Berlin (Ost) 30.4.1977, Lyriker, Pariser Straße 54, Pfalzburger Straße 82
Benjamin, Walter: * Berlin 15.7.1892 † Port Bou/Spanien 27.9.1940, Literaturkritiker, Philosoph, Delbrückstraße 23, Meierottostraße 6, Düsseldorfer Sraße 42, Prinzregentenstraße 66 (Berliner Gedenktafel)
Blei, Franz: * Wien 18.1.1871 † Westbury/N.Y. 10.7.1942, Schriftsteller, Publizist, Pommersche Straße 5
Bloch, Ernst: * Ludwigshafen 8.7.1885 † Tübingen 4.8.1977, Philosoph, Kreuznacher Straße 52 (Berliner Gedenktafel 1991 geplant)
Bonhoeffer, Dietrich: * Breslau 4.2.1906 † KZ Flossenbürg 9.4.1945, Theologe, Widerstandskämpfer, Wangenheimstraße 14 (Berliner Gedenktafel)
Bonhoeffer, Karl: * Neresheim 31.3.1868 † Berlin 4.2.1948, Arzt, Psychiater, Wangenheimstraße 14 (Berliner Gedenktafel)
Braun, Lily: * Halberstadt 2.7.1865 † Berlin 8.8.1916, Frauenrechtlerin, Politikerin, Wernerstraße 16

Brecht, Bertolt: * Augsburg 10.2.1889 † Berlin (Ost) 14.8.1956, Schriftsteller, Dramatiker, Spichernstraße 16 (Berliner Gedenktafel)
Brentano, Bernard von: * Offenbach/Main 15.10.1901 † Wiesbaden 29.12.1964, Schriftsteller, Schaperstraße 8, Schaperstraße 22
Breyer, Robert: * Stuttgart 19.6.1866 † Bensheim-Auerbach 26.2.1941, Maler, Spichernstraße 14
Bruckner, Ferdinand: * Wien 26.8.1891 † Berlin 5.12.1958, Schriftsteller, Dramatiker, Emser Straße 1-2, Bregenzer Straße 5
Buchholz, Erich: * Bromberg 31.1.1891 † Berlin 29.12.1972, Maler, Ludwigkirchplatz 10a
Busch, Ernst: * Kiel 22.1.1900 † Berlin (Ost) 8.6.1980, Schauspieler, Sänger, Bonner Straße 11 (Berliner Gedenktafel)

Caragiale, Ion Luca: * Haimanale/Ungarn 29.1.1852 † Berlin 22.6.1912, Schriftsteller, Hohenzollerndamm 201 (Gedenktafel)

Däubler, Theodor: * Triest 17.8.1876 † St. Blasien/CH 13.6.1934, Schriftsteller, Babelsberger Straße 50
Delbrück, Hans: * Bergen 11.11.1848 † Berlin 14.7.1929, Historiker, Kunz-Buntschuh-Straße 4 (heute Autobahnüberbauung)
Delbrück, Justus: * Berlin 25.11.1902 † Lieberose 29.10.1945, Jurist, Widerstandskämpfer, Kunz-Buntschuh-Straße 4
Delbrück, Max: * Berlin 4.9.1906 † Pasadena/USA 10.3.1981, Biophysiker, Nobelpreisträger, Kunz-Buntschuh-Straße 4
Dietrich, Marlene: * Berlin 27.1.1901, Schauspielerin, Bundesallee 54
Dohnanyi, Hans von: * Wien 1.1.1902 † KZ Sachsenhausen 8./9.4.1945, Jurist, Widerstandskämpfer, Knausstraße 19
Duncan, Isadora: * San Francisco 26.5.1877 † Nizza 14.9.1927, Tänzerin, Trabener Straße 16 (Berliner Gedenktafel 1991 geplant)
Durieux, Tilla: * Wien 18.8.1880 † Berlin 21.2.1971, Schauspielerin, Kurfürstendamm 125

Eggebrecht, Axel: * Leipzig 10.1.1899, Journalist, Schriftsteller, Bonner Straße 12
Eich, Günter: * Lebus/Oder 1.2.1907 † Salzburg 20.12.1972, Schriftsteller, Lyriker, Prinzregentenstraße 96
Eisbrenner, Werner: * Berlin 2.12.1908 † Berlin 7.11.1981, Filmkomponist, Bismarckallee 32 a
Ernst, Paul: * Elbingerode 7.3.1866 † St. Georgen/Österreich 13.5.1933, Schriftsteller, Pariser Straße 52, Brandenburgische Straße 16

Feuchtwanger, Lion: * München 7.7.1884 † Los Angeles 21.12.1958, Schriftsteller, Hohenzollerndamm 34, Mahlerstraße 8 (heute Regerstraße 8) (Gedenktafel)
Finck, Werner: * Görlitz 2.5.1902 † München 31.7.1978, Schauspieler, Kabarettist, Ravensberger Straße 5
Fischer, Samuel: * Liptowsky/Ungarn 24.12.1859 † Berlin 15.10.1934, Verleger, Wissmannstraße 3, Erdener Straße 8 (Gedenktafel)
Friedlaender, Salomo (Mynona): * Gollantsch/Posen 4.5.1871 † Paris 9.9.1946, Schriftsteller, Satiriker, Philosoph, Johann-Georg-Straße 20 (Gedenktafel)
Fuchs, Günter Bruno: * Berlin 3.7.1928 † Berlin 19.4.1977, Schriftsteller, Graphiker, Salzbrunner Straße 8 a
Fürstenberg, Carl: * Danzig 28.8.1850 † Berlin 9.2.1933, Bankier, Koenigsallee 53/Ecke Fontanestraße (Berliner Gedenktafel)

Gaul, August: * Großauheim 22.10.1869 † Berlin 18.10.1921, Bildhauer, Hundekehlestraße 27
Goldschmidt, Alfons: * Gelsenkirchen 1879 † Cuernavaca/Mexico 1940, Staats- und Wirtschaftswissenschaftler, Douglasstraße 30 a
Grosz, George: * Berlin 26.7.1893 † Berlin 6.7.1959, Nassauische Straße 4, Hohenzollerndamm 201, Trautenaustraße 12 (Berliner Gedenktafel)

Harbou, Thea von: * Hof 27.12.1888 † Berlin 1.7.1954, Schauspielerin, Regisseurin, Hohenzollerndamm 52
Harden, Maximilian: * Berlin 20.10.1861 † Montana/CH 30.10.1927, Publizist, Wernerstraße 16 (Berliner Gedenkstafel)
Hardt, Ernst: * Graudenz/Westpr. 9.5.1876 † Ischenburg 3.1.1947, Schriftsteller, Ludwigkirchplatz 9, Düsseldorfer Straße 9
Harnack, Adolf von: * Dorpat 7.5.1851 † Heidelberg 10.6.1930, Theologe, Kirchenhistoriker, Fasanenstraße 43, Kunz-Buntschuh-Straße 2 (heute Autobahnüberbauung)
Hart, Heinrich: * Wesel 30.12.1855 † Tecklenburg 11.6.1906, Schriftsteller, Journalist, Uhlandstraße 144
Hart, Julius: * Münster 9.4.1859 † Berlin 7.7.1930, Schriftsteller, Kritiker, Uhlandstraße 144
Hartung, Hugo: * Netzschkau 17.9.1902 † München 2.5.1972, Kunsthistoriker, Architekt, Schriftsteller, Beymestraße 28/30 (heute Furtwänglerstraße)
Harvey, Lilian: * Hornsey/GB 19.1.1907 † Cap d'Antibes 27.7.1968, Schauspielerin, Düsseldorfer Straße 47

Hasenclever, Walter: * Aachen 8.7.1890 † Aix-en-Provence 21.6.1940, Lyriker, Dramatiker, Albrecht-Achilles-Straße 85, Laubenheimer Platz 3 (heute Ludwig-Barnay-Platz) (Berliner Gedenktafel 1991 geplant)
Hauptmann, Gerhart: * Bad Salzbrunn/Schlesien 15.11.1862 † Agnetendorf/Schlesien 6.6.1946, Schriftsteller, Dramatiker, Boothstr. 9 (heute Humboldtstraße), Trabener Straße 2, Hubertusallee 25
Hermann, Georg: * Berlin 7.10.1871 † Auschwitz/Birkenau 19.11.1943, Schriftsteller, Kunsthistoriker, Trabener Straße 19, Laubenheimer Straße 2 (heute Kreuznacher Straße 28) (Berliner Gedenktafel)
Heym, Georg: * Hirschberg/Riesengebirge 30.10.1887 † Berlin 16.1.1912, Lyriker, Spichernstraße 14
Hirsch, Hugo: * Birnbaum/Warthe 12.3.1885 † Berlin 16.8.1961, Operettenkomponist, Auguste-Viktoria-Straße 70
Holitscher, Arthur: * Budapest 22.8.1869 † Genf 14.10.1941, Schriftsteller, Ludwigkirchplatz 12
Holz, Arno: * Rastenburg/Ostpr. 26.4.1863 † Berlin 26.10.1929, Schriftsteller, Lyriker, Dramatiker, Gravelottestraße 41 (heute Fasanenstraße 65), Pariser Straße 23 und 52, Uhlandstraße 106, Wilhelmsaue 16, Holsteinische Straße 31, Nachodstraße 9
Huchel, Peter: * Berlin 3.4.1903 † Staufen/Breisg. 30.4.1981, Lyriker, Hörspielautor, Kreuznacher Straße 52
Humperdinck, Engelbert: * Siegburg 1.9.1854 † Neustrelitz 27.9.1921, Komponist, Trabener Straße 2 und 16 (Berliner Gedenktafel 1991 geplant)

Jannings, Emil: * Rorschach/CH 23.7.1884 † Strobl/Österreich 2.1.1950, Schauspieler, Delbrückstraße 27
Jessel, Leon: * Stettin 22.1.1871 † Berlin 4.1.1942, Operettenkomponist, Düsseldorfer Straße 47 (Gedenktafel)

Kästner, Erich: * Dresden 23.2.1899 † München 29.7.1974, Journalist, Schriftsteller, Prager Straße 17 (Berliner Gedenktafel)
Käutner, Helmut: * Düsseldorf 25.3.1908 † Castellina/I 20.4.1980, Schauspieler, Regisseur, Koenigsallee 18 g
Kantorowicz, Alfred: * Berlin 12.8.1899 † Hamburg 27.3.1979, Schriftsteller, Literaturwissenschaftler, Kreuznacher Straße 48 (Berliner Gedenktafel)
Kellermann, Bernhard: * Fürth 4.3.1879 † Klein-Glienicke/Potsdam 17.10.1951, Schriftsteller, Emser Straße 21
Kerr, Alfred: * Breslau 25.12.1867 † Hamburg 12.10.1948, Schriftsteller, Theaterkritiker, Gneiststraße 9, Höhmannstraße 6 (Berliner Gedenktafel), Douglasstraße 10 (Gedenktafel)

Kessel, Martin: * Plauen 14.4.1901 † Berlin 14.4.1990, Schriftsteller, Südwestkorso 46, Kreuznacher Straße 48, Steinrückweg 9, Laubenheimer Straße 5

Kisch, Egon Erwin: * Prag 29.4.1885 † Prag 31.3.1948, Journalist, Schriftsteller, Güntzelstraße 3 (Gedenktafel)

Klages, Victor. * Hannover 3.7.1889 † Berlin 26.5.1978, Schriftsteller, Journalist, Laubenheimer Platz 5 (heute Ludwig-Barnay-Platz)

Klein, Max: * Gönc/Ungarn 27.1.1847 † Grunewald/Berlin 6.9.1908, Bildhauer, Warmbrunner Straße 8

Koenigs, Felix: * Köln 1846 † Paris 1900, Bankier, Koenigsallee 16

Koestler, Arthur: * Budapest 5.9.1905 † London 3.3.1983, Schriftsteller, Journalist, Bonner Straße

Koczalski, Raoul: * Warschau 3.1.1884 † Posen 24.11.1948, Pianist, Koenigsallee 1

Kracauer, Siegfried: * Frankfurt/M. 8.2.1889 † New York 26.11.1966, Soziologe, Kulturphilosoph, Pariser Straße 24

La Jana (Margarethe Henriette Hiebel): * Wien 24.2.1905 † 1940, Schauspielerin, Tänzerin, Höhmannstraße 8

Lang, Fritz: * Wien 5.12.1890 † Los Angeles 2.8.1976, Filmregisseur, Hohenzollerndamm 52

Lange, Helene. * Oldenburg 9.4.1848 † Berlin 13.5.1930, Frauenrechtlerin, Gillstraße 9 (heute Kunz-Buntschuh-Straße 7) (Berliner Gedenktafel)

Landsberger, Arthur. * Berlin 26.3.1876 † Berlin 4.10.1933, Schriftsteller, Güntzelstraße 49

Lasker-Schüler, Else: * Elberfeld 11.2.1896 † Jerusalem 22.1.1945. Lyrikerin, Schriftstellerin, Ludwigkirchstraße 12, Uhlandstraße 108/109, Katharinenstraße 5 (Berliner Gedenktafel 1991 geplant), Humboldtstraße 13

Lehmann, Lilli: * Würzburg 24.11.1848 † Berlin 16.5.1929, Opernsängerin, Herbertstraße 20 (Berliner Gedenktafel)

Leistikow, Walter. * Bromberg 25.10.1865 † Berlin 24.7.1908, Maler, Fontanestraße 16-18

Leonhard, Susanne: Schriftstellerin, Bonner Straße 12

Leonhard, Wolfgang: * Wien 16.4.1921 (Sohn von Susanne L.), Schriftsteller, Journalist, Bonner Straße 12

Liedtke, Harry: * Königsberg/Preußen 12.10.1888 † Bad Saarow 28.4.1945, Schauspieler, Bismarckallee 16

Lindau, Paul: * Magdeburg 3.6.1839 † Berlin 31.1.1919, Schriftsteller, Theaterkritiker, Dramaturg, Schaperstraße 20, Erdener Straße 9

Loerke, Oskar.* Jungen/Weichsel 13.3.1884 † Berlin 24.2.1941, Schriftsteller, Dramaturg, Joachim-Friedrich-Straße 34

Mackeben, Theo: * Preußisch Stargard 5.1.1897 † Berlin 10.1.1953, Karlsbader Straße 3, Kissinger Straße 60 (Berliner Gedenktafel)
Mann, Heinrich: * Lübeck 27.3.1871 † Santa Monica/Cal. USA 12.3.1950, Schriftsteller, Uhlandstraße 126, Schaperstraße 2-3, Trautenaustraße 12, Fasanenstraße 61 (Berliner Gedenktafel)
Mann, Klaus: * München 18.11.1906 † Cannes 22.5.1949, Schriftsteller, Publizist, Uhlandstraße 78, Pfalzburger Straße 83
Mann, Erika: * München 9.11.1905 † Kilchberg/CH 27.8.1969, Schauspielerin, Journalistin, Kinderbuchautorin, Uhlandstraße 78
Mauthner, Fritz: * Horitz/Böhmen 22.11.1849 † Merseburg 29.6.1923, Journalist, Philosoph, Wangenheimstraße 46
Meisel, Will: * Berlin 17.9.1897 † Müllheim/Baden 29.4.1967, Operetten- und Filmkomponist, Wittelsbacherstraße 18 (Berliner Gedenktafel)
Mendelssohn, Franz von: * Berlin 29.7.1865 † Berlin 18.6.1935, Bankier, Bismarckallee 23 (Berliner Gedenktafel)
Mendelssohn, Robert von: † Berlin 1917, Bankier, Bismarckallee 23
Morgenstern, Christian: * München 6.5.1871 † Meran 31.3.1914, Lyriker, Dramaturg, Ringbahnstraße 126
Mosse, Rudolf: * Grätz/Posen 9.5.1843 † Schenkendorf 8.9.1920, Zeitungsverleger, Rudolf-Mosse-Straße 11 (Berliner Gedenktafel)
Mühsam, Erich: * Berlin 6.4.1878 † KZ Oranienburg 10.7.1934, Schriftsteller, Lyriker, Berliner Straße 143, Badensche Straße 18
Murnau, Friedrich Wilhelm: * Bielefeld 28.12.1888 † Santa Barbara/Cal. USA 11.3.1931, Stummfilmregisseur, Douglasstraße 22 (Berliner Gedenktafel)
Musil, Robert: * Klagenfurt 6.11.1880 † Genf 15.4.1942, Schriftsteller, Regensburger Straße 15, Bundesallee 177 und 222

Nussbaum, Felix: * Osnabrück 11.12.1904 † Auschwitz-Birkenau 9.8.1944, Maler, Xantener Straße 23 (Berliner Gedenktafel)

Oster, Hans Paul: * Dresden 9.8.1887 † KZ Flossenbürg 21.7.1944, Offizier, Widerstandskämpfer, Bayerische Straße 9 (Berliner Gedenktafel)

Pechstein, Max: * Zwickau 31.12.1881 † Berlin 29.6.1955, Maler, Durlacher Straße 14, Hubertusallee 18
Pfemfert, Franz: * Lötzen 20.11.1879 † Mexico-City 26.5.1954, Publizist, Schriftsteller, Nassauische Straße 17 (Berliner Gedenktafel), Bundesallee 222
Piscator, Erwin: * Ulm/Kreis Wetzlar 17.12.1893 † Starnberg 30.3.1966, Theaterregisseur, Binger Straße 36

Planck, Max: * Kiel 23.4.1858 † Göttingen 4.10.1947, Physiker, Nobelpreisträger, Wangenheimstraße 21 (Berliner Gedenktafel)

Rathenau, Walther: * Berlin 29.9.1867 † Berlin 24.6.1922, Unternehmer, Schriftsteller, Politiker, Koenigsallee 65 (Gedenktafel)
Rebay, Hilla: * Straßburg 1890 † New York City 1967, Malerin, Galeristin, Kurfürstendamm 136
Regler, Gustav: * Merzig 25.5.1898 † Neu Delhi 14.1.1963, Journalist, Schriftsteller, Bonner Straße 8
Reinhardt, Max: * Baden/Wien 9.9.1873 † New York City 31.10.1943, Schauspieler, Regisseur, Fontanestraße 8 (Gedenktafel)
Remarque, Erich Maria: * Osnabrück 22.6.1898 † Locarno 25.9.1970, Schriftsteller, Wittelsbacherstraße 5 (Gedenktafel)
Reuter, Gabriele: * Alexandria/Ägypten 8.2.1859 † Weimar 14.11.1941, Schriftstellerin, Ludwigkirchstraße 2
Reutter, Otto: * Gardelegen 24.4.1870 † Düsseldorf 3.3.1931, Humorist, Kabarettist, Bregenzer Straße 5 (Berliner Gedenktafel 1991 geplant)
Rilke, Rainer Maria: * Prag 4.12.1875 † Valmont/CH 29.12.1926, Lyriker, Im Rheingau 8, Hundekehlestraße 11 (Berliner Gedenktafel), Misdroyer Straße 1
Ringelnatz, Joachim: * Wurzen 7.8.1883 † Berlin 17.11.1934, Lyriker, Essayist, Bonner Straße 2

Sauerbruch, Ferdinand: * Elberfeld/Barmen 3.7.1875 † Berlin 2.7.1951, Chirurg, Herthastraße 11
Scheerbart, Paul: * Danzig 8.1.1861 † Berlin 15.10.1915, Schriftsteller, Satiriker, Pfalzburger Straße 52
Scheibe, Richard: * Chemnitz 19.4.1879 † Berlin 6.10.1964, Bildhauer, Lassenstraße 26, Deidesheimer Straße 23
Scherl, August: * Düsseldorf 24.7.1849 † Berlin 18.4.1921, Verleger, Bismarckallee 42
Schröder, Friedrich: * Näfels 6.8.1910 † Berlin 25.9.1972, Filmkomponist, Güntzelstraße 54
Seghers, Anna: * Mainz 19.11.1900 † Berlin 1.7.1983, Schriftstellerin, Helmstedter Straße 24 (Berliner Gedenktafel)
Sombart, Werner: Ermsleben 9.1.1863 † Berlin 18.5.1941, Nationalökonom, Soziologe, Humboldtstraße 35 a
Sonnenschein, Carl: * Düsseldorf 15.7.1876 † Berlin 20.2.1929, Theologe, Pfarrer, Delbrückstraße 33 (Gedenktafel)
Sperber, Manès: * Zablotow/Galizien 12.12.1905 † Paris 6.2.1984, Schriftsteller, Laubenheimer Platz 5, Paulsborner Straße 3

Stegerwald, Adam: * Greußenheim 14.12.1874 † Greußenheim 3.12.1945, Politiker, Gewerkschafter, Zoppoter Straße 4 und 62 (Berliner Gedenktafel), Hohenzollerndamm 59

Stenbock-Fermor, Alexander Graf: * Mitau/Livland 30.1.1902 † Berlin 8.5.1972, Schriftsteller, Ludwig-Barnay-Platz 5

Sudermann, Hermann: * Matziken/Ostpr. 30.9.1857 † Berlin 21.11.1928, Schriftsteller, Dramatiker, Bettinastraße 3 (Gedenktafel)

Szilard, Leo: * Budapest 11.2.1898 † San Diego 30.5.1964, Physiker, Prinzregentenstraße 95

Thiess, Frank: * Eluisenstein/Livland 13.3.1890 † Darmstadt 22.12.1977, Schriftsteller, Holsteinische Straße 34, Bundesallee 170

Tiessen, Heinz: * Königsberg/Ostpr. 10.4.1887 † Berlin 29.11.1971, Komponist, Musikpädagoge, Bonner Straße 5, Wetzlarer Straße 3

Toller, Ernst: * Samotschin 1.12.1893 † New York City 22.5.1939, Schriftsteller, Dramatiker, Politiker, Bundesallee/Ecke Berliner Straße, Hagenstraße 39-42, Koenigsallee 45

Tucholsky, Kurt: * Berlin 9.1.1890 † Hindas/Schweden 21.12.1935, Schriftsteller, Journalist, Nachodstraße 12, Bundesallee 79, Duisburger Straße 16

Ullstein, Franz: 1868-1945, Verleger, Grunewald

Ullstein, Hans: * 18.1.1859 † 14.5.1935, Verleger, Bettinastraße 4 (Berliner Gedenktafel 1991 geplant)

Ullstein, Hermann: 1875-1943, Verleger, Taunusstraße 7

Ullstein, Louis: 11.11.1863 - 1933, Verleger, Höhmannstraße 10

Walden, Herwarth: * Berlin 16.9.1878 † Straflager Saratow,Wolga/UdSSR 31.10.1941, Musiker, Publizist, Kunstsammler, Uhlandstraße 159, Ludwigkirchstraße 12, Spichernstraße 19, Katharinenstraße 5 (Berliner Gedenktafel 1991 geplant), Kurfürstendamm 173

Weigel, Helene: * Wien 12.5.1900 † Berlin (Ost) 6.5.1971, Schauspielerin, Intendantin, Spichernstraße 16 (Berliner Gedenktafel), Babelsberger Straße 52

Weinert, Erich: * Magdeburg 4.8.1890 † Berlin (Ost) 20.4.1953, Schriftsteller, Lyriker, Kreuznacher Straße 34

Weisenborn, Günther: * Delbert 10.7.1902 † Berlin 26.3.1969, Schriftsteller, Dramatiker, Selchowstraße 6

Weiser, Grethe: * Hannover 27.2.1903 † Bad Tölz 2.10.1970, Schauspielerin, Herthastraße 17 a

Wiechert, Ernst: * Kleinort/Ostpr. 18.5.1887 † Rütihof/CH 28.4.1960, Schriftsteller, Höhmannstraße 6

Wigman, Mary: * Hannover 13.11.1886 † Berlin 19.9.1973, Tänzerin, Rheinbabenallee 35

Winkler, Gerhard: * Rixdorf 12.9.1906 † Kempten 25.9.1977, Schlagerkomponist, Nassauische Straße 61, Lassenstraße 2-4

Zahn-Harnack, Agnes von: * Gießen 19.6.1884 † Berlin 22.5.1950, Frauenrechtlerin, Schriftstellerin, Kunz-Buntschuh-Straße 2 (heute Autobahnüberbauung)

Zobeltitz, Fedor von: * Neumark 5.10.1857 † Berlin 10.2.1934, Schriftsteller, Bregenzer Straße 4

Straßenverzeichnis

Albrecht-Achilles-Straße	85	Walter Hasenclever
Auerbacher Straße	17	Julius Bab
Auguste-Viktoria-Straße	70	Hugo Hirsch
Babelsberger Straße	13	Paul Zech
	50	Theodor Däubler
	52	Helene Weigel
Badensche Straße	18	Erich Mühsam
Berliner Straße	146	Erich Mühsam, Peter Hille
Bettinastraße	3	Hermann Sudermann
	4	Hans Ullstein
Binger Straße	36	Erwin Piscator
Bismarckallee	14	Karl Abraham
	16	Harry Liedtke
	23	Fam. v. Mendelssohn
	32a	Werner Eisbrenner
	42	August Scherl
Bonner Straße	1a	Oskar Loerke
	1a	Karl Otten
	2	Joachim Ringelnatz
	8	Gustav Regler
	11	Ernst Busch
	12	Axel Eggebrecht
Bregenzer Straße	4	Fedor v. Zobeltitz
	5	Otto Reutter
	5	Ferdinand Bruckner (Theodor Tagger)
Bundesallee (früher Kaiserallee)	19	Julius Bab
	54	Marlene Dietrich
	79	Kurt Tucholsky
	170	Frank Thiess
	177	Robert Musil
	222	Robert Musil
Caspar-Theyß-Straße	12	Otto Lessing
Delbrückstraße	23	Walter Benjamin
	27	Emil Jannings
	33	Carl Sonnenschein

Douglasstraße	10	Alfred Kerr
	22	Friedrich Wilhelm Murnau
	30	Albert Bassermann
Düsseldorfer Straße	9	Ernst Hardt
	42	Walter Benjamin, Asja Lacis
	47	Leon Jessel
	47	Lilian Harvey
Duisburger Straße	16	KurtTucholsky
	16	Trude Hesterberg
Durlacher Straße	14	Max Pechstein
Emser Straße	1-2	Ferdinand Bruckner
		(eig. Theodor Tagger)
	21	Bernhard Kellermann
Erdener Straße	8	Samuel Fischer
	9	Paul Lindau
Fasanenstraße	43	Adolf von Harnack
	61	Heinrich Mann
	65	Arno Holz
Fontanestraße	8	Max Reinhardt
	16-18	Hermann Rosenberg, Walter Leistikow
Furtwänglerstraße (früher Beymestraße)	28/30	Hugo Hartung
Gneiststraße	7	Gottfried u. Brigitte Bermann-Fischer
	9	Alfred Kerr
Güntzelstraße	3	Egon Erwin Kisch
	49	Arthur Landsberger
	54	Friedrich Schröder
Hagenstraße	39-42	Ernst Toller
Helmstedter Straße	24	Anna Seghers
Herbertstraße	20	Lilli Lehmann
Herthastraße	17a	Grethe Weiser
Hildegardstraße	13b	Dénes von Mihaly
Höhmannstraße	6	Alfred Kerr
	6	Ernst Wiechert
	8	La Jana
	10	Louis Ullstein
Hohenzollerndamm	34	Lion Feuchtwanger
	52	Thea von Harbou, Fritz Lang
	201	Ion Luca Caragiale
	201	George Grosz

Holsteinische Straße	31	Arno Holz
	31	Frank Thiess
Humboldtstraße		
(früher Boothstraße)	9	Gerhart Hauptmann
	13	Else Lasker-Schüler
	35a	Werner Sombart
Hundekehlestraße	11	Rainer Maria Rilke,
		Lou Andreas-Salomé
	27	August Gaul
Joachim-Friedrich-Straße	34	Oskar Loerke
	54	Albert Bassermann
Johann-Georg-Straße	20	Salomo Friedlaender (Mynona)
Katharinenstraße	5	Herwarth Walden,
		Else Lasker-Schüler
Kissinger Straße	60	Theo Mackeben
Knausstraße	19	Hans von Dohnanyi
Koblenzer Straße	8	Ernst Niekisch
Koenigsallee	1	Raoul Armand Koczalski
	16	Felix Koenigs
	18g	Helmut Käutner
	45	Vicki Baum
	45	Ernst Toller
	53-55	Carl Fürstenberg
	65	Walther Rathenau
Kreuznacher Straße	34	Erich Weinert
	48	Alfred Kantorowicz
	52	Ernst Bloch
	52	Peter Huchel
Kunz-Buntschuh-Straße	2	Adolf v. Harnack
	4	Fam. Delbrück
	7	Helene Lange, Gertrud Bäumer
Kurfürstendamm	105	Fred Raymond
	125	Tilla Durieux
	136	Hilla Rebay
	173	Herwarth Walden
Lassenstraße	2-4	Gerhard Winkler
Laubenheimer Straße	2	Georg Hermann
	2	Anja Ramm-Pfemfert
	2	Johannes R. Becher
Lietzenburger Straße	77	J. H. van't Hoff
Ludwig-Barnay-Platz		
(früher Laubenheimer Platz)	3	Walter Hasenclever

	5	Victor Klages
	5	Manès Sperber
Ludwigkirchplatz	10a	Erich Buchholz
	12	Arthur Hollitscher
Ludwigkirchstraße	2	Gabriele Reuter
	12	Herwarth Walden, Elske Lasker-Schüler
Meierottostraße	6	Walter Benjamin
Misdroyer Straße	1	Rainer Maria Rilke
Nachodstraße	12	Kurt Tucholsky
Nassauische Straße	4	George Grosz
	17	Franz Pfemfert
	61	Gerhard Winkler
Pariser Straße	23	Arno Holz
	24	Siegfried Kracauer
	52	Arno Holz
	52	Paul Ernst
	54	Franz Richard Behrens
Paulsborner Straße	3	Manès Sperber
	81	Robert Stolz
Pfalzburger Straße	52	Paul Scheerbart
	82	Franz Richard Behrens
	83	Klaus Mann
Pommersche Straße	5	Franz Blei
	5	Gustav Kiepenheuer
Prager Straße	17	Erich Kästner
Prinzregentenstraße	66	Walter Benjamin
	95	Leo Szilard
	96	Günter Eich
Ravensberger Straße	5	Werner Finck
Regensburger Straße	15	Robert Musil
Regerstraße (früher Mahlerstraße)	8	Lion Feuchtwanger
Richard-Strauss-Straße	22	Max Alsberg
Ringbahnstraße	126	Christian Morgenstern
Salzbrunner Straße	8a	Günter Bruno Fuchs
Schaperstraße	2-3	Heinrich Mann
	8	Bernard von Brentano
	20	Paul Lindau
	22	Bernard von Brentano
Selchowstraße	6	Günther Weisenborn
Spichernstraße	14	Georg Heym

	16	Bertolt Brecht, Helene Weigel
	19	Herwarth Walden
	24	Robert Breyer
Taunusstraße	7	Hermann Ullstein
Trabener Straße	2	Gerhart Hauptmann
	2	Engelbert Humperdinck
	16	Isadora Duncan
	16	Engelbert Humperdinck
	19	Georg Hermann
Trautenaustraße	12	Heinrich Mann
	12	George Grosz
Uhlandstraße	78	Klaus Mann
	106	Arno Holz
	108/109	Else Lasker-Schüler
	126	Heinrich Mann
	144	Neue Gemeinschaft (Heinrich u. Julius Hart)
	159	Herwarth Walden
Wangenheimstraße	8-10	Otto Lessing
	14	Fam. Bonhoeffer
	21	Max Planck
	46	Fritz Mauthner
Warmbrunner Straße	8	Max Klein
Wernerstraße	16	Maximilian Harden
	16	Lili Braun
Wilhelmsaue	16	Arno Holz
Wissmannstraße	3	Samuel Fischer
Wittelsbacherstraße	5	Erich Maria Remarque
	18	Will Meisel
Xantener Straße	23	Felix Nussbaum
Zoppoter Straße	62	Adam Stegerwald

Gedenktafeln in Wilmersdorf

1. Personen

Karl Abraham   Bismarckallee 14
In diesem Hause
lebte bis zu seinem Tode
Dr. med. Karl Abraham
Psychoanalytiker
Geb. 3.5.1877 – Gest. 25.12.1925

Julius Bab   Bundesallee 19   Berliner Gedenktafel
Hier lebte von 1906 bis 1908
JULIUS BAB
11.12.1880 – 12.2.1955
Schriftsteller, Dramaturg und Theaterkritiker, verfaßte zahlreiche Schriften über das deutsche Theater. Mitbegründer des "Jüdischen Kulturbundes". Emigrierte 1939 über Frankreich in die USA

Albert Bassermann   Joachim-Friedrich-Str. 54   Berliner Gedenktafel
(1991 geplant)
Hier lebte von 1930 bis 1933
ALBERT BASSERMANN
7.9.1867 – 15.5.1952
Schauspieler, von 1909 bis 1914 am Deutschen Theater unter Max Reinhardt, seit 1913 in vielen Filmen. Emigrierte 1934 aus Solidarität mit seiner Frau Else Schiff und anderen jüdischen Kollegen, zuletzt in die USA.

Vicki Baum   Koenigsallee 45   Berliner Gedenktafel
In dem früher hier stehenden Haus
lebte von 1926 bis zu ihrer Übersiedlung in die USA 1931
VICKI BAUM
24.1.1888 – 29.8.1960
Journalistin, Schriftstellerin und Drehbuch-

	autorin schrieb hier 1929 ihren Erfolgsroman "Menschen im Hotel"
Melli Beese	Melli-Beese-Anlage, Storkwinkel / Ecke Schwarzbacher Straße, Stein mit Skulptur in der Grünanlage Amelie Beese. Erste deutsche Fliegerin. 1886 – 1925
Walter Benjamin	Prinzregentenstr. 66 Berliner Gedenktafel In dem früher hier stehenden Haus lebte von 1930 bis zu seiner Emigration 1933 WALTER BENJAMIN 15.7.1892 – 29.9.1940 Literaturkritiker, Essayist und Pilosoph, schrieb hier Teile der "Berliner Kindheit um 1900". Freitod an der französisch-spanischen Grenze wegen drohender Auslieferung an die Gestapo.
Otto von Bismarck	Bismarckplatz, Sockel in der Grünanlage Dem Fürsten Otto von Bismarck Die dankbare Kolonie Grunewald
Ernst Bloch	Kreuznacher Str. 52 Berliner Gedenktafel (1991 geplant) Hier lebte von 1931 bis 1933 ERNST BLOCH 8.7.1885 – 4.8.1977 Philosoph, begann hier sein Werk "Erbschaft dieser Zeit". Seit 1933 im Exil, zuletzt in den USA, schrieb dort "Das Prinzip Hoffnung". Seit 1949 Professor in Leipzig, wurde dort 1957 zwangsemeritiert. Seit 1961 Professor in Tübingen.
Karl Bonhoeffer, Dietrich Bonhoeffer	Wangenheimstr. 14 Berliner Gedenktafel Hier lebte von 1916 bis 1935 die Familie Bonhoeffer KARL BONHOEFFER

31.1.1868 – 4.2.1948
Psychiater und Neurologe
DIETRICH BONHOEFFER
4.2.1906 – 9.4.1945
Evangelischer Theologe. Aktiv im Widerstand im KZ Flossenbürg hingerichtet.

Bertolt Brecht, Spichernstr. 16   Berliner Gedenktafel
Helene Weigel
In dem früher hier stehenden Haus lebten
Bertolt Brecht   Helene Weigel
10.2.1898 – 14.8.1956   12.5.1900 - 6.5.1971
Schriftsteller   Schauspielerin
Brecht schrieb hier den Text der "Dreigroschenoper". Beide emigrierten 1933, zuletzt in die USA. Lebten seit 1948 in Berlin (Ost) und gründeten dort 1949 das "Berliner Ensemble"

Ernst Busch   Bonner Str. 11   Berliner Gedenktafel
Hier lebte von 1931 bis 1933
und von 1945 bis 1946
ERNST BUSCH
22.1.1900 – 8.6.1980
Schauspieler und Regisseur, Sänger politischer Lieder: "Barrikaden-Tauber". Emigrierte 1933. Von 1943 bis 1945 in Gestapo-Haft. Seit 1950 Mitglied des "Berliner Ensemble"

Ion Luca Caragiale   Hohenzollerndamm 201
In diesem Hause Hohenzollerndamm 201 zu Berlin Wilmersdorf wohnte von Oktober 1906 bis Januar 1908
Ion Luca Caragiale
einer der großen rumänischen Schriftsteller

Isadora Duncan   Trabener Str. 16   Berliner Gedenktafel
Engelbert Humperdinck   (1991 geplant)
Hier lebten und arbeiteten
von 1904 bis 1914   von 1908 bis 1912
ISADORA DUNCAN   ENGELBERT
                                          HUMPERDINCK
26.5.1877 – 14.9.1927   1.9.1854 – 27.9.1921

Tänzerin Moderner Ausdruckstanz	Komponist: "Hänsel und Gretel" (1893) Isadora Duncan gründete hier zusammen mit ihrer Schwester Elizabeth eine Tanzschule für Kinder, die von Engelbert Humperdinck unterstützt und gefördert wurde. 1914 zogen die Duncans mit ihrer Tanzschule nach Paris.
Rudi Dutschke	Kurfürstendamm 141 (Granitstein im Gehweg) Attentat auf Rudi Dutschke – 11. April 1968 – An den Spätfolgen der Schußverletzung starb Dutschke 1979. Die Studentenbewegung verlor eine ihrer herausragendsten Persönlichkeiten.
Joseph Engl, Joseph Massolle, Hans Vogt (Tonfilm)	Babelsberger Str. 49 In diesem Hause wurden in den Jahren 1919 - 1922 von den Erfindern J. Engl, J. Massolle und H. Vogt die Grundlagen des Tonfilms geschaffen
Heinrich Evert	Stadion Wilmersdorf Diese Sportanlage hat Wilmersdorf 1948 – 1951 unter der Leitung von Bezirksstadtrat Heinrich Evert aus 1 Million Kubikmeter Trümmerschutt erbaut als Stätte für den friedlichen Wettstreit der Jugend
Marta und Lion Feuchtwanger	Regerstr. 8 (Granitstein im Gehweg) Wohnhaus, früher Mahlerstr. 8, von Marta und Lion Feuchtwanger. Sie befanden sich auf einer Auslandsreise als ihr Haus 1933 von der SA geplündert wurde. Sie kehrten nicht mehr nach Deutschland zurück.
Samuel Fischer	Erdener Str. 8 In diesem Haus lebte, wirkte und starb der Verleger

S. Fischer
24.12.1859 – 15.10.1934

Birger Forell
Landhausstr. 26-28 (Schwedische Kirche)
Birger Forell
1929-42 Schwedischer Pfarrer in Berlin
Schützer und Retter   Helfer und Freund
vieler Verfolgter   der deutschen
1933-45   Kriegsgefangenen
                       in England
Er schuf die Deutsch-Schwedische Flüchtlingshilfe, um vertriebenen Bauern neue Heimat zu geben. Seiner Entschlossenheit ist die Gründung der Flüchtlingsstadt Espelkamp zu danken

Salomo Friedlaender
Johann-Georg-Str. 20
Hier lebte von 1913 bis
zu seiner Emigration 1934
der Philosoph und Satiriker
Freund der Dadaisten
Dr. Salomo Friedländer
Bekannt unter dem Pseudonym
Mynona
1871   1946

Carl Fürstenberg
Koenigsallee 53   Berliner Gedenktafel
In dem früher hier stehenden Haus
lebte seit 1898
CARL FÜRSTENBERG
28.8.1850 – 9.2.1933
Bankier, Direktor der Berliner Handelsgesellschaft, beteiligte seine Bank am Ausbau des Kurfürstendamms und an der Erschließung der Villenkolonie Grunewald

George Grosz
Trautenaustr. 12   Berliner Gedenktafel
Hier lebte von 1928 bis 1933
GEORGE GROSZ
26.7.1893 – 6.7.1959
Maler und Graphiker. Bedeutender Satiriker, kämpfte gegen Militarismus, Obrigkeitsstaat

	und Untertanenmentalität. Seine Bilder wurden von den Nationalsozialisten als "entartete Kunst" verboten. Emigration 1933, seit 1938 amerikanischer Staatsbürger
Ernst Habermann	Habermannplatz, Gasteiner/Ecke Sigmaringer Straße Ernst Habermann * 8.6.1866 † 6.6.1958 Oberbürgermeister von Deutsch-Wilmersdorf von 1909 – 1920 Gegenüber stand damals das Rathaus
Maximilian Harden	Wernerstr. 16 　　　　Berliner Gedenktafel In dem hier vormals stehenden Hause lebte von 1901 bis 1922 MAXIMILIAN HARDEN 20.10.1861 – 30.10.1927 Publizist, Mitbegründer der "Freien Bühne" und Gründer der politischen Wochenschrift "Die Zukunft". Kämpfte gegen Nationalismus und Militarismus. Lebte nach einem Attentat aus rechtsradikalen Kreisen seit 1922 in der Schweiz.
Walter Hasenclever	Ludwig-Barnay-Platz 3 　　Berliner Gedenktafel 　　　　　　　　　　　　　(1991 geplant) Hier lebte von 1930 bis 1932 WALTER HASENCLEVER 8.7.1890 – 21.6.1940 Lyriker, Dramatiker, Repräsentant der expressionistischen Literatur-Revolte: "Der Sohn" (1914). 1917 Kleist-Preis. Kehrte Ende 1932 nicht mehr nach Deutschland zurück, blieb als Emigrant in Italien und Frankreich. Nahm sich aus Furcht vor der Auslieferung an die Gestapo im Internierungslager Les Milles das Leben.
Gerhart Hauptmann	Gerhart-Hauptmann-Anlage, zwischen Bundesallee und Meierottostraße Bronzebüste auf einem Granitstein im Park Gerhart Hauptmann

Georg Hermann	Kreuznacher Str. 28	Berliner Gedenktafel

In dem hier vormals stehenden Wohnhaus Nr. 2 lebte von 1931 bis zu seiner Emigration im Jahre 1933
GEORG HERMANN
7.10.1871 – 19.11.1943
Schriftsteller, schilderte in den Romanen Jettchen Gebert (1906), Henriette Jacoby (1908), Kubinke (1910) und anderen Werken das Leben in Berlin Charlottenburg, Schöneberg und Wilmersdorf.
Wurde im KZ Auschwitz-Birkenau ermordet.

Erich Hoepner, Henning von Tresckow	Bundesallee 216/18	Berliner Gedenktafel

In diesem Gebäude, 1895 für die ehemalige Königlich-Preußische Artillerie-Prüfungskommission erbaut, arbeiteten während des 2. Weltkrieges die Offiziere des Widerstandes:
Generaloberst ERICH HOEPNER
14.9.1886 – 8.8.1944
Generalmajor HENNING von TRESCKOW
10.1.1901 – 21.7.1944

Leon Jessel	Düsseldorfer Str. 47

Hier lebte von 1925 bis 1941 der Komponist Leon Jessel. Er starb am 4. Januar 1942 an den Folgen nationalsozialistischer Haft.

Leon Jessel	Regerstr. 12 (Leon Jessel Haus)

Leon Jessel
22.1.1871 4.1.1942
Komponist
Hauptwerk "Schwarzwaldmädel"
Erklingen zum Tanze die Geigen

Joseph Joachim	Joseph-Joachim-Platz in der Grünanlage

Joseph Joachim Violin-Virtuose
Geb. 1831 in Pressburg. 1869 Direktor der neugegründeten Hochschule für Musik - Berlin
Gest. 1907 Berlin

Erich Kästner	Prager Str. 10	Berliner Gedenktafel

In dem Haus, das früher hier stand,
lebte von 1927 bis 1931
ERICH KÄSTNER
23.2.1899 – 29.7.1974
Journalist und Schriftsteller, Kinderbuchautor.
Beschreibt In "Emil und die Detektive" (1928)
seine Wohngegend am Prager Platz.
1933 wurden seine Bücher von den Nationalsozialisten verbrannt.

Alfred Kantorowicz	Kreuznacher Str. 48	Berliner Gedenktafel

In diesem Haus der ehemaligen Künstlerkolonie lebte von 1931 bis 1933
ALFRED KANTOROWICZ
12.8.1899 – 27.3.1979
Literaturwissenschaftler und Schriftsteller
emigierte 1933 über Frankreich in die USA.
Mitbegründer der Exilorganisation
"Schutzverband Deutscher Schriftsteller", seit
1946 in Berlin (Ost). 1947 bis 1949 Herausgeber der Zeitschrift "Ost und West" seit 1957 in
der Bundesrepublik Deutschland

Alfred Kerr   Douglasstr. 10
Hier lebte bis zu seiner Emigration
im Jahre 1933 Alfred Kerr
Theaterkritiker, Schriftsteller und Dichter
* 25.12.1867   † 12.10.1948
Breslau   Hamburg

Alfred Kerr	Höhmannstr. 6	Berliner Gedenktafel

Hier lebte
ALFRED KERR
25.12.1867 – 12.10. 1948
Schriftsteller und Theaterkritiker
Erhob die Kritik zur literarischen Gattung
1933 wurden seine Bücher verboten und
verbrannt. Alfred Kerr emigrierte über Prag,
Lugano und Paris nach London

Egon Erwin Kisch	Güntzelstr. 3	
	In diesem Haus wohnte einige Jahre lang bis zum 30. Januar 1933 der Schriftsteller und Journalist Egon Erwin Kisch (1885 – 1948)	
Helene Lange	Kunz-Buntschuh-Str. 7 (früher: Gillstr. 9)	Berliner Gedenktafel
	In dem Haus, das früher hier stand, lebte von 1901 bis 1916 HELENE LANGE 9.4.1848 – 13.5.1930 Pädagogin, Vorkämpferin der bürgerlichen Frauenbewegung. Bewirkte die Zulassung von Frauen zu Abitur und Hochschulstudium. 1890 Mitbegründerin des "Allgemeinen Deutschen Lehrerinnvereins". Publizierte mit ihrer Lebensgefährtin Gertrud Bäumer das "Handbuch der Frauenbewegung".	
Lilli Lehmann	Herbertstr. 20	Berliner Gedenktafel
	Hier lebte seit 1891 LILLI LEHMANN 24.11.1848 – 16.5.1929 Sopranistin und Gesangspädagogin, seit 1870 Berliner Hofoper, von 1886 bis 1890 Metropolitan Opera, New York. Berühmte Wagner- und Mozartsängerin. 1901 Mitbegründerin der Salzburger Festspiele. Eine der ersten Bewohnerinnen der Villenkolonie Grunewald	
Rosa Luxemburg Karl Liebknecht	Mannheimer Str. 27 (Granitstein im Gehweg) Letzter Zufluchtsort der deutschen Revolutionäre ROSA LUXEMBURG KARL LIEBKNECHT vor ihrer Ermordung durch marodierende Reichswehrtruppen am 15.1.1919	

Theo Mackeben	Kissinger Str. 60	Berliner Gedenktafel

In diesem Haus lebte seit 1952
THEO MACKEBEN
5.1.1897 – 10.1.1953
Komponist, schrieb Operetten und die Musik
zu zahlreichen Spielfilmen unter anderem
"Bel ami"

Heinrich Mann	Fasanenstr. 61	Berliner Gedenktafel

Hier lebte von 1932 bis 1933
HEINRICH MANN
27.3.1871 – 12.3.1950
Schriftsteller und Essayist,
kämpfte gegen Nationalismus, Militarismus
und Obrigkeitsdenken ("Der Untertan").
1931 bis 1933 Präsident der Sektion Dichtkunst der Preußischen Akademie der Künste.
Emigrierte 1933 über Frankreich in die USA.

Johann H.L. Meierotto Gerhart-Hauptmann-Anlage, zwischen
Bundesallee und Meierottostraße Holztafel mit
Wilmersdorf-Wappen am Gitter im Park
Johann H.L. Meierotto
Erster Direktor
des Joachimstalschen Gymnasiums
* 1742   † 1800

Will Meisel	Wittelsbacherstr. 18	Berliner Gedenktafel

Hier lebte und wirkte ab 1934
WILL MEISEL
17.9.1897 – 29.4.1967
Operetten- und Filmkomponist
Gründer der Meisel Musik- und
Bühnenverlage

Franz von Mendelssohn	Bismarckallee 23	Berliner Gedenktafel

Hier lebte von 1899 bis 1935
FRANZ von MENDELSSOHN
29.7.1865 – 18.6.1935
Jurist und Bankier. Mitinhaber des Bankhauses Mendelssohn
1914 bis 1931 Präsident der Berliner

	Industrie- und Handelskammer 1921 bis 1931 Präsident des Deutschen Industrie- und Handelstages
Rudolf Mosse	Rudolf-Mosse-Str. 11 Berliner Gedenktafel Dieses Haus wurde gestiftet von RUDOLF MOSSE 8.5.1843 – 8.9.1920 Verlagsbuchhändler und Verleger eröffnete 1867 eine Anonncenexpedition, später einen Zeitungsverlag. Gründete 1871 das renommierte "Berliner Tageblatt"
Friedrich Wilhelm Murnau	Douglasstr. 22 Berliner Gedenktafel Hier lebte von 1919 bis 1926 FRIEDRICH WILHELM MURNAU 28.12.1888 – 11.3.1931 Schauspieler, Regisseur zahlreicher Stumm- filme: "Nosferatu" (1921) "Der letzte Mann" (1924), erschloß dem Film neue Ausdrucks- möglichkeiten durch "Entfesselung der Kamera". Seit 1926 in Hollywood, drehte dort unter anderem "Sunrise" (1927)
Ernst Niekisch	Koblenzer Str. 8 In diesem Hause lebte Ernst Niekisch von 1947 bis zu seinem Tode 1967 „Entweder wir sind ein revolutionäres Volk oder wir werden endgültig aufhören, ein freies Volk zu sein"
Felix Nussbaum	Xantener Str. 23 Berliner Gedenktafel In dem Haus, das früher hier stand, lebte und arbeitete von 1928 bis 1932 FELIX NUSSBAUM 11.12.1904 – 9.8.1944 Maler des Neuen Realismus, seit 1933 in der Emigration, zuletzt in Belgien. 1944 in seinem Brüsseler Versteck von der Gestapo verhaftet, nach Auschwitz deportiert und dort ermordet.

Hans Paul Oster	Bayerische Str. 9	Berliner Gedenktafel

In diesem Haus lebte von 1933 bis 1944
Generalmajor HANS PAUL OSTER
8.8.1887 – 9.4.1945
Aktiv im militärischen Widerstand gegen den Nationalsozialismus. Am 21. Juli 1944 verhaftet und im KZ Flossenbürg ermordet.

Franz Pfemfert	Nassauische Str. 17	Berliner Gedenktafel

Hier lebte und arbeitete von 1911 bis 1933
FRANZ PFEMFERT
20.11.1879 – 26.5.1954
Publizist, Begründer und Herausgeber der Zeitschrift "Die Aktion" (1911-1932)
Engagierte sich für expressionistische Kunst und Literatur, machte seine Zeitschrift zum Sprachrohr gegen Nationalismus und Militarismus. Emigrierte 1933, zuletzt nach Mexico-City. Starb verarmt im Exil.

Max Planck	Wangenheimstr. 21	Berliner Gedenktafel

In dem früher hier stehenden Haus
lebte von 1905 bis 1944
MAX PLANCK
23.4.1858 – 4.10.1947
Physiker, seit 1889 Professor an der Berliner Universität, 1918 Nobelpreis. Entdecker des Planck'schen Wirkungsquantums.
1930 bis 1937 und 1945/46 Präsident der Kaiser-Wilhelm-Gesellschaft, seit 1946 Max-Planck-Gesellschaft

Walther Rathenau	Koenigsallee 65

Dieses Haus erbaute
und bewohnte von
1910 – 1922
Walther Rathenau
Reichsaussenminister

Walther Rathenau	Koenigsalle/Ecke Erdener- und Wallotstr.

Die Liberal-Demokratische Partei Deutschlands

Dem Andenken an
Walther Rathenau
Reichsaussenminister der Deutschen Republik
Er fiel an dieser Stelle durch Mörderhand
am 24. Juni 1922
Die Gesundheit eines Volkes kommt
nur aus seinem inneren Leben – Aus dem
Leben seiner Seele und seines Geistes
Oktober 1946

Max Reinhardt   Fontanestr. 8
Max Reinhardt 1873 – 1943
In dem einst hier stehenden Hause lebte
der berühmte Schauspieler und
Regisseur von 1902 - 1905

Erich Maria Remarque Wittelsbacherstr. 5
In diesem Hause lebte bis 1929
Erich Maria Remarque
und schrieb
"Im Westen nichts Neues"
Geboren 22.6.1898 Osnabrück
Gestorben 25.9.1970 Locarno

Otto Reutter   Bregenzer Str. 5   Berliner Gedenktafel
                                          (1991 geplant)
In diesem Haus lebte von 1911 bis 1920
OTTO REUTTER
24.4.1870 – 3.3.1931
Populärer Kabarettist, Star im Varieteté-Theater
"Wintergarten", verfaßte über tausend
Couplets, unter anderem "Der Überzieher"

Rainer Maria Rilke   Hundekehlestr. 11   Berliner Gedenktafel
In der früher hier stehenden
"Villa Waldfrieden"
lebte von 1898 bis 1900
RAINER MARIA RILKE
4.12.1875 – 29.12.1926
Lyriker, schrieb hier 1899 die Erstfassung
der Weise von Liebe und Tod des Cornets
Christoph Rilke

Ferdinand Sauerbruch	Richard-Strauss-Straße/Delbrückstraße (Bronzebüste) Ferdinand Sauerbruch
Anna Seghers	Helmstedter Str. 24 Berliner Gedenktafel Hier lebte von 1928 bis 1933 ANNA SEGHERS 19.11.1900 – 1.7.1983 Schriftstellerin, Trägerin des Kleist-Preises (1928) und des Georg-Büchner-Preises (1947) 1933 wurden ihre Bücher verboten und verbrannt. Anna Seghers emigrierte über Frankreich und Spanien nach Mexiko. 1952 bis 1978 Präsidentin des Schriftstellerverbandes der DDR. Hauptwerk: Das siebte Kreuz
Carl Sonnenschein	Delbrückstr. 33 (St. Karl Borromäus-Kirche) Carl-Borromäus-Kirche erbaut zum Gedenken des Berliner Großstadtapostels Dr. Carl Sonnenschein 1876 – 1929
Adam Stegerwald	Zoppoter Str. 62 Berliner Gedenktafel Hier lebte von 1921 bis 1934 ADAM STEGERWALD 14.12.1874 – 3.12.1945 Führender christlicher Gewerkschaftler, Zentrumspolitiker, preußischer Minister und Minister der Weimarer Republik
Robert Stolz	Paulsborner Str. 81 1880 Robert Stolz 1975 Hier lebte und wirkte von 1929 bis 1935 der weltberühmte Komponist und Dirigent Robert Stolz. Viele seiner unsterblichen Melodien entstanden an dieser Stätte.
Hermann Sudermann	Bettinastr. 3 Hermann Sudermann 1857 – 1928

Hans Ullstein	Bettinastr. 4	Berliner Gedenktafel (1991 geplant)

Hier lebte von 1903 bis 1935
HANS ULLSTEIN
18.1.1859 – 14.5.1935
Verleger, leitete mit seinen Brüdern Hermann, Louis, Franz und Rudolf den vom Vater Leopold gegründeten Ullstein-Verlag. Nach 1933 vertrieben die Nationalsozialisten die Verlegerfamilie aus Deutschland und beraubten sie ihres Vermögens.

Van ten' Hoff

Lietzenburger Str. 77/Ecke Uhlandstraße
In diesem Haus wohnte von 1904 – 1909
der Chemiker
Prof. Dr. J. H. van't Hoff
geb. 30.8.1852 in Rotterdam
gest. 1.3.1911 in Berlin-Steglitz
seinem Andenken die Stadt Berlin 1.3.1931

Herwarth Walden
Else Lasker-Schüler

Katharinenstr. 5   Berliner Gedenktafel
                                        (1991 geplant)
In dem Haus, das früher hier stand, lebten und arbeiteten

von 1909 bis 1912	von 1909 bis 1911
HERWARTH WALDEN	ELSE LASKER-SCHÜLER
16.9.1878 – 31.10.1941	11.2.1869 – 22.1.1945
Verleger, Komponist	Schriftstellerin, Lyrikerin

Walden gründete hier 1910 seine Zeitschrift "Der Sturm", Forum des Expressionismus. Emigrierte 1932 in die UdSSR, starb in stalinistischer Gefangenschaft. Else Lasker-Schüler flüchtete 1933 in die Schweiz, starb verarmt in Jerusalem.

Bernhard Wieck

Bernhard-Wieck-Promenade
Holzbrett in der Grünanlage
Bernhard Wieck Promenade
1. Gemeindevorsteher und Standesbeamter von Grunewald * 8.5. 1845   † 26.8.1913

211

2. Gebäude

Blindenverein Prinzregentenstr. 69a
Der Allgemeine Blindenverein Berlin e. V. schuf hier mit Hilfe einer hochherzigen Spende des Berliner Zahlenlottos 70 Wohnungen für blinde Mitbürger. Berlin im Jahre 1959

C.-V., Philo-Verlag Pariser Str. 44   Berliner Gedenkltafel
In diesem Hause befanden sich seit 1930 bis zu ihrem Verbot am 9. November 1938 der 1893 gegründete C.-V. (Centralverein deutscher Staatsbürger jüdischen Glaubens) (Emser Straße 42) und der ihm gehörende Philo-Verlag (Pariser Str. 44)
Der C.-V., die größte jüdische Organisation in Deutschland, vertrat beharrlich die staatsbürgerlichen Rechte der deutschen Juden. Er gehörte zu den Vorkämpfern gegen Antisemitismus und Nationalsozialismus.

Goldschmidt-Schule Hohenzollerndamm 110 a   Berliner Gedenktafel
An dieser Stelle befand sich von 1935 bis 1939 das Hauptgebäude der
JÜDISCHEN PRIVATSCHULE
Dr. LEONORE GOLDSCHMIDT
Ab 1933 mußten jüdische Lehrer und Schüler die öffentlichen Lehranstalten in Deutschland verlassen. Das Abschlußzeugnis dieser Schule berechtigte zum Studium an den meisten englisch-sprachigen Universitäten. 1939 wurde die Schule durch die Nationalsozialisten geschlossen.

Graues Kloster (Evangelisches Gymnasium) Salzbrunner Str. 41-47

1271 Baubeginn des Franziskanerklosters in Berlin
1539 Reformation im Kurfürstentum Brandenburg
1574 Stiftung des Berlinischen Gymnasiums zum Grauen Kloster in den Gebäuden des Franziskaner-Ordens

	1945 Zerstörung der Schulgebäude
	1949 Gründung des Evangelischen Gymnasiums in Berlin (West)
	1958 Ende des Berlinischen Gymnasiums zum Grauen Kloster in Berlin (Ost)
	1962 Neubeginn als Evangelisches Gymnasium zum Grauen Kloster (Stiftung Berlinisches Gymnasium zum Grauen Kloster)
Bahnhof Grunewald	Bahnhof Grunewald (am Stellwärterhaus) Zum Gedenken an die Opfer der Vernichtung (hebräische Schrift) Zum Gedenken an Zehntausende jüdischer Bürger Berlins, die ab Oktober 1941 bis Februar 1945 von hier aus durch die Nazi-Henker in die Todeslager deportiert und ermordet wurden
Jüdisches Altersheim	Berkaer Str. 31-35 Dieses Haus wurde 1930 von dem Architekten Alexander Beer 10.9.1873 – 8.5.1944 als Altersheim für die Jüdische Gemeinde zu Berlin erbaut. Es wurde 1941 von der SS beschlagnahmt, die letzten Bewohner und das Pflegepersonal deportiert und im Konzentrationslager ermordet. Alexander Beer wurde 1943 ins Konzentrationslager Theresienstadt deportiert und dort am 8.5.1944 ermordet.
Künstlerkolonie	Ludwig-Barnay.Platz, in der Grünanlage (Findling mit eingelassener Tafel) Mahnmal für die Politisch Verfolgten der Künstlerkolonie
Synagoge "Friedenstempel" Halensee	Markgraf-Albrecht-Str. 11-12 An dieser Stelle stand einst die Synagoge "Friedenstempel" erbaut von G. und C. Gause 1922-1923 eingeweiht am 9. September 1923

angezündet und zerstört von Nationalsozialisten am 9. November 1938
"Der Tempel soll nicht allein religiösen Zwecken dienen, sondern auch eine Versammlungsstätte aller sein, die an der Herbeiführung eines wirklichen Friedens mitarbeiten wollen".
Prof. Dr. S. Goldberg anläßlich der Einweihung

Synagoge Grunewald

Franzensbader Str. 7-8
An dieser Stelle stand einst die Synagoge Grunewald
umgebaut von B. und O. Neubauer 1923
eingeweiht am 8. September 1923
angezündet und zerstört von Nationalsozialisten am 9. November 1938
"Mögen von dem neuen Gotteshaus die edelsten und nachhaltigsten Wirkungen auf die ganze Gemeinde ausgehen".
Grunewald-Echo 16.9.1923

Synagoge Wilmersdorf

Prinzregentenstr. 69-70
An dieser Stelle stand einst die Synagoge Wilmersdorf
erbaut von Alexander Beer 1928-1930
eingeweiht am 16.9.1930
angezündet und zerstört von Nationalsozialisten am 9. November 1938
Die Progromnacht "hat nicht nur Glas zerschlagen, sondern auch unsere Träume und Hoffnungen, ein gesichertes Leben in unserem Heimatland führen zu können".
Rabbiner Manfred Swarsensky

Walther-Rathenau-Gymnasium

Herbertstr. 2-6
Gingko-Baum und Gedenktafel im Schulhof
Den ehemaligen jüdischen Schülern zum Gedenken, die der nationalsozialistischen Gewaltherrschaft zum Opfer fielen.
WALTHER-RATHENAU-SCHULE
29. September 1988

Literatur

Abraham, Hilda: Karl Abraham. Sein Leben für die Psychoanalyse, München 1976

Andreas-Salomé, Lou: Lebensrückblick. Grundriß einiger Lebenserinnerungen, Zürich/Wiesbaden 1951

Die Aktion. Sprachrohr der expressionistischen Kunst. Sammlung Dr. Kurt Hirche. Ausstellungskatalog des Städt. Kunstmuseums Bonn, Bonn 1984

Alfred Kerr. Lesebuch zu Leben und Werk, Hermann Haarmann/Klaus Siebenhaar/Thomas Wölk (Hrsg.), Berlin 1987

Altenburg, Jan: Georg Hermann, in: Die Weltbühne 17 (1921) 35

Anna Seghers. Briefe ihrer Freunde, Berlin (Ost) 1960

Bab, Julius: Albert Bassermann, Berlin 1929

Bab, Julius: Die Berliner Bohème, Berlin/Leipzig 1904

Bab, Julius: Leben und Tod des deutschen Judentums, Klaus Siebenhaar (Hrsg.), Berlin 1988

Bab, Julius: Mein Mieterschutz, in: Die Weltbühne 17 (1921) 32

Bab, Julius: Über den Tag hinaus. Kritische Betrachtungen. Ausgewählt und herausgegeben von Harry Bergholz, Heidelberg/Darmstadt 1960

Baum, Vicki: Es war alles ganz anders, Berlin 1962

Bemmann, Helga: Humor auf Taille. Erich Kästner. Leben und Werk, Berlin (Ost) 1983

Benjamin, Walter: Briefe 2, herausgegeben und mit Anmerkungen versehen von Gerschom Scholem und Theodor W. Adorno, Frankfurt/M. 1978

Benjamin, Walter: Gesammelte Schriften III, Frankfurt/M. 1972

Benjamin, Walter: Gesammelte Schriften IV, Bd. 1, Frankfurt/M. 1972

Bermann-Fischer, Brigitte: Sie schrieben mir oder was aus meinem Poesiealbum wurde, München 1982

Bermann-Fischer, Gottfried: Bedroht. Bewahrt. Der Weg eines Verlegers, Frankfurt/M. 1967

Bethge, Eberhard und Renate (Hrsg.): Letzte Briefe im Widerstand aus dem Kreis der Familie Bonhoeffer, Minden 1984

Bethge, Renate: Bonhoeffers Familie und ihre Bedeutung für seine Theologie, (Beiträge zum Widerstand 1933-1945, Bd. 30, Gedenkstätte Deutscher Widerstand Berlin (Hrsg.))

Blei, Franz: Das große Bestiarium der Literatur. Mit farbigen Karikaturen von Rudolf Großmann, Olaf Gulbransson und Th. Th. Heine, Frankfurt/M. 1982

Blei, Franz: Zeitgenössische Bildnisse, Amsterdam 1940

Bloch, Ernst: Erbschaft dieser Zeit, Frankfurt/M. 1985

Bloch, Karola: Aus meinem Leben, Pfullingen 1981
Braun, Lily: Memoiren einer Sozialistin; Bd. 2: Kampfjahre, München 1911
Brecht, Bertolt: Briefe 1913-1915, Berlin/Weimar 1983, Bd. I
Brühl, Georg: Herwart Walden und "Der Sturm", Leipzig/Köln 1983
Corinth, Lovis: Das Leben Walter Leistikows. Ein Stück Berliner Kulturgeschichte, Berlin 1910
Duncan, Isadora: Memoiren, Frankfurt/M./Berlin 1988
Durieux, Tilla: Eine Tür steht offen. Erinnerungen, Berlin 1954
Eggebrecht, Axel: Der halbe Weg. Zwischenbilanz einer Epoche, Reinbek 1975
Eggebrecht, Axel: Volk ans Gewehr. Chronik eines Berliner Hauses 1930-1934, Frankfurt/M. 1959
Eisner, Lotte H.: Murnau. Der Klassiker des deutschen Films, Hannover 1967
Exil in der Tschechoslowakei, in Großbritannien, Skandinavien und Palästina, Leipzig 1980
Felix Nussbaum. Gemälde, Zeichnungen, Dokumente. Ausstellungskatalog, Wilhelm-Lehmbruck-Museum der Stadt Duisburg 1988, Berlinische Galerie, Berlin 1988
Feuchtwanger, Lion: Ein Buch nur für meine Freunde, Frankfurt/M. 1984
Feuchtwanger, Lion: Die Geschwister Oppermann, Frankfurt/M. 1981
Feuchtwanger, Lion: Unholdes Frankreich, Mexico-City 1942, spätere Ausgaben unter dem Titel: Der Teufel in Frankreich
Feuchtwanger, Marta: Nur eine Frau. Jahre. Tage. Stunden, München/Wien 1983
Fittko, Lisa: Mein Weg über die Pyrenäen. Erinnerungen 1940/41, München/Wien 1985
Freud, Sigmund/Abraham, Karl: Briefe 1907-1926, Frankfurt/M. 1965
Frühwald, Wolfgang/Spalek, John M. (Hrsg.): Der Fall Toller. Kommentar und Materialien, München/Wien 1979
Fürstenberg, Carl: Die Lebensgeschichte eines deutschen Bankiers, herausgegeben von seinem Sohn Hans Fürstenberg, Wiesbaden 1961
Fuld, Werner: Walter Benjamin. Zwischen den Stühlen. Eine Biographie, Frankfurt/M. 1981
Gall, Lothar: Bürgertum in Deutschland, Berlin 1989
George Grosz. Von Mynona (Mit siebenunddreissig Netzätzungen), Dresden 1922, (Künstler der Gegenwart, Bd. 3)
Granach, Alexander: Da geht ein Mensch. Roman eines Lebens, München 1984
Grosz, George: Ein kleines Ja und ein großes Nein, Reinbek 1955
Günter, Manuela: Siegfried Kracauers philosophischer Roman "Ginster". Eine Allegorie enteigneter Subjektivität, Magister-Arbeit an der Universität München, 1990 (Unveröffentlichtes Manuskript)

Hannover, Heinrich und Elisabeth: Politische Justiz 1918-1933, Frankfurt/M. 1969

Harden, Maximilian: Kaiserpanorama, herausgegeben und mit einem Nachwort versehen von Ruth Greuner, Berlin (Ost) 1983

Harnack, Adolf von: Die Mission und Ausbreitung des Christentums in den ersten drei Jahrhunderten, Wiesbaden, o.J., Unveränderter Nachdruck der Originalausgabe von 1924

Hasenclever, Walter: Gedichte, Dramen, Prosa. Kurt Pinthus (Hrsg.) Reinbek 1963

Hauptmann, Gerhart: Buch der Leidenschaft, Gütersloh 1953

Hecht, Werner: Rede beim Anbringen einer Gedenktafel an das Haus Spichernstraße 16, am 6.5.1989, in: Die Weltbühne 84 (1989) 32

Herald, Heinz: Max Reinhardt. Bildnis eines Theatermannes, Hamburg 1953

Hermann, Arnim: Max Planck in Selbstzeugnissen und Bilddokumenten, Reinbek 1973

Hermann, Georg: Randbemerkungen, Berlin 1919

Hermann, Georg: Die Reise nach Massow. Erzählungen und Skizzen, Berlin (Ost) 1973

Herzog, Wilhelm: Menschen, denen ich begegnete, Bern/München 1959

Hildebrandt, Irma: Zwischen Suppenküche und Salon. Achtzehn Berlinerinnen, Köln 1987

Höcker, Karla: Hauskonzerte in Berlin, Berlin 1970

Hoffmann, Ludwig/Siebig, Karl: Ernst Busch. Eine Biographie in Texten, Bildern und Dokumenten, Berlin 1987

Holz, Arno: Briefe, München 1948

Humperdinck, Wolfram: Engelbert Humperdinck. Das Leben meines Vater, Frankfurt/M. 1965

Hundert Jahre Ullstein, W.J. Freyburg/H. Wallenberg (Hrsg.), Frankfurt/M./Berlin/Wien 1977, 4 Bde

Ihering, Herbert/Fetting, H.: Ernst Busch, Berlin (Ost) 1965

Juden in Berlin. 1671-1945. Ein Lesebuch. Mit Beiträgen von Annegret Ehmann u.a., Berlin 1988

Jungfer, Gerhard. Max Alsberg (1877-1933). Verteidigung als ethische Mission, in: Kritische Justiz (Hrsg.): Streitbare Juristen, Baden-Baden 1988, Sonderdruck

Junk, Peter/Zimmer, Wendelin: Felix Nussbaum - Leben und Werk, Köln/Bramsche 1982

Kisch, Egon Erwin. Landung in Australien, Frankfurt/M. 1985

Kästner, Erich: Fabian. Geschichte eines Moralisten, Frankfurt/M. 1989

Kaiser, Jochen-Christoph/Greschat, Martin (Hrsg.): Der Holocaust und die Protestanten. Analysen einer Verstrickung, Frankfurt/M 1988

Kantorowicz, Alfred: Deutsches Tagebuch Bd. 1, München 1959

Kantorowicz, Alfred: Exil in Frankreich, Bremen 1971
Kantorowicz, Alfred: Die Geächteten der Republik. Alte und neue Aufsätze, Berlin 1977
Kerr, Alfred: Walther Rathenau. Erinnerungen eines Freundes, Amsterdam 1935
Kerr, Alfred: Die Welt im Drama, Bd. 1: Das neue Drama, Berlin 1917
Kerr, Judith: Als Hitler das rosa Kaninchen stahl, Ravensburg 1975
Kessler, Harry Graf: Tagebücher 1918 bis 1927, Frankfurt/M. 1982
Kessler, Harry Graf: Walther Rathenau. Sein Leben, sein Werk. Mit einem Kommentar von Hans Fürstenberg, Wiesbaden 1962
Klüsener, Erika: Else Lasker-Schüler. In Selbstzeugnissen und Bilddokumenten, Reinbek 1980
Knobloch, Heinz: Herr Moses in Berlin. Ein Menschenfreund in Preußen. Das Leben des Moses Mendelssohn, Berlin 1987
Koestler, Arthur: Abschaum der Erde, Wien 1971
Kühn, Joachim: Gescheiterte Sprachkritik. Fritz Mauthners Leben und Werk, Berlin/New York 1975
Kracauer, Siegfried: Straßen in Berlin und anderswo, Frankfurt/M. 1964, Berlin 1987
Lange, Helene: Was ich hier geliebt. Briefe, Emmy Beckmann (Hrsg.), Tübingen 1957
Lehmann, Lilli: Mein Weg, Leipzig 1920
Leonhardt, Rudolf Walter (Hrsg.): Kästner für Erwachsene, Frankfurt/M. 1966
Lessing, Theodor: Der jüdische Selbsthaß, München 1984
Levin, Thomas Y.: Siegfried Kracauer. Eine Bibliographie seiner Schriften, Marbach 1989
Liere, C.G. van: Georg Hermann. Materialien zur Kenntnis seines Lebens und seines Werkes, Amsterdam 1974
Literarisches Leben in Berlin, Bd. 1: 1871-1933, Peter Wruck (Hrsg.), Berlin (Ost) 1987
Lütkehaus, Ludger: Der Buddha vom Bodensee. Fritz Mauthners "Atheismus", in: Die Zeit (1989) 46
Mann, Heinrich: Ein Zeitalter wird besichtigt, Reinbek 1976
Mauthner, Fritz: Prager Jugendjahre. Erinnerungen von Fritz Mauthner, Frankfurt/M. 1969
Mendelssohn, Peter de: S. Fischer und sein Verlag, Frankfurt/M. 1970
Mendelssohn, Peter de: Zeitungsstadt Berlin. Menschen und Mächte in der Geschichte der deutschen Presse, Frankfurt/M./Berlin/Wien 1982
Metzger, Karl-Heinz: Wilmersdorf im Spiegel literarischer Texte vom 19. Jahrhundert bis 1933, Berlin 1985

Mühsam, Erich: In meiner Pauke muß ein Sandkorn sein. Briefe 1900-1934, Gerd W. Jungblut (Hrsg.), Vaduz/Liechtenstein 1984, 2 Bde.
Mühsam, Erich: Unpolitische Erinnerungen, Berlin (Ost) 1961
Mutterkreuz und Arbeitsbuch, Frauengruppe Faschismusforschung (Hrsg.), Frankfurt/M. 1981
Niehaus, Max: Isadora Duncan. Triumph und Tragik einer legendären Tänzerin, Wilhelmshaven 1988
Paret, Peter: Die Berliner Sezession. Moderne Kunst und ihre Feinde im kaiserlichen Deutschland, Berlin 1981
Pfemfert, Franz: Ich setze diese Zeitschrift wider diese Zeit. Sozialpolitische und literaturkritische Aufsätze, Darmstadt 1985
Pomplun, Kurt: Berliner Häuser. Geschichte und Geschichten, Berlin 1975
Pomplun, Kurt: Berlinisch' Kraut und märkische Rüben, Berlin 1976
Prokosch, Erdmute: E.E. Kisch. Reporter einer rasenden Zeit, Bonn 1985
Raabe, Paul (Hrsg.): Expressionismus. Aufzeichnungen und Erinnerungen der Zeitgenossen, Freiburg/Breisg. 1965
Regler, Gustav: Das Ohr des Malchus, Frankfurt/M. 1960
Reich, Bernhard: Im Wettlauf mit der Zeit. Erinnerungen aus fünf Jahrzehnten deutscher Theatergeschichte, Berlin 1970
Richter-Haaser, Inge: Die Schauspielkunst Albert Bassermanns. Dargestellt an seinen Rollenbüchern, Berlin 1964, (Theater und Drama, Bd. 27, Hans Knudsen (Hrsg.))
Riess, Curt: Der Mann in der schwarzen Robe. Das Leben des Strafverteidigers Max Alsberg, Hamburg 1965
Schneede, Uwe M.: George Grosz. Der Künstler in seiner Gesellschaft, Köln 1977
Schulz, Arnim: Felix Nussbaum, in: Museumsjournal, Berlin (1988) 10
Sösemann, Bernd: Rede am 9.5.1989 anläßlich der Enthüllung einer Gedenktafel für Rudolf Mosse (Unveröffentlichtes Manuskript)
Seghers, Anna/Herzfelde, Wieland: Gewöhnliches und gefährliches Leben. Ein Briefwechsel aus der Zeit des Exils 1939-1946, Darmstadt/Neuwied 1986
Serke, Jürgen: Die verbrannten Dichter, Weimheim 1977
Sombart, Nicolaus: Jugend in Berlin 1933-1943. Ein Bericht, München/Wien 1984
Totgeschwiegen 1933-1945. Die Geschichte der Karl-Bonhoeffer- Nervenklinik, Arbeitsgruppe zur Erforschung der Karl-Bonhoeffer- Nervenklinik, Berlin 1988
Tucholsky, Kurt: Ausgewählte Werke, Bd. 2, Berlin (Ost) 1984
Tucholsky, Kurt: Deutsches Tempo, Reinbek 1990
Tucholsky, Kurt: Unser ungelebtes Leben. Briefe an Mary, Fritz J. Raddatz (Hrsg.), Frankfurt/M. 1983

Völker, Klaus: Bertolt Brecht. Eine Biographie, München/Wien 1976
Von der Freien Bühne zum politischen Theater, Hugo Fetting (Hrsg.), Leipzig 1987, Bd. 1
Voß, Karl: Reiseführer für Literaturfreunde. Berlin. Vom Alex bis zum Kudamm, Frankfurt/M. 1986
Walden, Herwarth: Die neue Malerei, Berlin 1919
Walden, Nell: Herwarth Walden. Ein Lebensbild, Berlin/Mainz 1963
Walter, Hans Albert: Deutsche Exilliteratur 1933-1950, Stuttgart 1984, Bd. 2
Walther Rathenau/Maximilian Harden: Briefwechsel, H.D. Hellige (Hrsg.), München/Heidelberg 1983
Weller, Uwe B.: Maximilian Harden und die Zukunft, Bremen 1970
Zahn-Harnack, Agnes: Adolf von Harnack, Berlin 1951
Zimmermann, Wolf-Dieter (Hrsg.): Begegnungen mit Dietrich Bonhoeffer. Ein Almanach, München 1964
Zwerenz, Gerhard: Kurt Tucholsky. Biographie eines guten Deutschen, München 1979